Frust ist ein Alltagsphänomen. Er entsteht, wenn unsere Bedürfnisse und Erwartungen nicht so befriedigt werden, wie wir uns dies gewünscht, erträumt, ersehnt haben, wenn wir also gezwungen werden, auf etwas zu verzichten, oder weil wir uns selbst Wünsche versagen. Dieser Ratgeber leitet uns zum einen dazu an, unseren persönlichen Frust und unsere bisherigen Strategien im Umgang mit Frust zu erkennen. Zum anderen zeigt er uns, wie wir den konstruktiven, kreativen und flexiblen Umgang mit diesem alltäglichen Problem erlernen können.

Ellen M. Zitzmann ist nach ihrer Lehre zur Industriekauffrau und ihrem Studium der Sozialpädagogik weiterführenden psychologischen Studien in den USA nachgegangen. Sie arbeitet in der Verlagsbranche und ist seit 1996 als selbständige (Unternehmens-)Beraterin tätig. Sie leitet Gehirn-, Kreativ- und Anti-Aggressionstrainings in Firmen, Schulen und Institutionen der Erwachsenenbildung in Europa und in den USA.

Unsere Adresse im Internet: www.fischer-tb.de

Ellen M. Zitzmann

Keine Lust auf Frust

Mehr Lebensfreude
gewinnen

Fischer
Taschenbuch
Verlag

2. Auflage: September 1999

Originalausgabe
Veröffentlicht im Fischer Taschenbuch Verlag GmbH,
Frankfurt am Main, März 1999

Grafiken: Eberhard Clauß
Gesamtherstellung: Clausen & Bosse, Leck
Printed in Germany
ISBN 3-596-14324-1

Inhalt

Vorwort

Aus dem Leben gegriffen

»Unausgelastete Ehefrau sucht Lover. Meine Handy-Nummer ...« Diese kesse Anzeige in einer Tageszeitung begeisterte mich sofort. Ich beginne mir Gedanken zu machen: Was bewegt die Inserentin wirklich: Langeweile, Neugierde, Abenteuerlust, Frust mit dem Ehemann, Frust mit dem Leben ...? Unabhängig von den vielen möglichen Motiven ist es die Tat selbst, die mich beeindruckt. Diese Frau wird aktiv in einer Situation, die sie offensichtlich bewegt. Meine Neugierde läßt mich nicht mehr los, kurzentschlossen rufe ich an. Besetzt. Hartnäckig versuche ich es wieder und wieder, bis sie sich meldet. Eine unbekannte, sehr weibliche Stimme. »Ich habe Ihre Anzeige gelesen«, beginne ich und gebe gleich offen zu, daß ich aus reiner Neugierde anrufe. Mehrmals entschuldige ich mich für mein so nachhaltiges Einmischen in ihre Privatsphäre, erkläre ihr jedoch gleichzeitig, daß ich mir ungeachtet meines Anrufes sowieso Gedanken über die Hintergründe ihrer Anzeige machen würde, es aber vorziehe, Informationen aus erster Hand zu bekommen, um falsche Schlußfolgerungen zu vermeiden. Ihr herzhaftes Lachen macht mir Mut. Ich gebe ihr meine Telefonnummer und beende das Gespräch kurz darauf mit den Worten, daß ich mich über ein Gespräch mit ihr freuen würde. Sie ruft tatsächlich einige Wochen später zurück.

Ein paar Gedanken zum Buch

> Lernen ohne eigenes Nachdenken führt zum Nichtwissen!
>
> *Konfuzius*

Die Unerschrockenheit, mit der sich diese *unausgelastete Frau* mit ihren Frustrationen auseinandersetzt, gefällt mir. Sie denkt nicht nur über sich und ihre Situation nach, sondern sie vermag auch zu handeln. Dabei ist sie ziemlich mutig, denn niemand, am wenigsten sie selbst, kann die Konsequenzen ihres Handelns vorhersehen oder kalkulieren. Man stelle sich nur vor, der Ehemann erfährt von der Anzeige und kann sich mit dieser Art der individuellen Frustbewältigung nicht einverstanden erklären, oder er befindet sich selbst unter den Anrufern …

Die Welt wird nie aufhören, uns mit Situationen zu konfrontieren, die wir nicht mögen, die uns angst machen, in Wut versetzen – kurzum, die uns belasten. Aber wie gehen wir mit Situationen um, die uns bedrücken? Wie setzen wir uns mit den vielen alltäglichen und aufreibenden Situationen auseinander? Wie reagieren wir auf die hohe Steuernachzahlung, den unhöflichen Kellner, die Reinschneider auf der Autobahn, den bevorstehenden Zahnarzttermin? Wie kommen wir mit einem uns ständig schikanierenden Chef, mit einem cholerischen Kollegen, mit einer hysterischen Lebenspartnerin, mit einer drogenabhängigen Tochter, mit einem unliebsamen Nachbarn zurecht? Wie verkraften wir das plötzliche Scheitern einer langjährigen Beziehung, den Verlust des Arbeitsplatzes, eine schwere Krankheit, den Tod eines uns nahestehenden Menschen? Wie können wir jemals unsere eigenen Perversionen und unsere dunkelsten Fantasien tolerieren? Ignorieren, verdrängen, vermeiden, projizieren, rationalisieren wir sie? Werden wir uns selbst und anderen gegenüber zynisch, herablassend, unnahbar oder werden wir mit unseren Verhaltensweisen immer unzufriedener?

> »Wie soll man nun mit Widerstand fertig werden? Ich glaube, das Wesentliche dabei ist, daß man bei sich selber beginnt, daß man erst einmal in seine eigenen Winkel und Ecken, Keller- und Speiseräume hineinguckt, Mut zu sich selber, zu seiner eigenen Schlechtigkeit oder, wie ich lieber sagen würde, Menschlichkeit findet. Wer nicht weiß, daß er selber hinter jeder Hecke und Tür gestanden hat, und wer nicht zu sagen weiß, was für Dreckhaufen hinter solch einer Hecke liegen und wie viele Haufen er selber hineingesetzt hat, der wird es nicht weit bringen.«[1]

Damit beschreibt Groddeck ziemlich genau den Weg, den wir gehen müssen, um mit unserem Frust kreativ und konstruktiv umzugehen. Denn wir können Frust niemals ohne eigenes Nachdenken und tiefe

Reflexion über das eigene Leben, die eigene Persönlichkeit, unsere Stärken und Schwächen überwinden. Jeder Mensch verfügt über ureigene, innere Ressourcen, die es ihm ermöglichen, Frust abzubauen. Wir alle müssen uns unser persönliches Anti-Frust-Programm aufbauen und anwenden. Dabei sind wir auch auf die Hilfe, die Ratschläge, auf das Feedback, das wir von Freunden, Kollegen, Familienangehörigen erhalten, angewiesen, und mitunter benötigen wir professionelle Hilfe. Immer aber sind wir auf uns selbst und auf die Hilfe unserer inneren Welt angewiesen. Wichtig an diesem Prozeß ist vor allem Ihre Bereitschaft, sich umfassend und wirklich kennenlernen zu wollen.

Es liegt auf der Hand, daß der von mir favorisierte Weg der Frustbewältigung zweifellos der schwierigste ist und eine Menge Widerstand hervorrufen wird. Denn dieser Weg beschert Ihnen keine schnellen, sichtbaren Erfolge, sondern er wirkt oft jahrelang, unbemerkt und still im Hintergrund, bevor erste Resultate sicht- und greifbar werden. Obendrein verlangt er uns ziemlich viel Mut, Kraft, Zuversicht und nicht zuletzt die Bereitschaft zum Sich-ständig-Verändern ab. Mit anderen Worten: Er fördert und fordert unsere emotionale Intelligenz, jene Art von Intelligenz, die uns Daniel Goleman in seinem aufregenden Buch beschrieben hat. Es ist der Weg, der uns früher oder später eine enorme innere Sicherheit gibt, durch die wir unsere positive Kraft steigern und unsere inneren Futterplätze für Gier, Haß, Neid, Freudlosigkeit, Aggression reduzieren können. So schaffen wir in uns selbst einen lebensbejahenden Raum, und positive, aufbauende Verhaltensweisen können dominieren. In diesem Stadium sind wir frei von Ego-Dramen.

»Keine Lust auf Frust« lebt von meinen persönlichen und beruflichen Erfahrungen.

Ich werde zwar versuchen, Rezepte zu vermeiden, jedoch wird sich der eine oder andere Ratschlag, besser Empfehlung, nicht immer und ständig vermeiden lassen. Ich hoffe, daß Sie in meinen vielen Beispielen nachvollziehen können, wie sich kleine, beinahe unbedeutende Alltagskonflikte und Sorgen zu lebensbedrohenden Krisen entwickeln können und warum es wichtig ist, jede kleine Störung, jedes noch so unbedeutende Problem, so frühzeitig wie möglich anzupakken und es im Sinne aller Beteiligten zu lösen.

Wir alle entscheiden, wohin unser Leben gehen soll und welche Herausforderungen wir annehmen. Die Wahl, ob wir ein Leben in Verdrängung und Verweigerung führen, das über gewisse Strecken bequemer ist und uns scheinbar glücklicher macht, oder ob wir über unser Leben nachdenken und es selbst bestimmen möchten, bleibt uns überlassen, wie auch die Qual oder die Freude, die Konsequenzen zu tragen. Ich hoffe, daß es mir gelingt, Sie zum Nachdenken anzuregen und Sie zu motivieren, Ihr persönliches Anti-Frust-Programm zu entwickeln. Vielleicht werden Sie sich und andere durch dieses Buch immer besser kennen- und verstehen lernen.

> »Was immer du gerade tust, es kann deine letzte Tat auf Erden sein. Es kann sehr wohl deine letzte Schlacht sein. Keine Macht dieser Welt kann dir garantieren, daß du noch eine Minute länger leben wirst.«[2]

Angesichts dieser klaren Worte bin ich jedesmal von neuem entsetzt, wenn ich alten, sehr alten Menschen begegne, die weder wissen, wer sie waren, wer sie sind noch welche Inhalte ihr Leben bestimmt haben. Erst neulich stand ich am Bett einer 97 Jahre alten Frau. In ihren Augen sah ich Entsetzen, Wehmut und Angst vor dem, was natürlicherweise auf sie wartet. Ich bemerkte den Kampf, den sie führt, und dachte, nein, so nicht, so will ich nicht sterben, nicht in dieser Blindheit, dessen was ich bin, was mich mein ganzes Leben beschäftigte, ausmachte und auch plagte.

Ich wünsche Ihnen viel Spaß beim Lesen!

Ellen M. Zitzmann
August 1998

Konflikte und Krisen

> Ein jeder Kampf dreht sich um unterschiedliche Blickwinkel, die allesamt dieselbe Wahrheit beleuchten.
>
> *Mahatma Gandhi*

Vor einiger Zeit wurde ich zufällig Zeugin bei dem sich im Nachbargarten abspielenden kleinen Konflikt. Meine Nachbarin goß an einem heißen Sommernachmittag ihre Pflanzen. Ein vorbeigehendes Paar blieb an ihrem Garten stehen, und der Mann knöpfte sich in aller Ruhe seinen Hosenladen auf, um an den Gartenzaun zu pinkeln. Er hatte meine Nachbarin offensichtlich nicht bemerkt. Diese reagierte jedoch prompt und spritzte mit ihrem Gartenschlauch dem Zaungast buchstäblich die Hosen voll. Dabei beschimpfte sie ihn auf das schlimmste und schrie ihn an, was er sich wohl dabei denke, ihr in aller Öffentlichkeit seinen Schwanz zu zeigen. Aus dem Munde des Mannes donnerten ähnlich scharfe Worte, und seine Begleiterin ließ es sich aus sicherer Entfernung nicht nehmen, ihr hinterherzurufen, sie solle gefälligst ihren Mann nicht anmachen. Obwohl meine Nachbarin spontan reagierte, kann ich mir nicht vorstellen, daß sie mit der Art und Weise ihrer Reaktion voll und ganz zufrieden war, denn gleich darauf schrie sie lauthals ihre kleine Tochter an, die zu ihr in den Garten gelaufen kam. Ich fragte mich, was meine Nachbarin wohl gemacht hätte, wenn sie in diesem Moment eine Pistole anstelle eines Gartenschlauches in der Hand gehabt hätte? Unabhängig von dem anmaßenden Verhalten des Mannes und der oberflächlich pfiffig erscheinenden Reaktion meiner Nachbarin finde ich nicht, daß diese Konfliktsituation konstruktiv gelöst worden ist. Frust ist dadurch sicherlich bei allen Beteiligten entstanden und ungebührlich weitergegeben worden, in dem Fall vor allem an die kleine Tochter.

Solche und ähnliche Erlebnisse überlassen wir meist unbewußt unserem Abwehrsystem. So können wir das Ganze verdrängen, den Vorfall ins Lächerliche ziehen, den Konfliktpartner für verrückt erklären – und denken keine Sekunde über gewinnbringendere Alternativen nach. Aber aus jedem Konflikt, den wir nicht zu unserer vollkommenen Zufriedenheit gelöst haben, bleiben Frustrationen zurück, die sich über Jahre hinweg, oft von uns allen völlig unbemerkt, aufstauen und uns nur allzuoft Krisen ungeahnten Ausmaßes bescheren können.

Ein Konflikt dreht sich um Erwartungen, Absichten, Wünsche, Realitäten usw. der einzelnen Konfliktpartner, die in Diskrepanz, in Disharmonie, kurz in einem Miß(t)verhältnis zueinander stehen und die deshalb frustriert sind. Darüber hinaus bietet ein Konflikt auch Chancen und neue Herausforderungen. Das chinesische Schriftzeichen für Krise/Konflikt liefert dazu interessante Hinweise.

危機

Abb. 1

Im Mandarin-Chinesisch (Pekinger Hochsprache) wird dieses Zeichen wie folgt gelesen:

wēijī

Gefahr Maschine/Motor

Abb. 2

Für Chinesen ist also ein Konflikt bzw. eine Krise eine Gefahr, die bewältigt werden will; das Bewältigen von Konflikten bzw. Krisen wird zur treibenden Kraft des Handelns. Wenn Sie sich in einem Konflikt, d. h. in einem Zwiespalt, einer Unstimmigkeit in Ihrem Leben befinden, sich mit jemandem streiten, dann sollten Sie versuchen, diesen sofort zu lösen, denn im Unterschied zu Krisen sind Konflikte einfacher zu analysieren und zu beheben.

Eine Mutter, die strikt und penibel auf die häusliche Ordnung achtet, wird mit ihren Kindern, denen Unordnung und Dreck nichts ausmachen, zwangsläufig in Konfliktsituationen geraten. Ein Paar wird in Konflikte geraten, wenn der eine von der anderen erwartet, daß die Schuhe geputzt werden. Der Chefarzt, der seine Tochter zu einem Medizinstudium drängt, die ihrerseits aber lieber Stewardeß werden möchte, wird sich selbst und seine Tochter in ständige Konfliktsituationen bringen. Selbst der Partner, der die Toilettenrolle in einer Richtung aufhängt, die dem anderen widerstrebt, initiiert einen Konflikt.

Nichtbewältigte Konflikte bescheren uns früher oder später Krisen, im privaten wie auch im gesellschaftlichen Leben. Wir hören uns dann häufiger sagen: »Ich bin in einer Krise«, »in meiner Beziehung kriselt es« oder aber »Deutschland steckt in einer (Struktur-)Krise«. Mit dem Wort Krise verbinden sich Begriffe wie Dilemma, Klemme, Zuspitzung, Notlage, Gefahr, Schwierigkeit, kritischer Punkt, unvorhergesehene Lage. Wenn wir von Krise sprechen oder in einer Krise stecken, dann beschreiben wir nach meinem Empfinden einen Zustand, der sich langfristig, oft unmerklich, aufgebaut hat oder der sich aufbauen konnte, weil die einzelnen der Krise zugrundeliegenden Konflikte von einem selbst oder von den daran Beteiligten nicht rechtzeitig wahrgenommen und gelöst, sondern vielmehr langfristig vermieden, unterdrückt, ignoriert worden sind.

Krisen wie Massenarbeitslosigkeit, Kinder- und Jugendkriminalität, schwere Krankheiten usw. beherbergen alle ein mehr oder weniger umfangreiches unbewältigtes Konfliktrepertoire. Deshalb haben sie sehr negative Auswirkungen auf den einzelnen, die Gruppe, die Gesellschaft, und die Bewältigung gestaltet sich automatisch um einiges schwieriger. Ist eine Krise ausgebrochen, befinden wir uns in einem Zustand, der auf eine Ent-Scheidung drängt, so oder so. Nicht selten ist dies eine Entscheidung auf Leben und Tod, Auflösung oder totale Verhärtung, die weitere Konflikte und Krisen zur Folge hat. Schlagzeilen über derartige Ent-Scheidungen werden uns Tag für Tag von den Medien geliefert. Sozusagen frei Haus erfahren wir von dem 16jährigen Amokläufer, der in einem Kaufhaus 15 Menschen getötet hat, dem netten Mann aus unserer Nachbarschaft, der seine vierköpfige Familie hingerichtet hat, dem Spitzenpolitiker, der sich eine Kugel in den Kopf gejagt hat, oder den Hunderttausenden von hungernden Menschen in einem fernen Land.

Konflikte und Krisen, so können wir zusammenfassen, treiben uns an. Sie versetzen uns in Bewegung, spätestens dann, wenn das Dilemma oder die Gefahr zu eskalieren droht oder bereits eskaliert ist, d. h. die Krankheit ausgebrochen ist, wir arbeitslos geworden sind, die Ehefrau weggelaufen, der Autofahrer gegen einen Baum gerast ist …

Wie baut sich Frust auf?

Frust entsteht, wenn unsere Bedürfnisse und Erwartungen nicht so befriedigt werden, wie wir uns dies gewünscht, erträumt, ersehnt haben, wenn wir also gezwungen werden, auf etwas zu verzichten, oder weil wir uns selbst Wünsche versagen.

Das Kind, das von seiner Mutter die Brust verweigert bekommt, ist gefrustet. Der Sohn, der von seinem Vater als Schwächling bezeichnet wird, ist gefrustet. Der Autofahrer, der sich das Rauschen im Autoradio anhört, lädt Frust auf, vorausgesetzt er kann Störungen nicht ausstehen. Die Freunde, die sich auf das gemeinsame Abendessen im nahe gelegenen Lokal freuen und bereits sehr hungrig sind, schieben Frust, wenn sie vor verschlossenen Türen stehen. Die Tochter, die von ihren Eltern immer dann eingesperrt wird, wenn sie schlechte Noten nach Hause bringt, baut Frust auf. Ich selbst frustriere mich regelmäßig, wenn ich an meinen Traummann denke, den es für mich so nicht gibt und nie geben wird. Die *unausgelastete Ehefrau* aus unserem Beispiel ist gefrustet, weil, so erfuhr ich in den Gesprächen, ihr Ehemann ständig unterwegs ist, sich lieber mit Freunden auf ein Bier trifft, als zu ihr nach Hause zu kommen, seinen Sport über alles liebt und er vor allem seine Karriere im Sinn hat. Sie hingegen widmete sich über viele Jahre ausschließlich der Familie, gab ihren Beruf und ihre Hobbies auf. Ihre Tochter fuhr sie jeden Dienstag- und Donnerstagnachmittag zum Klavier- und Tennisspielen, und die wöchentliche Skatrunde ihres Ehemannes bewirtete sie, ohne sich auch nur ein einziges Mal zu beschweren. Sie konnte so über viele Jahre hinweg einen regelrechten Frustberg aufbauen, der sich heute kaum noch abtragen läßt, denn seit ihre Kinder das Haus verlassen haben, der Ehemann noch seltener nach Hause kommt, sitzt sie, einsamer denn je, in ihrem wunderschönen Haus allein herum.

Gefrustet ist auch die 18jährige Schülerin, die vergebens das schwierige Aufsatzthema »Massenkommunikation und Erziehung haben im Prinzip eines gemeinsam: Beides sind ursprünglich säkulare, emanzipatorische Veranstaltungen« zu bewältigen versucht.

Frust baut sich unwillkürlich auf, weil wir nicht imstande sind, die vielen Konflikte und Krisen unseres Lebens konstruktiv und kreativ zu lösen, aber auch, weil wir in unserer Kindheit und Jugend meist keine Hilfe und Förderung erfahren haben, die uns befähigt, unser Leben zu meistern und glücklich(er) zu werden. So dominieren in unser aller Leben Angst, Ärger, Abwehr und Ego-Dramen, die uns zwangsläufig mit immer größeren Problemen und Sorgen konfrontieren und uns eine Frustsituation nach der anderen bescheren.

Frustrationstoleranz

Wir alle verfügen über eine individuelle Frustrationstoleranz, die es uns ermöglicht, über gewisse Phasen der Enttäuschung, des Verzichts, des Entzugs cool zu bleiben. Mit anderen Worten, wir können ein gewisses, individuelles Maß an Frustration verkraften. Wie hoch oder niedrig das Maß ist, bestimmen unsere persönlichen Anlagen, unsere Vorbilder und unsere Erziehungspartner, die uns und unsere Erziehungsgeschichte prägen beziehungsweise geprägt haben. Wenn wir zum Beispiel einen Vater haben, der schnell aufgibt oder schnell durchdreht, dann werden wir später meist nach ähnlichen Mustern handeln, so lange, bis wir uns dessen bewußt werden und, vorausgesetzt uns gefällt dieses antrainierte Verhalten nicht, eine Veränderung herbeiführen.

Individuelle Lerngeschichten (= Sozialisation) prägen jeden von uns und damit auch die Art und Weise, wie wir verstehen, mit Frustrationen umzugehen. So zieht der Anschnauzer des Chefs, der Ärger mit dem Kollegen, der Streit mit dem Kellner, der ausgebliebene Anruf des Geliebten usw. nicht bei jedem dieselbe Frustrations- bzw. Streßreaktion nach sich. Nicht jeder fühlt sich gleich durch die laute Rockmusik aus dem vorbeifahrenden Auto gestört oder erleidet gar eine Herzattacke, nachdem er erfahren hat, daß soeben das Flugzeug mit einem Familienmitglied an Bord vor Mauritius ins Meer gestürzt ist. Menschen gehen also unterschiedlich mit Konflikten und Krisen und somit auch mit Frust um. Streßspezialisten wie Frederic Vester und Klaus Linneweh sprechen in diesem Zusammenhang auch von konfliktsicheren und konfliktunsicheren Menschen. Wenn wir nun davon ausgehen, daß konfliktsichere Menschen harmonischer, zufriedener und erfolgreicher sind, dann kommen wir um die zentrale Frage »Wie und mit was können wir unsere individuelle Frustrationstoleranz erhöhen?« nicht herum. Eine Antwort finden Sie auf den folgenden Seiten.

Übrigens: Unsere individuelle Frustrationstoleranz setzt uns Margen oder auch Grenzen, die unser Gehirn ganz genau kennt. Diese Marge entscheidet nun, ab wann wir eine neue Frustration nicht mehr ertragen können und ab wann unser Gehirn den Kampf-Flucht-Mechanismus aktiviert. Hierzu liefert uns das Denkmodell des *Kampf-Hormon-Topfes*[3] der erfolgreichen Managementberaterin Vera F. Birkenbihl, das ich Ihnen nun kurz vorstellen möchte, wertvolle Hinweise.

Stellen Sie sich Ihren ganz persönlichen Frust-Topf vor. Am besten in Form eines Ihnen vertrauten Gefäßes. Schätzen Sie jetzt, wieviel Müll sich in ihm angesammelt hat, d. h. wieviel unbewältigte Konflikte und Krisen sich darin befinden. Ist Ihr Behälter halb voll, halb leer, randvoll oder ganz leer? Falls Sie nun feststellen sollten, daß Ihr Frust-Topf kurz vor dem Überlaufen ist, dann ziehen Sie bitte sofort die Notbremse, und gehen Sie anderen, vor allen Dingen aber sich selbst, ein Weilchen aus dem Weg. Sie laufen nämlich Gefahr, daß jede weitere noch so kleine und unbedeutende Frustration (wie eine bereits erwähnte falsch herum aufgehängte Toilettenrolle, ein angebranntes Spiegelei, ein verkalkter Duschkopf oder ähnliches) Ihren »Kampf-Flucht«-Mechanismus aktiviert und Sie so in extrem schwer zu kontrollierende Situationen bringt.

Graphisch läßt sich dieser Frust-Topf wie folgt darstellen:

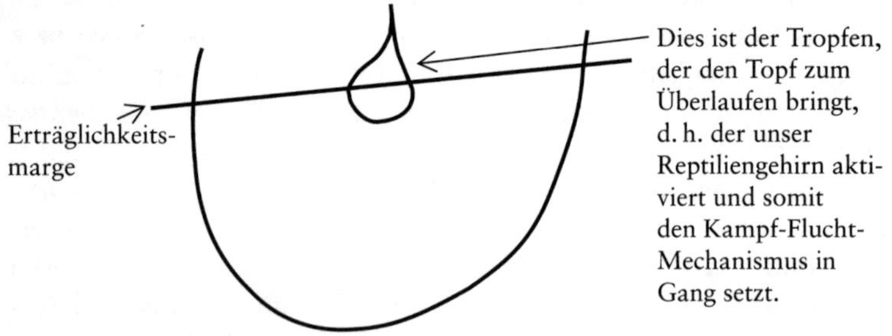

Abb. 3 Frust-Topf

Wenn wir unsere individuelle Erträglichkeitsmarge erreicht haben, schaltet unser Gehirn auf Rot, und sobald wir diesen Gefahrenpunkt überschreiten, d. h. trotzdem bei Rot über die Ampel fahren, dann schaltet sich unser Reptiliengehirn mit seinem Überlebensprogramm

Kampf oder Flucht ein, und wir können in gefährliche Situationen geraten. Spätestens in solchen Momenten erfahren wir, ob und wie wir imstande sind, große Streßsituationen zu bewältigen. Hier zeigt sich, ob wir in das Lager der Spitzensportler, der Freizeitsportler, der Sportinteressierten, der Sport-Nieten usw. gehören. Die *Spreu* trennt sich nun im wahrsten Sinne des Wortes vom *Weizen,* und die Beteiligten erleben ihr Kraft-Macht-Potential und ihr Verhaltensrepertoire samt den Auswirkungen hautnah.

Um diesen reptilgesteuerten Streßsituationen vorzubeugen, sollten wir alle ständig bemüht sein, die Marge unserer Frustrationstoleranz zu erhöhen und ein Gefühl für das rechtzeitige An- und Innehalten zu entwickeln, damit wir uns nicht ständig überfordern und unnötig belasten. Denn noch mehr Enttäuschungen, noch mehr Verzicht, noch weniger Freude – kurz noch mehr Frust, senken langsam, aber kontinuierlich unsere Erträglichkeitsmarge, und unser Hirn dreht schneller durch.

Der ständige Kleinkrieg mit Ihrem Nachbarn wird Ihre Marge nicht erhöhen. Auch die Schülerin, die versucht, sich unnachgiebig und krampfhaft ein schweres Thema nach dem anderen einzuhämmern, wird eher den lockeren und fröhlichen Umgang mit dem Lernen und dem Leben verlernen. Wenn die beiden sich anstelle dessen Freude- und/oder Erfolgserlebnisse gönnen, d. h. ein Nachbar lädt den anderen einmal zum Eisessen ein, die Schülerin geht mit ihren Freunden zum Baden oder ins Kino, dann werden sie durch dieses Verhalten langfristig ihre Marge erhöhen, Frust abbauen und zudem lernen, mit Streßsituationen konstruktiv und positiv umzugehen.

Gerade Kinder und Jugendliche brauchen eine Menge Zuspruch und viel Anerkennung von ihren Eltern, Lehrern und allen Erwachsenen, die mit ihnen zu tun haben, damit sie sich konstruktive Verhaltensweisen im Umgang mit Streß und Frust antrainieren können. Viel zu oft begegne ich Kindern und Jugendlichen, die in aussichtslose Leistungs- und Streßsituationen gepreßt sind und dabei auch ihr Lachen verlernt haben. Anerkennung für nicht leistungsorientiertes Verhalten ist in unserer Gesellschaft rar geworden. Kaum jemand freut sich mit uns oder für uns, wenn wir Zeit finden, in der Sonne zu liegen, den Wolken zuzuschauen, unter einem Baum ein Gedicht zu schrei-

ben, in den Tag hinein zu träumen, mit den Nachbarskindern Sackhüpfen zu spielen oder einem Bettler fünf Mark in die Hand zu drükken. Vielleicht sollten wir darüber einmal nachdenken!
Zum Schluß möchte ich noch auf den kollektiven Frust-Topf hinweisen, der sich im Mechanismus vom individuellen nicht unterscheidet. In diesem Topf befinden sich Arbeitslosigkeit, Steuererhöhungen, Zunahme der Kriminalität, Sekten, Kriege, Naturkatastrophen usw. Eine Überschreitung der kollektiven Frust-Marge kann die Stabilität von Gesellschaftssystemen gefährden.

Die Gefahren und Chancen von Frust – oder wenn das Hirn durchdreht!

Im folgenden möchte ich mich noch etwas ausführlicher mit dem Kampf-Flucht-Mechanismus beschäftigen. Wir haben gesehen, daß wir durch oft jahrelang aufgestaute Frustberge, d. h. durch unbewältigte Konflikte und Krisen, in Bedrängnis kommen können, weil sich, bei dem einen früher, bei dem anderen später, die Urtrieb-Reaktion Kampf oder Flucht aktiviert. Diese Reaktion äußert sich bei dem Großteil der Menschen gewalttätig, aggressiv und feindlich. Der Mensch zeigt in solchen Momenten also unverblümt seine bestialische Seite. Der Psychoanalytiker Frederic F. Flach beschreibt den Mechanismus wie folgt:

> »Angesichts einer Gefahr reagiert der Mensch entweder mit Wut – Selbstverteidigung oder Angriff – oder mit Angst und, wenn möglich, Flucht.«[4]

Aggressive und negative Verhaltensweisen führen zwangsläufig zu immer größeren Enttäuschungen. Darüber hinaus fräsen sich in unser Hirn negative Erlebnisse, nicht befriedigte Bedürfnisse, unerfüllte Träume und nicht erfüllbare Erwartungen ein, frustrieren uns zusehends, beginnen uns zu kontrollieren und können irgendwann einmal unsere gesamte Persönlichkeit vernichten.

Ist der Kampf-Flucht-Mechanismus in Aktion, gestaltet sich die Konflikt- und Krisenbewältigung meist sehr destruktiv und aggressiv, worüber sich insbesondere die Medien freuen, denn jetzt werden ihnen wirkliche »Filetstück«-Kolumnen geboten, die ihnen hohe Auflagen und hohe Umsätze garantieren. Dieser Mechanismus, so traurig er für die einen ist, scheint auf der anderen Seite für viele einen hohen Unterhaltungswert zu besitzen, und vielleicht erzähle ich Ihnen genau aus diesem Grund jetzt die Geschichte von William S., den ich in einem amerikanischen Gefängnis mit höchster Sicherheitsstufe kennengelernt habe.

> »Es geschah vor 15 Jahren, ich war damals 32 Jahre alt. Mit meiner Frau und meinen drei Kindern war ich sehr glücklich. Unser

Leben war harmonisch und bewegte sich in geordneten Bahnen. Ich hatte einen gutbezahlten Job als Innenarchitekt. Wir hatten viele Freunde und ein gutes Verhältnis zu unseren Nachbarn. Eines Abends, ich bin an diesem Tag früher als sonst von der Arbeit nach Hause gekommen, hörte ich vor unserem Haus ein lautes Schreien. Schnell lief ich zur Tür und sah meine jüngste Tochter mit blutverschmiertem Gesicht vor mir stehen. Aus ihrem Mund quoll Blut. In ihrer Hand hielt sie einen Apfel, den sie, so konnte ich verstehen, von unserem Nachbarn geschenkt bekommen hatte. Ich nahm ihr den Apfel aus der Hand und stellte zu meinem Entsetzen fest, daß er mit Rasierklingen gespickt war. Unkontrollierbare Wut erfaßte mich. Ich eilte kopflos in unser Schlafzimmer, holte die unter meinem Bett liegende Knarre hervor, ging damit direkt zu meinem Nachbarn, der vor seinem Fernseher saß und schoß mehrere Male auf ihn. Er starb vor meinen Augen.

Nun sitze ich seit über 10 Jahren im Gefängnis ...«

Nichts und niemand garantiert uns, daß wir jeden Konflikt und jede Krise, in den oder in die wir geraten, kreativ und positiv lösen werden. Wir alle müssen mit dem Risiko leben, von einer Sekunde zur anderen in eine extrem spannungs- und emotionsgeladene Situation zu geraten, die wir weder beherrschen noch steuern können, so wie es William S. ergangen ist. Warum? In lebens- und überlebenswichtigen Situationen, die bei großer Gefahr, bei großen Verlusten oder bei großen Frustrationen und Enttäuschungen im (Wahl-)Familienbereich auftreten können, werden wir nämlich ausschließlich von unseren Emotionen gesteuert. In solchen Situationen befinden wir uns, wenn sich z. B. das Kind von der Hand seiner Mutter losreißt und unvermittelt auf die stark befahrene Fahrbahn rennt oder wenn der Vater bei einem Raubüberfall in seinem Haus gezwungen wird, der Vergewaltigung seiner Tochter zuzuschauen.

In Extremsituationen steigt unser Adrenalinspiegel, d. h., unser Herzschlag erhöht sich, unser Blutdruck steigt, wir atmen schneller, und unsere Muskeln sind zu außerordentlichen Leistungen bereit. Kurz und gut, der gesamte Organismus ist auf Aktion (Angriff oder Flucht) ausgerichtet. Frederic Vester bezeichnet Adrenalin als Konflikthormon und Noradrenalin als Aktionshormon. Letzteres wird ausgeschüttet, »sobald ein Repertoire vorhanden ist, mit dem die Situation gemeistert werden kann«.[5] Noradrenalin ist also ziemlich wichtig für die Erhöhung unserer Frust-Marge. Ein Repertoire oder ein einstudierter Vorrat an Aktionsmöglichkeiten wird aber erst vorhanden sein, wenn das umfassende Nachdenken über die eigenen Anlagen und Fähigkeiten sowie die Einsicht zu umsichtigen und konstruktiven Verhaltensweisen sich in den persönlichen Lebensrhythmus eingenistet hat.

Menschen, die sich in Extremsituationen befinden, merken meist schnell, zu welcher Art des Handelns sie getrieben werden. Wenn uns das Blut in die Beine »steigt« und die Gesichter blaß werden, dann werden wir uns zurückziehen, also die Flucht antreten. Steigt uns das Blut aber in den Kopf und in die Hände, werden wir uns dem Kampf widmen.

Ich selbst befand mich lange Zeit in emotionaler Hochspannung. Ich hatte mich in einen verheirateten Mann verliebt, der aufgrund seines familiären und beruflichen Umfeldes auf ewig, so sah ich es jedenfalls, gebunden ist. Die Tragik bestand darin, daß ich mich immer stärker zu ihm hingezogen fühlte und er, auch ohne seine physische Präsenz, mein Herz besetzte. Andere Beziehungen waren für mich einfach nicht möglich. In dieser aussichtslosen Lage lernte ich mich und meine Frust-Marge besser kennen und damit auch meine zahlreichen Ausweichmanöver samt ihren Konsequenzen, nämlich aufkeimende depressive Verstimmungen. Eines Tages aber war mein Maß oder mein Frust-Topf voll, das merkte ich unter anderem daran, daß ich immer wieder »Genug ist genug!« vor mich hin sagte. Plötzlich fing ich dann an, eine Geschichte zu schreiben. Über drei Monate lang schrieb ich mir meinen Seelenschmerz vom Leibe und merkte, wie es mir so nach und nach besserging, obwohl ich wußte, daß mir das Schwierigste noch bevorstand, denn ich mußte ihm die Geschichte über meine unausgesprochene Liebe persönlich überreichen, wie mir meine innere Stimme nahelegte.

Fragen Sie mich nicht, wie ich mich an jenem Tag gefühlt habe, als ich vor ihm stand. Das Offenlegen meiner intimsten Gefühle überforderte mich, und so hat mich mein Reptil-Mechanismus immer wieder in die Flucht sprich zur Toilette getrieben. Beim dritten Anlauf schaffte ich es. Mit butterweichen Knien stand ich vor ihm und drückte ihm ein kleines, verschnürtes Päckchen in die Hand. Ich weiß nicht mehr, was ich sagte. Ich weiß nur, daß ich kreidebleich war und einen starken Drang verspürte, aus dem Zimmer zu eilen. Erst später war ich stolz, daß ich die für mich gigantische Mutprobe überstanden und meine Angst, abgelehnt und ausgelacht zu werden, aus eigenen Kräften heraus bewältigt habe. So konnte ich mich allein, mit Verstand und Gefühl, aus einer schier ausweglos erscheinenden Situation befreien, obendrein habe ich eine Menge über die Liebe erfahren und fühlen können, daß »wer am meisten liebt, der ist unterlegen und muß leiden!«[6]

Der Kampf-Flucht-Mechanismus kann also auch eine durchaus positive Komponente haben, denn er kann uns aus einer Situation befreien, die für uns unerträglich geworden ist, und somit unser Leben retten. Der Ehefrau, die endlich ihren Mann verläßt, der sie jahrelang mißhandelte, schenkt er ebenso die Freiheit wie jener, die ihrem Partner mitteilt, daß sie den Sohn aus seiner ersten Ehe nicht mehr ertragen kann und daß am besten seine biologische Mutter ihn weitererziehen soll.

Der Kampf-Flucht-Mechanismus bringt Klarheit in eine Situation, die für alle Beteiligten unerträglich und belastend geworden ist. Er klärt Positionen, Verstrickungen und vermittelt Standpunkte. Unter kampf- und fluchtgesteuerten Verhaltensweisen lösen sich Konventionen und einstudierte Verhaltensmuster wie Nebelschwaden in der Sonne auf. Er versetzt uns meist in sehr klare Lebenssituationen, in denen die Betroffenen hinterher genau wissen, in welcher Art von Lebensloch sie sich befinden, in einem weißen oder in einem schwarzen.

William S. befindet sich nach seiner Tat, wie mir wahrscheinlich die meisten zustimmen werden, in dem schwärzesten Lebensloch, das man sich vorstellen kann, nämlich in einem Gefängnis. Ich dagegen befinde mich nach meiner Tat, und hier stimmen mir mit Sicherheit auch viele zu, in einem weißen Lebensloch. Zumindest befreite mich meine Liebesgeschichte von einem mich belastenden Gefühl. Darüber hinaus gewann ich mehr Selbstbewußtsein und ein stärkeres Selbstwertgefühl. Im positiven Sinne kann uns der Kampf-Flucht-Mechanismus also Freiheit schenken. Das hängt jedoch davon ab,

wie wir unser vorhandenes Repertoire und unser Kraft-Macht-Potential anwenden.
Erst durch viele Gespräche mit Menschen, die in den dunkelsten Löchern dieser Welt leben, besser dahinvegetieren, habe ich die vielen Aspekte von Freiheit praktisch kennenlernen und besser verstehen können, so zum Beispiel, daß Freiheit, und zwar die innere Freiheit, niemals auf der physischen Ebene zu finden ist. Sich frei zu fühlen, nur weil man frei herumlaufen kann, muß lange nicht dem Gefühl von Freiheit entsprechen, das ich ihnen vermitteln möchte:

> Bryan sitzt seit 12 Jahren im Knast und wird wohl nie wieder herauskommen. Ich habe mich mit ihm angefreundet und ihn über einige Jahre hinweg regelmäßig besucht. Eines Tages überraschte er mich mit folgendem Satz: »Eigentlich habe ich mich in meinem ganzen Leben noch nie so frei gefühlt.« Mein Entsetzen über seine Aussage, hier, hinter den Gittern eines Hochsicherheitstraktes, konnte ich nicht verbergen, was ihn fortfahren ließ: »Natürlich will ich hier raus, sofort, und nach nichts sehne ich mich mehr. Doch ich kenne meine Situation und mache mir nichts vor. Deshalb habe ich mich mit dem Leben hier drinnen arrangiert, ja gar versucht, ihm die guten Seiten abzugewinnen. Und eine gute Seite daran ist, daß ich nachdenken mußte, über mich, mein Leben und die Menschen, die mir mein Leben zur Hölle gemacht haben. Dazu gehört, wie du weißt, meine Mutter. Heute fühle ich mich frei, weil ich a) bestimmen kann, wann ich wen sehen will, und b) ich im Knast studieren und mir damit Wissen aneignen kann, das mich freier macht. Frei von den Klischees, Denkweisen und Vorgaben unserer Gesellschaft, die so wie ich sie jetzt begreife, in die Unfreiheit führen.«

Bryan hat es geschafft, binnen weniger Minuten, mir ein tiefes Gefühl von Freiheit glaubhaft zu präsentieren, und während seiner beeindruckenden Schilderung saßen wir auch nicht mehr in dem überfüllten Besuchersaal des Gefängnisses, sondern befanden uns irgendwo zwischen Zeit und Raum.
Daniel Goleman hat sich mit unseren Urkräften sehr ausführlich befaßt und somit auch mit dem Kampf-Flucht-Mechanismus. Er schreibt, daß die Urkräfte bis heute die Psyche des Menschen bestim-

men, der während der Evolution immer wieder in spannungsgeladene, emotionale Situationen geraten ist, so daß sich ein überlebenswichtiges Emotionsrepertoire herausgebildet hat, das den Menschen seit Urzeiten vor Gefahren schützen soll. Dieser Alarmplan kann je nach Emotionsrepertoire lebensrettend, aber auch lebenszerstörend sein, wie wir anhand der vorausgegangenen Beispiele gesehen haben. Objektiv gesehen, befreit er uns aus einem Konflikt oder einer Krise. Er übernimmt jedoch keine Verantwortung für die von ihm verursachten Situationen, vor allen Dingen nicht dafür, was wir aus ihnen machen, wenn wir womöglich im Gefängnis gelandet sind, ein Ehedrama ausgelöst haben oder den Verlust eines geliebten Menschen verkraften müssen. Diejenigen, die er in ein neues Dilemma führt, kann er tief schädigen, ihnen aber auch die Chance eröffnen, zu neuen Kräften und zu einem neuen, erfüllteren Leben zu finden. Bryan scheint sich der Herausforderung dieses tiefen und nichts beschönigenden Nachdenkens gestellt zu haben. Wie sonst käme er in dieser Situation zu neuen Einsichten über sich und sein Leben?

Die Zeit, in der wir leben, und die Urkräfte, über die wir verfügen, scheinen allerdings nicht mehr so recht zusammenzupassen, und unser Überlebensmechanismus beschert uns häufiger lebenszerstörende Situationen, statt uns vor Gefahren zu schützen, so wie es der biologische Plan vorsieht. Wenn nun die Mutter mit ihren Urkräften sich unüberlegt in den Verkehr stürzt, um ihr Kind zu retten, das bereits heil auf der anderen Straßenseite angekommen ist, was sie jedoch nicht bemerkte, dann kann sie von einer Sekunde zur anderen selbst in eine lebensbedrohende Situation geraten. Und wenn immer mehr Jugendliche in den Besitz von Waffen gelangen, mit denen sie nicht umgehen können, dann erleben wir, wozu unsere Urkräfte imstande sind. Die Frage, wer oder was in solchen extremen Momenten die Verantwortung übernehmen kann, ist sicherlich nicht schnell zu beantworten. Sie wird uns aber im Verlauf dieses Buches immer wieder beschäftigen.

Wir alle sind nicht gefeit vor Situationen, die uns emotional überfordern. Wenn unser Reptiliengehirn, das ausschließlich in Flucht- und/oder Kampfmanier zu reagieren versteht, das Kommando übernommen hat, sind wir seinen Befehlen ausgeliefert und können nur hoffen, daß uns verletzende Sätze oder daß uns verletzende Hand-

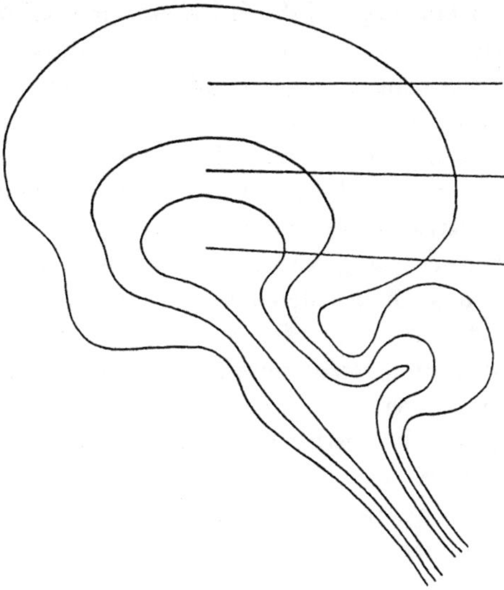

Abb. 4 Das Dreieinige Gehirn

lungen anderer nicht zum Äußersten treiben. Allein das Wissen darüber, was in unserem Hirn abläuft, wenn unser Frust übermächtig wird, kann uns vielleicht helfen, mehr Verständnis für die eine oder andere Situation zu entwickeln, in die ein Mensch gerät, wenn seine Emotionen mit ihm durchgehen. Denn in solchen Momenten ist unser Neokortex, d. h. der Sitz unserer Intelligenz, vollkommen lahmgelegt, ja gänzlich ausgeschaltet. Der Physiker und Autor Ned Herrmann[7] entwickelte das »Dreieinige Gehirn«, das uns hilft, diese Vorgänge besser nachvollziehen zu können.

Es ist sehr wichtig zu erkennen, daß jede und jeder, wenn sie/er reptilgesteuert ist, genügend Stoff für eine reißerische Schlagzeile liefern kann, und es ist auch wichtig zu wissen, daß jede und jeder, die/der die Konsequenzen ihrer/seiner Tat oft ein Leben lang erleiden muß, davor zur ganz normalen Gesellschaft dazugehört hat. Auch William S. war ein Vertreter der bürgerlichen Mittelschicht, bis zu dem Tag, an dem ihm seine Sicherungen durchgebrannt sind. Und wenn ich

mir vorstelle, er hätte damals nicht zur Waffe gegriffen, dann würde er vielleicht heute nach wie vor ein ganz normales Leben führen.
Wie können wir unter Berücksichtigung der Gefahren des Kampf-Flucht-Mechanismus unser Reptiliengehirn »in Schach« halten? Welche Möglichkeiten haben wir, uns vor uns selbst, andere vor uns und uns vor anderen zu schützen? Sind wir überhaupt bereit und imstande, ohne Konflikt- und Krisendruck über uns selbst nachzudenken, wodurch wir möglicherweise aufgefordert werden, unser Leben zu verändern? Können wir uns von belastenden Situationen vorausschauend selbst befreien, damit uns die Konsequenzen einer Notbremse sprich eines Feuerwehreinsatzes unserer Urkräfte erspart bleiben? Warum scheiden Top-Manager aus ihrem Unternehmen erst dann aus, wenn sie wirklich ernsthaft erkrankt sind oder die Firma heruntergewirtschaftet haben? Warum schleppen sich manche Paare über Jahre durch kaputte Beziehungen, in welchen die Partner kaum noch miteinander sprechen, miteinander schmusen und miteinander lachen? Fragen über Fragen, die sich jede und jeder einmal, früher oder später, ganz persönlich stellt.
Meines Erachtens reicht es schon lange nicht mehr aus, die eigenen Verfehlungen, Entgleisungen, Dramen und Tragödien, aber auch die von anderen, teilnahmslos mitzuverfolgen. Es reicht nicht mehr aus, über andere Menschen herzuziehen, sie schnell und rückhaltlos zu verurteilen, abzuschieben und zu vergessen.

> »Denn worin du über den anderen richtest, sprichst du über dich selber das Urteil.«[8]

Dieser Satz aus der Bibel ist für mich die Aufforderung, an meinem eigenen emotionalen Gerüst zu arbeiten, es kennenzulernen und Verantwortung für mein eigenes Verhalten zu übernehmen. Jeder Mensch hat die Möglichkeit, sich Wissen anzueignen und darüber zu reflektieren, womit wir beginnen, Verantwortung für unser Leben und unsere Verhaltensweisen zu übernehmen. Erst wenn wir imstande sind, unser Verhalten und unsere Emotionen einzuschätzen und zu kontrollieren, werden wir unabhängiger und freier, auch im Umgang mit unseren Mitmenschen, die häufig genug dazu neigen, anderen ihre psychischen Probleme aufzuhalsen. Während dieses Prozesses des Nachdenkens entwickelt sich viel, auch Humor, der uns über die unverschämt hohe Steuernachzahlung eher zum Lachen bringt und unsere Urkräfte daran hindert, aktiv zu werden, die in solchen Momenten lieber das Finanzamt anzünden würden. Die Tragödien in unserem Leben werden wir so nach und nach besser verstehen lernen. So wie es jenem Mann gelungen ist, nach seiner dritten Scheidung endlich herauszufinden, warum er mit gewissen Frauen immer Probleme hat. In seinem *Aufhol-denk-nach-Prozeß* hat er endlich begriffen, was ihn jahrelang frustrierte, nämlich, daß sich seine Anlage zum Kontrollfetischismus mit unabhängigen Frauen, von denen er sich im höchsten Maße angezogen fühlt und mit ihnen auch dreimal verheiratet war, niemals vertragen kann.

Ich bin davon überzeugt, daß je besser und umfassender wir uns selbst kennen, wir um so weniger von anderen bestimmt werden. Wir sind dann nicht mehr einschränkenden Regeln und Gesetzen ausgeliefert oder fühlen uns in eine Opferrolle gedrängt, sondern fangen an, unsere Umwelt mitzugestalten. Sigmund Freud, ein Verfechter von autoritären Strukturen, war diesbezüglich weniger positiv eingestellt und forderte, daß »der Gesellschaft Regeln aufgezwungen werden müssen, um Wogen des Gefühlsüberschwangs zu bändigen, die ihnen allzu ungehemmt aufwallen«[9]. Harte Gangarten lassen sich immer dann nicht vermeiden, wenn der Mensch das jeweilige Gesellschaftssystem für all seine Probleme und Sorgen verantwortlich macht, dadurch immer frustrierter ist und insgeheim die Gefahren eines kollektiven Gefühlsüberschwangs mitheraufbeschwört. Andersherum werden die Gefühle der Masse auch kaum in Zaum gehalten werden können, wenn sich diese permanent von den Machthabern unterdrückt und mißachtet fühlen. Was wir im kleinen anfangen, wird sich im großen weiterführen lassen. Damit meine ich, daß es mühsam ist, die große Welt verändern zu wollen, wenn es uns nicht gelingt, unsere kleine Welt zu bewegen und zu verändern.

Ein weiterer Appell an die Selbstbestimmung also. Denn erst wenn wir anfangen, unser Leben Schritt für Schritt zu bestimmen, und erst wenn wir anfangen, unser individuelles Anti-Frust-Instrumentarium zu entwickeln, und es in unserer »kleinen Welt« anwenden, am besten bevor Konflikte ausbrechen und Krisen sich aufbauen, dann werden sich unsere Aussichten auf ein zufriedenes und glückliches

Leben verbessern, was sich auch auf die Toleranzgrenze eines Gesellschaftssystems positiv auswirken wird. Grundvoraussetzung hierfür ist ein gut funktionierender Neokortex, also der Teil unseres Hirns, der das Rad erfunden, die Pyramiden erbaut, die Welt umsegelt, großartige Musik geschrieben hat und der immer dann im Spiel ist, wenn wir über unsere Lage zuerst nachdenken, bevor wir wütend werden und vorschnell handeln.

Bitte denken Sie jetzt einmal über eine Situation, eine Begegnung, ein Wort, eine Geste in Ihrem Leben nach, die Sie emotional sehr stark mitgenommen, vielleicht sogar überfordert hat! Versuchen Sie die Situation zu beschreiben. Wie fühlt sie sich an? Haben Sie Angst? Werden Sie wütend? Wie gehen Sie damit um?

Übrigens, es gibt auch sogenannte positive Übergriffe unseres Reptiliengehirns. In Zeiten großer Verliebtheit z. B. können wir von unseren Gefühlen überwältigt werden. Dann sitzen wir auf der bekannten Wolke und tragen die rosarote Brille. Verliebtheit kann sich auf einen Menschen, aber auch auf ein Projekt, eine Lieblingsarbeit beziehen. Positive Übergriffe erlebe ich stets beim Schreiben. Es sind Momente, die mich meinen Alltag vergessen lassen. Wenn ich schreibe, verfliegt die Zeit, und manchmal weiß ich nicht mehr, wie lange es her ist, daß ich mit einem Menschen gesprochen oder telefoniert habe.

Denken Sie bitte einmal über Ihren letzten positiven Übergriff nach. Was ist passiert? Mit wem und wie ist etwas passiert? Falls Ihnen keiner einfallen sollte, dann denken Sie bitte einmal darüber nach, warum das so ist. Vielleicht stimmt etwas nicht in Ihrem Leben, oder Sie selbst fühlen sich gerade nicht besonders wohl in Ihrer Haut, und vielleicht wollen Sie genau das ändern?

Gefahren und Chancen der Selbstüberschätzung

Am Neujahrstag konnte ich den Sprung eines jungen, sehr sportlichen Italieners von der Cavourbrücke in den Tiber mitverfolgen. Er sprang kopfüber in die Fluten des römischen Flusses und überlebte. Ich hatte das Gefühl, daß er wußte, worauf er sich einließ und daß er auch entsprechend physisch und psychisch darauf vorbereitet war. Er konnte sich und seine Fähigkeiten also gut einschätzen. Das Problem unserer heutigen Zeit ist nicht, daß es Menschen gibt, die extremen Herausforderungen gewachsen sind und die wegen ihren Anlagen und ihrem eisernen Willen zur Disziplin in ihrem Metier Höchstleistungen vollbringen können, wie es auch der Ausnahmebergsteiger Thomas Bubendorfer vermag, sondern daß es Menschen gibt, die Herausforderungen annehmen, denen sie einfach nicht gewachsen sind, die sich also ständig neuen Frustrationen aussetzen, weil sie ihre eigenen Erwartungen und Wünsche nicht erfüllen können.

Nun muß ich noch einmal kurz auf die Frustrationstoleranz und die einzelnen Margen zu sprechen kommen. Ein streß-stabiler Mensch, sei es, weil er die Anlagen dazu hat, wie sie unser Athlet beim Sprung von der Brücke benötigt, oder sei es, weil er Erziehungsprogramme durchlaufen hat, die in ihm Anlagen gefördert haben und ihn lehrten, wie man sich in großen Streß- und Frustsituationen zu verhalten hat, wird zwangsläufig belastbarer sein, und sich auf extreme Situationen vorausschauend und umfassend vorbereiten, als ein streßlabiler Mensch. Kurzum: Dieser Mensch hat ein entsprechendes Verhaltensrepertoire aufgebaut, das ihm hilft, schwierige Situationen zu meistern und extreme Herausforderungen, die ihn zwar fordern, aber nicht überfordern, anzunehmen.

Ein streß-labiler Mensch dagegen kennt seine Grenzen nicht. Er hat deshalb auch eine geringere Frustrationstoleranz, weil er oft Herausforderungen annimmt, zu denen ihm das Talent, das Wissen oder die Kraft fehlt und er sich so ständig neuen Frustrationen aussetzt. Zu den streß-labilen Menschen würde ich auch jene Spaziergänger zählen, die mit einer mangelhaften Ausrüstung und in Sandalen Berg-

touren machen. Denn hätten sie das Wissen, das man für Bergtouren braucht, würden sie bestimmt besser ausgerüstet losziehen.
Doch es gibt die unterschiedlichsten Ausprägungen von Selbstüberschätzern, die ich grob in drei Kategorien einteilen möchte, nämlich die der Großmäuler, der Ignoranten und die der besonders Dummen (sorry!). In diesen Kategorien trifft man nun auf Verhaltensweisen, die mit dem gesunden Menschenverstand schwer zu fassen sind und die mit meinem Wunschbild des selbstbestimmten Menschen nichts, aber auch gar nichts, zu tun haben. Hier herrscht das Motto vor: Ich kann alles, ich mach alles, auch wenn ich keine Ahnung davon habe, ich zieh das Ding durch! Insofern sind Urkraft-Entgleisungen in Form von Panikattacken oder Nervenzusammenbrüchen vorprogrammiert. Derartige Verhaltensweisen gefährden nicht nur die eigene Gesundheit, sondern ziehen oft andere Menschen mit ins Verderben, wie es oft bei Bergrettungen der Fall ist. Zu den Hintergründen solcher Verhaltensweisen liefert uns die Theorie von der gelernten Sorglosigkeit, auf die ich im Kapitel Abwehr eingehen werde, interessante Erkenntnisse.
Weil in unserer Zeit so gut wie alles möglich ist und ausprobiert werden kann, ist so mancher versucht, aus welchen Gründen auch immer, sich in waghalsige Abenteuer zu stürzen, die sie oder ihn schnell an den Rand der Belastungsfähigkeit führen kann. Es sind Millionen, die auf der Jagd nach Vergnügen und Triebbefriedigung zwangsläufig ihr physisches und psychisches Gerüst kennenlernen und vielleicht erst, wenn sie einen Herzanfall in viertausend Meter Höhe überstanden haben, zum Innehalten gebracht werden können, d.h. eine Einsicht über sich selbst und ihre Grenzen gewonnen haben. Diesen vielleicht letzten, persönlichen Warnsignalen fehlt es genausowenig an Dramatik wie an Schuldzuweisungen.
Wann fangen wir eigentlich an, wirklich zu begreifen und zu verstehen? Zum wiederholten Male frage ich mich: »Muß die Krise erst ausbrechen, der Konflikt unvermeidbar werden, d.h. müssen wir zum Beispiel zuerst einen (Berg-)Unfall erleiden, arbeitsunfähig werden, im Gefängnis landen, bevor wir anfangen, nachzudenken und uns zu verändern? Oder müssen uns tatsächlich strengere Regeln und Gesetze auferlegt werden, wie im Fall einer Bergrettung das Bezahlen aus eigener Tasche? Wenn ja, was bringt das bzw. meinen Sie,

daß dann das Phänomen der Selbstüberschätzung ein für allemal behoben ist? Zig Industriezweige machen sich diese Massensorglosigkeit, d.h. die Bereitschaft zu halsbrecherischen Aktionen, zunutze, damit uns zig Beratungsstellen anschließend ihre Dienste anbieten können, um irgendwie wieder auf die Beine zu kommen. So werden uns Abenteuerreisen mit maximalen Reizen angeboten. Wir können mit Haifischen im offenen Meer schwimmen, über Schotter und Stein zu Tale surfen, Kriegsschauplätze hautnah erfahren. Auch eine Vielfalt von Selbsterfahrungskursen und Therapiemöglichkeiten, bis hin zur totalen Selbstaufgabe, sind im Angebot enthalten und so weiter. Je mehr Menschen sich freiwillig auf die verrücktesten und gefährlichsten Abenteuer einlassen, dafür auch noch Geld bezahlen und vor allen Dingen sich selbst dabei ständig überschätzen oder falsch einschätzen, desto einschränkendere Gesetze und Regeln wird es geben. Die Fragen sind also: Inwieweit will sich der Mensch überhaupt selbst bestimmen, und ab wann überläßt er sein Leben gern anderen, überträgt ihnen damit die volle Verantwortung und fühlt sich obendrein in dem verordneten Korsett von Regeln und Zwängen wohl?
An einem Hotelpool konnte ich beobachten, wie sich unbedarfte Touristen das Tauchen beibringen ließen. Sie gingen bereits am zweiten Tag im offenen Meer tauchen, nachdem sie vorher eine Einwilligungserklärung unterschrieben hatten, die sie ausführlich über die möglichen Risiken unter Wasser aufklärte. In solchen Momenten wird mein Glaube, daß der Mensch sich selbst bestimmen will und kann, vehement auf die Probe gestellt. Denn als langjährige Taucherin weiß ich nur zu genau, daß »learning by doing« in solchen Fällen schnell zum Himmelfahrtskommando werden kann, wenn man in zehn oder zwanzig Metern Tiefe zum ersten Mal erfahren muß, was es heißt, in Panik zu geraten.
Ich selbst bin in Situationen geraten, in denen ich mir einschränkendere Regeln gewünscht hätte, weil die Selbstbestimmung der Menschen versagte. Einen solchen Moment habe ich während meiner zweiwöchigen Tour durch den ecuadorianischen Dschungel mit einer Freundin erlebt. Unsere Gruppe bestand aus zehn Personen, die allesamt den Eindruck machten, daß sie den Anforderungen, vor allen auch denen, die an Herz und Kreislauf gestellt waren, gewachsen

sind. Nach zwei anstrengenden Wandertagen durch Sumpfgebiete und durch dichtes Gestrüpp machte meine Freundin plötzlich schlapp und eröffnete mir, daß sie seit Jahren an Herzrhythmusstörungen leidet und einer derartigen Strapaze eigentlich nicht gewachsen ist. Nicht nur sie, sondern die gesamte Gruppe war durch ihr sorgloses Verhalten belastet, vor allen Dingen der Arzt, der sich fortan um sie kümmern mußte.

Eine andere Situation erlebte ich während einer Bergbesteigung des Simoni, einem Gipfel der Großvenediger Gruppe. Unsere Seilmannschaft bestand aus acht Personen inklusive Bergführer. Den Aufstieg bewältigten alle ohne nennenswerte Probleme. Der Abstieg aber wurde für alle zum lebensgefährlichen »Spiel«, nachdem uns eine Teilnehmerin ihre Höhenangst eingestanden hatte (von der sie bereits vor der Bergbesteigung wußte). Dieses Abenteuer, so sagte sie, hätte sie nur unternommen, um dem Drängen ihres Ehemannes nachzugeben. Sie mußte vom Bergführer und mir, da ich mich in der Seilmannschaft direkt hinter ihr befand, mit ungeheurem psychologischem Geschick über mehrere Stunden lang und im Schneckentempo zu Tale geführt werden. Ihr Mann, der sich am Ende der Seilmannschaft befand, erkundigte sich übrigens kein einziges Mal nach ihrem Befinden. Später habe ich erfahren, daß die Ehe bald darauf geschieden wurde.

Menschen, die sich nun partout nicht selbst bestimmen können oder wollen, kann man nur wünschen, daß kompetente und starke Persönlichkeiten, sofern sie sich im Team befinden, sie in bedrohlichen Phasen stützen und fördern. Den Institutionen, Schulen und Firmen, die über solche Persönlichkeiten verfügen, diese erkennen und sie fördern, kann man nur gratulieren, denn sie werden schwere Zeiten überstehen können.

Doch Selbstüberschätzung bietet auch Chancen, denn sie ermöglicht, daß man seine Kompetenzgrenzen und somit auch die Frust-Margen praktisch kennenlernen und erleben kann, falls man die Gefahrensituation überleben sollte, in die man sich hineinmanövriert hat und falls stützende, helfende und kompetente Menschen einen führen und unterstützen. Ich frage mich allerdings ernsthaft, ob und wie man Menschen, die sich nach solchen Erfahrungen immer noch weigern, ihre Schwächen anzuerkennen, überhaupt noch helfen kann.

Zusammenfassend können wir also sagen, daß spätestens wenn wir mit dem Rücken zur Wand stehen, es also kein Entrinnen mehr gibt, fangen wir an, die Finger von den Dingen zu lassen, die uns überfordern und für die wir kein Talent besitzen. In Extremsituationen, wie sie zum Beispiel beim Bergsteigen entstehen, werden einem die eigenen Grenzen sehr schnell vor Augen geführt. In der Routine eines gut organisierten und behüteten Alltags kann man sich selbst und anderen über einen längeren Zeitraum hinweg viel vormachen, denn in den Grauzonen des Alltags läßt sich viel verstecken.

Mit dem Rücken zur Wand lernt man sehr schnell!

Warum reizen uns abenteuerliche Aktionen, die oft eine Nummer zu groß für uns sind? Ist es unsere Sehnsucht nach Gruppenzugehörigkeit, nach Anerkennung oder schlichtweg unsere Unfähigkeit, nein zu sagen oder dem Gruppendruck zu widerstehen? Liegt es an unserem generellen Mangel an Weit- und Umsicht oder an dem Phänomen der »gelernten Sorglosigkeit« (siehe Seite 69f.)? Sind diese sich selbst überschätzenden Verhaltensweisen Ausdruck von Abwehrmechanismen, Auswirkungen unseres Egos oder ganz schlicht, unglaublich normal, ein Teil unserer Natur, dem wir nicht widerstehen können?
Es ist bekannt, daß wir am schnellsten und am effektivsten lernen, wenn es um unser Überleben geht. Und in einer Überlebenssituation stecken wir bereits, wenn wir uns mit nacktem Hintern in die Brennnesseln setzen. Was wir wahrscheinlich kein zweites Mal tun werden, denn wer will sich schon freiwillig ein zweites Mal den Allerwertesten verbrennen? Aus diesem Verhalten können wir ableiten, daß bei zunehmendem (Leidens-)Druck auch der Druck auf unser Leben und seine Gestaltung zunimmt, wir also schneller und motivierter lernen.
In eine solche Situation, die sein ganzes Leben in Frage gestellt hat, geriet Martin, einer meiner Freunde. Eines Morgens eröffnete er mir beim Frühstück: »Du, stell dir vor, mir hat der Arzt das Schwimmen in öffentlichen Bädern verboten«, begann er. Ich weiß, dies hört sich für den außenstehenden Betrachter gar nicht spektakulär an. Doch für Martin war dieses Verbot fast schon eine Überlebensfrage. Warum? Schwimmen ist seine große Leidenschaft, und so kam es, daß er seit mindestens zwanzig Jahren regelmäßig schwamm, und zwar tausend Meter täglich nach Büroschluß. Vor ein paar Wochen, so erzählte er mir, hätte er plötzlich am gesamten Körper einen schlimmen, juckenden Hautausschlag bekommen, der ihn in Angst und Schrecken versetzte (im übertragenen Sinne erfuhr Martin jetzt diesen Brennessel-Effekt!). Der Arzt stellte schnell fest, daß seine Haut durch das jahrelange Schwimmen im Chlorwasser über keiner-

lei natürliche Abwehrkräfte mehr verfügte, und sie sich jetzt einfach eine »Auszeit« gönnen müsse, um sich zu regenerieren. Für Martin bedeutete das, sofort mit dem Schwimmen aufzuhören. Vielleicht können Sie sich vorstellen, wie ihm nach dieser Hiobsbotschaft zumute war. Seine gesamte Tagesroutine war von einer Sekunde zur anderen in Frage gestellt worden. Zum einen mußte er sich eine Ersatzaktivität suchen, um sein auf Hochleistung trainiertes Herz nicht zu schädigen. Zum anderen hatte er auf einen Schlag sehr viel Zeit. Ich möchte nicht darüber urteilen, ob es nun vernünftig oder unvernünftig ist, täglich und jahrelang in Chlorwasser zu schwimmen. Die Rechnung für, sagen wir mal, außerordentliche Verhaltensweisen wird jedem Menschen sowieso irgendwann präsentiert. Dann zeigt es sich, wie man damit umzugehen versteht und welche Maßnahmen man ergreift, um den positiven Druck und damit Spaß und Freude am und im Leben zu behalten.

Martin lernte übrigens blitzschnell, sich auf die veränderte Lebensform umzustellen. Heute füllt er seine Freizeit mit Besuchen in Buchhandlungen. Er geht häufiger ins Kino, setzt sich ab und zu in ein Straßencafé und lernt den einen oder anderen Menschen kennen. Durch Joggen hält er sein Herz fit, außerdem freut er sich auf den Sommer und die Aussicht, im klaren Wasser des nahe gelegenen Sees zu schwimmen.

Es gibt viele Gründe, warum wir uns verhalten, wie wir uns verhalten, aber wir sollten auch in der Lage sein, unser eigenes Verhalten zu hinterfragen und aus Frustsituationen zu lernen. Martin, der der festen Überzeugung war, daß er ohne regelmäßiges Schwimmen nicht leben kann, hat in der neuen Lebenssituation von einem anderen Teil in sich erfahren, nämlich dem, daß er sich durchaus flexibel auf neue Situationen einstellen kann und er mit seinen knapp 55 Jahren noch nicht zu alt für einen neuen Anfang ist. Auch unsere Bergsteigerin hat in ihrer »Höllensituation am Berg« etwas Wichtiges gelernt, nämlich (Selbst-)Achtung vor ihrem eigenen Leben und dem Leben anderer. Sie erzählte mir anschließend, daß sie nie mehr die Erwartungen von anderen blind und gehorsam erfüllen würde, wie in diesem Falle die ihres Ex-Mannes.

Aufgrund meiner bisherigen Überlegungen und Schilderungen wird klar, daß ich mich in diesem Buch auf die vorbeugende und die reagierende Konflikt- und Krisenbewältigung konzentriere. Um diesbezüglich weiterzukommen, *müssen* wir mehr über unsere Persönlichkeit erfahren und die persönlichen Bereiche, die uns hemmen, die uns fördern, die uns fordern, die uns Angst einflößen, die uns ärgern usw. Das folgende Persönlichkeitsmodell in Form eines Mandalas kann Ihnen neue Erkenntnisse und Einsichten über maßgebliche und zentrale Aspekte Ihrer Persönlichkeit geben. Sie können versuchen, unter Zuhilfenahme dieses Modells, Verdrängtes aufzuarbeiten und neue Dinge an sich zu entdecken.

Hin und wieder nehme ich mir ein paar Minuten Zeit, um mich von dem Mandala inspirieren zu lassen. In dieser gedanklichen Abwesenheit von meinem Alltag denke ich über mich und mein derzeitiges Leben nach, über das, was mir gefällt und was ich verändern möchte. Ich versuche auch, mehr Klarheit darüber zu bekommen, wer ich bin und wer ich zukünftig sein möchte.

Persönlichkeitsmodell

Das unreflektierte Leben ist kein lebenswertes Leben.

Anonymus

Wie können wir uns besser kennen- und einschätzen lernen? Wie gehen wir mit unseren negativen Emotionen, d. h. mit unserer Wut, unserem Ärger, Zorn, Neid, Eifersucht um? Wie können wir unser Leben meistern und die herausfordernden, oft schlimmen, manchmal befreienden Folgen des Kampf-Flucht-Mechanismus steuern und kontrollieren? Welche Faktoren hindern uns und welche Faktoren fördern uns, unser Potential zu entfalten und frei zu leben?
Während meiner Arbeit in den USA und für das Projekt AVP (The Alternatives to Violence Project) bin ich mit dem folgenden Persönlichkeitsmodell zum ersten Mal in Berührung gekommen. Es hat mich magisch angezogen. Dabei gefällt mir besonders die Anordnung der vier Kreise, die sich um den Kern in der Mitte schließen. Vier ist eine symbolkräftige Zahl, im christlichen Glauben ist sie die Zahl der Transformation. Vier vereinigt alle Elemente der Schöpfung in sich, und vier Flüsse entsprangen im Garten Eden, um die Erde zu bewässern. Wenn die vier Elemente harmonisch zusammenwirken, dann entsteht ein mächtiger Kern, der sowohl das unbekannte als auch das bekannte Wissen miteinander verbindet.
C. G. Jung bezeichnet das Mandala als einen Magischen Kreis. Auf dem Weg seiner psychischen Entwicklung hat er sich dem Studium der Mandalas intensiv gewidmet. Jung, der die mystische Psychoanalyse maßgeblich beeinflußte, schreibt über Mandalas:

> »Erst als ich die Mandalas zu malen anfing, sah ich, daß alles, alle Wege, die ich ging, und alle Schritte, die ich tat, wieder zu einem Punkte zurückführten, nämlich zur Mitte. Es wurde mir immer deutlicher, das Mandala ist das Zentrum. Es ist der Ausdruck für alle Wege. Es ist der Weg zur Mitte, zur Individuation.«[10]

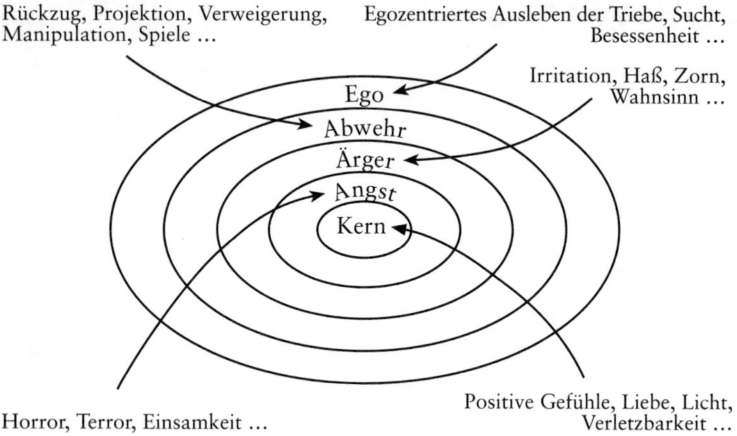

Abb. 5 Persönlichkeitsmodell Mandala

Um den *Weg zur Mitte* antreten zu können, ist es notwendig, sich entsprechend vorzubereiten und auszurüsten, so wie es zum Beispiel die Bergsteiger vor ihren Bergtouren, wenn sie erfolgreich sein wollen, auch tun müssen. Mein Weg der Frustbewältigung, den ich Ihnen in diesem Buch vorstellen möchte, kann durchaus mit den Anstrengungen einer Bergbesteigung, einer Tauchexpedition oder mit harter Garten- oder Feldarbeit verglichen werden, mit einem kleinen Unterschied jedoch: Sie können bei Ihrer, wenn auch schweißtreibenden, Denkarbeit auf Ihrem Stuhl oder Ihrem Deckchair sitzen bleiben. Damit wir den Prozeß des Nachdenkens einleiten können, müssen wir die einzelnen Aspekte des Persönlichkeitsmodells näher betrachten, die uns Aha-Erlebnisse, neue Einsichten und Erkenntnisse über uns selbst und andere vermitteln können. Jeder einzelne Aspekt ist wichtig für den Individuationsprozeß und jeder einzelne kann uns helfen, unser individuelles Frustbewältigungsprogramm zusammenzustellen.
Zum Mandala, damit auch zum *Weg zur Mitte* habe ich mir Gedanken gemacht, die ich jetzt gerne mit Ihnen teilen möchte.

Kern

Warum können Engel fliegen?
Weil sie sich selbst so leicht nehmen!
Woody Allen

Wer an sie glaubt, an die Geist- und Lichtwesen, die uns durch unser Leben begleiten, uns im Jenseits empfangen und die in der Weltliteratur genauso ihren Platz einnehmen wie in der Welt der Fabeln und Märchen, der weiß, wovon ich spreche. Erwachsene, aber auch Kinder, die todesnahe Erfahrungen gemacht haben, erzählen von Begegnungen mit diesen Lichtwesen und haben meist nach solchen Erlebnissen klare Vorstellungen von sich und ihrem weiteren Leben. So berichtete mir eine herzkranke Freundin meiner Mutter von einer Begegnung mit einem Wesen in einem weißen Gewand. Sie sei von ihm im Traum aufgefordert worden, wieder zur Erde zurückzukehren. Danach wußte sie, daß sie wieder gesund werden würde. Zudem hat sie jegliche Angst vor dem Tod verloren und gelernt, daß es nichts Wichtigeres gibt als die Liebe und die Hingabe an die Mitmenschen. Wir alle werden von unserer Geburt bis zu unserem Tod von Geistwesen begleitet. Die Sterbeforscherin und Psychologin Elisabeth Kübler-Ross ist davon überzeugt, »daß wir an der Grenze zum Tod liebevoll von ihnen erwartet werden«[11].

(Schutz-)Engel (und damit meine ich Engel der guten Herzen) können sich so leicht nehmen, weil sie, so glaube ich, in ihrem Kern wohnen und mit ihrer unerschöpflichen positiven Kraft verbunden sind. Sie leben im Zentrum, in der Mitte ihres Potentials, das sich durch sie frei, rein und klar äußern kann. Frustrationen sind ihnen deshalb fremd. Vielleicht sind sie deswegen für uns und unser Leben so wichtig (und wenn es nur der Glaube an diese Wesen ist, denn der versetzt bekanntlich Berge), weil sie uns die wahre Liebe, das wahre Selbst nicht vergessen lassen, weil sie Licht spenden, Hoffnung geben und Lebensfreude schenken. Sie können uns lehren und darin bestärken, dem Leben ohne Angst gegenüberzutreten, das Unerträgliche anzuschauen und konstruktiv zu bewältigen. Der oder die Engel in uns sind zentrale Kräfte für die Aus- und Versöhnungsprozesse unseres Lebens.

Ganz egal wie wir zu ihnen stehen, ob wir sie als Kraft unseres wahren Selbst betrachten, sie als Teil unseres Lebens akzeptieren und integrieren, womöglich zu Gesprächs- und Lebenspartnern erklären oder sie ausgrenzen, über sie herziehen und lachen, sie werden die unsichtbaren Helfer an unserer Seite sein. Vielleicht liefern sie uns in unseren letzten Lebensminuten den endgültigen Beweis für ihre Existenz.

Der Bruch mit seinem Lehrer Sigmund Freud stürzte C. G. Jung in eine tiefe Krise: »Nach der Trennung von Freud hatte für mich eine Zeit innerer Unsicherheit, ja Desorientiertheit begonnen.«[12] In dieser Situation fand er Zugang zu drei Fantasie-(Engel-)Gestalten, die ihm neue Wege wiesen. Zunächst im Traum, später auch im Wachzustand, erschienen ihm eine blinde Frau, Salome, ein weiser alter Mann namens Elias und sein unsichtbarer Lehrer Philemon, der eine ganz besondere Kraft für Jung darstellte, die er nicht war. Er war für ihn eine geheimnisvolle Figur, mit der er im Garten spazierenging und Gespräche führte. In seinen *Psychologischen Betrachtungen* faßt C. G. Jung seine Erlebnisse und Erkenntnisse über diese Gestalten wie folgt zusammen:

> »In jedem von uns ist auch ein anderer, den wir nicht kennen. Er spricht zu uns durch den Traum und teilt uns mit, wie anders er uns sieht, als wir uns sehen. Wenn wir uns daher in einer unlösbar schwierigen Lage befinden, so kann der fremde Andere uns unter Umständen ein Licht anstecken, welches wie nichts geeignet ist, unsere Einstellung von Grund auf zu verändern, nämlich eben jene Einstellung, die uns in die schwierige Lage hineingeführt hat. Die meisten unserer Schwierigkeiten rühren daher, daß wir den Kontakt zu unseren Instinkten, zu der uralten, unvergessenen Weisheit, die in jedem von uns gespeichert ist, verloren haben.«[13]

Mein Instinkt oder meine Intuition ließ mich eines Abends eine große männliche Figur des italienischen Bildhauers Antonio Canova reproduzieren. Mitten in der Nacht saß ich auf meinem Wohnzimmerboden und zeichnete mit verschiedenen Kohlestiften auf einem zwei Meter langen Transparentpapier. Es sollte ein großer Mann werden, das war mir klar, mit einem schönen und starken Körper. In meiner unbändigen Lust auf diesen Mann erschuf ich die riesige

Skizze in nur wenigen Minuten. Das Interessante daran war, daß ich während meiner Malerei ein stilles Zwiegespräch mit meinem Vater führte, der immer davon überzeugt war, daß ich auch ohne Mann durchs Leben finden könne. Und während ich im Erschaffen meines Mannes war, hörte ich mich plötzlich sagen: »Ich glaube nicht, lieber Francesco (so nannte ich meinen Vater), daß ich deiner Meinung bin!« Ein paar Monate später hatte ich die Idee, diese Kohlefigur zum Leben erwecken zu lassen. Ich fragte meine Freundin Ludmilla, eine Malerin, ob sie Farbe in dieses Bild bringen könne. »Aber sicher«, entgegnete sie mir und bemerkte weiter, »wahrscheinlich wirst du dann deinen Mann bekommen!« Drei Monate später begegnete ich einem Mann, einem großen, starken, nicht mehr ganz so schlanken und nicht mehr ganz so jungen Mann, nur ein paar Häuserblocks von Ludmillas Atelier entfernt.

Ob ich diesen Mann nun mit all meinen zur Verfügung stehenden psychischen Kräften und unter Zuhilfenahme von Engelskraft heraufbeschworen habe, kann ich beim besten Willen nicht sagen. Ich will auch nicht vorhersagen, ob dieser Mann nun der Mann für mein Leben, vor allen Dingen für mein Lebensziel ist, d. h. ob dieser Mann fähig und willens ist, mich und meine Welt zu verstehen, zu akzeptieren und zu unterstützen. Ich weiß nur, und jetzt komme ich zurück auf die Jungsche Erkenntnis, daß während ich meiner Intuition nachgegangen bin *»der fremde Andere in mir ein Licht angesteckt hat«* und daß sich dadurch meine innere Einstellung zu dem Mann meiner Träume, so wie ich ihn mir immer vorgestellt habe, mit dunklem, vollem Haar, dunklen, feurigen Augen, Macho-Abenteurer-Typ, von Grund auf veränderte. Während ich malte, war ich mit meinem Kern, meiner Mitte, verbunden. Ich war im Zentrum der stärksten und positivsten Kraft meiner Persönlichkeit, still, leise und ganz ohne Lärm. Ich habe mich so leicht wie ein Engel und so ganz wie ein Mandala gefühlt. Ich war eins mit mir und allen, die mir nahestehen und mich liebevoll begleiten. Nur so kann ich mir das Zwiegespräch mit meinem Vater erklären. Ich weiß, daß mein Kern die einzige und wahre Heimat für mich ist, aus welchem meine tiefsten und wahrsten Gedanken und Empfindungen kommen, zu denen ich Gefühle der Liebe, Trauer, Sehnsucht, Freiheit, Hoffnung, Freude, Friede, um nur ein paar zu nennen, zähle. Dieser Kern ist ohne Schatten und hochgradig verletzbar. Mißachten, verleugnen, verdrängen, entehren wir ihn und finden wir irgendwann keinen Zugang mehr zu ihm, dann wird sich seine positive Kraft reduzieren, und unser Leben sich verdunkeln. Haß und Zerstörung nehmen zu, Leere und Langeweile breiten sich aus, Trübsal und Furcht beherrschen unseren Geist. In einem Feldpost-Brief schrieb mein Vater an meine Mutter: »Meine Liebste, ich glaube, wir haben die Engel von dieser Welt fortgejagt, in der nur der Geruch von verbranntem und verwestem Fleisch übriggeblieben ist.« Treffender kann man meines Erachtens eine engel- und herzlose Welt nicht beschreiben, eine Zeit, in der die Sehnsucht nach jenen stillen und heilenden Geistwesen, die ich Engel nenne, übermächtig geworden ist.

Seit meiner Kindheit bin ich mit meinen (Schutz-)Engeln verbunden, mal mehr, mal weniger, jedoch kontinuierlich, und ein Engelbild habe ich auch heute noch an meinem Bett stehen. Ich lasse sie zu, die Engel in mir. Ich lache, streite, scherze und weine mit ihnen. Engel sind feste Bestandteile meines Lebens und meiner Persönlichkeit. Ich kommuniziere mit ihnen. Ich gestatte ihnen die direkte Einflußnahme auf mein Leben, wobei mich meine Intuition, der höchste Befehlshaber in meinem Leben, unterstützt. Ich bin von ihr immer an den für mich richtigen Ort und zu den für mich wichtigen Menschen geführt worden. So lehrte und lehrt sie mich, mit Geduld und Disziplin an das Gute und Positive meiner Konflikte und Krisen zu glauben. Auch damals, als ich mich gegen ein Kind und für eine Abtreibung entschieden habe, war sie wichtig, meine Intuition oder Schutzengelstimme aus meinem tiefsten Innern.

Wer oder was kann unseren Kern, also unsere positiven Gefühle und den freien Zugang zu ihnen schwächen? Dazu bedarf es zunächst eines kleinen Exkurses in unsere Erziehungswelt. Mit der Geburt bringen wir individuelle Anlagen und Talente zur Welt, mit denen wir einen ganz bestimmten Lebensweg gehen können. Es ist für jeden Menschen wichtig, sich und seine Anlagen zu entdecken, sie zu entfalten, sie zu fördern. Hierzu brauchen wir die Hilfe und die Unterstützung von anderen, zunächst von der Familie, in die wir hineingeboren werden, im weiteren von den Erziehungspersonen, die uns in Kindergarten, Vorschule, Schule, Ausbildungszeit, Studium begleiten und nicht zuletzt von den Menschen, die wir zu Wahlschwestern- und -brüdern erklären, sowie den Freunden und Partnern, mit denen wir viel Zeit verbringen, sei es nun beruflich oder privat. Leider läßt sich diese Vorstellung nicht so einfach verwirklichen, weil unser Erziehungssystem dazu tendiert, den Menschen so zu formen, daß er sich in eine bestimmte Gesellschaftsordnung fügt. Wenn ein System sich viele Jasager heranzieht und wenig selbständig Denkende, dann wird es diese zwar massenweise hervorbringen, aber auch Unzufriedenheit schüren und Gegenwehr provozieren. Leider tendieren auch intimste Partner dazu, uns ihre Vorstellungen anerziehen zu wollen, damit wir letztendlich ihre Wünsche und Träume verwirklichen. In diesem Erziehungsprozeß bekommen wir zu unserem eigenen Angstpaket noch das unseres Partners dazu wie der Mann, der sich selbst, wegen der Flugangst seiner Ehefrau, das Fliegen untersagte und sich damit versagte, sich seinen sehnlichsten Berufswunsch, nämlich den des Piloten, zu erfüllen. Derartige Übertragungen (Projektionen) von eigenen Fehlern, Ängsten, Sorgen auf einen anderen, aber auch das Hinnehmen und Akzeptieren dieser, eignen sich hervorragend dazu, viel Frust aufzubauen. Denn das nicht-reflektierte Bejahen und Akzeptieren von Fremdeinfluß entfernt uns von unserem Kern immer weiter, so weit, bis wir eines Tages den Zugang zu ihm gänzlich verloren haben. Darüber hinaus wird es immer schwerer, den Fremd- von Feindeinfluß zu unterscheiden, und damit auch den, der einen auf- oder abbaut. Der *Weg zur Mitte* oder der Prozeß der Individuation wird sich verlangsamen, wenn er überhaupt anfangen kann. Und so werden wir nicht stark, kräftig, selbstbewußt und lebensfroh, sondern unsicher, schüchtern und immer schlechter gelaunt. In diesem Stadium beherrschen uns schlimmste Ängste, Ego-Dramen, Ärger und Abwehrmechanismen. Die natürliche Kraft unseres Kerns, mit der wir unserem Leben die verspielten und fröhlichen Seiten abgewinnen und durch die wir es leichtnehmen können, so wie Engel, kann uns insgesamt abhanden kommen. Das positive und konstruktive Zusammenwirken unserer Persönlichkeitsaspekte, wie sie im Mandala aufgezeichnet sind, wird sich kaum einstellen können.

Und dennoch, wir alle können unseren Kern stärken, um die Kraft zu bekommen, die uns von unseren Frustrationen befreit. Hierzu benötigen wir Vertrauen in unsere eigenen Fähigkeiten, das Losgelöstsein von negativen und zermürbenden Einflüssen unserer Umgebung, die wir, so wie es scheint, alle mehr oder weniger übernommen und dabei die guten und positiven vergessen haben. Wir brauchen aber auch Mut, den ersten Schritt zu tun, der uns jetzt vielleicht noch mehr Angst einjagt als Freude macht.

Angst

> Wenn es keine Liebe gibt, dann breitet sich die Angst aus. Wenn die Angst übermächtig wird, setzen Kontrollmechanismen ein. Versagen diese, beginnen wir zu hassen.
>
> *William Shakespeare*

Als kleines Kind hatte ich Angst, abends allein in den Keller zu gehen. Als Schülerin hatte ich Angst vor schlechten Noten, vor allen Dingen im Fach Deutsch, das zu meinen Lieblingsfächern zählte. Wenn ich mich verliebe, dann habe ich Angst, mich wieder zu entlieben oder daß mein Partner aufhören könnte, mich zu lieben. Neulich hatte ich Angst vor einem Mann, der mich nachts auf meinem Weg zum Hotel verfolgte, und erst vor ein paar Tagen überfiel mich Angst, meinen Job und damit einen sicheren Boden unter den Füßen zu verlieren.

Was hat Angst mit Frust zu tun? Nun, wenn ich mir vorstelle, daß ich als Kind wegen meiner Angst nicht in den Keller gegangen bin, dann war ich daraufhin meistens frustriert, denn ich mußte gleichzeitig auf das Eis verzichten, das sich dort unten in der Tiefkühltruhe befand. Zuerst ärgerte ich mich über meine Feigheit und anschließend darüber, daß ich mich ärgerte. Wenn ich in Deutsch, meistens im Fach Rechtschreiben, eine schlechte Note kassierte, dann war ich enorm gefrustet, weil ich mich für unfähig hielt, trotz nächtlicher Studien, die deutsche Rechtschreibung samt der deutschen Kommasetzung zu lernen. Die Angst, meinen Job zu verlieren oder einen Arbeitsvertrag nicht verlängert zu bekommen, versetzte mich erst vor kurzem in Panik und brachte mir die eine oder andere schlaflose Nacht, aber auch die eine oder andere depressive Verstimmung.

Angst verursacht Frust und Frust wiederum Angst. Kurzum, sie wird irgendwann unser Leben dominieren. Im schlimmsten Falle verbarrikadieren wir uns in unseren eigenen vier Wänden und schaffen es nicht mal mehr, zum nahe gelegenen Lebensmittelgeschäft zu gehen. Angst hat viele Gesichter, und ihre Motive und Auslöser sind vielschichtig und schwer zu durchschauen. Ich stimme Shakespeare zu, daß Angst die Vorherrschaft übernehmen wird, wenn uns die (wahre) Liebe fehlt, die, so möchte ich ergänzen, ausschließlich aus unserem inneren Kern kommen kann. Je mehr wir vor unserer Angst davonlaufen, desto größer und mächtiger wird sie. Wir werden immer ängstlicher und damit auch immer frustrierter.
Deshalb drehte ich mich in der bedrohlichen nächtlichen Situation plötzlich um, sichtlich zum Schrecken meines Verfolgers, der ein paar Meter hinter mir herlief. Ich schaute den Mann an und fragte ihn laut: »Können Sie mir zufällig sagen, wieviel Uhr es ist?« Ich hatte ziemliche Angst, weil ich nicht wissen konnte, wie dieser Mensch reagieren würde. Doch innerlich hatte ich das Gefühl, daß ich genau das Richtige tat, was sich auch bewahrheitete, denn mein Verfolger lief verdutzt von dannen und meine Angst verflüchtigte sich.
»Wenn Angst übermächtig ist, dann setzt Kontrolle ein« – warum? Kontrolle, die im Angstzustand einsetzt, ist äußerst problematisch, weil sie uns die klare Sicht versperrt. Stellen Sie sich vor, Sie flitzen in einem Porsche mit 260 kmh über den Nürburgring (mit dem manche auch schon mal die Autobahn verwechseln). Sie fahren nur so schnell, weil Sie sich dadurch mehr Anerkennung in Ihrem Freundeskreis der »Speedies« erhoffen. Innerlich, und das wissen Sie ganz genau, haben Sie jedoch höllische Angst vor hohen Geschwindigkeiten. Deswegen wird Ihre Angst im Laufe der Fahrt automatisch zunehmen, und todsicher werden Sie sehr schnell die Beherrschung über Ihr Fahrzeug verlieren, welches Sie im Zustand der Angst zu kontrollieren versuchen. Tatsächlich versagen aber just in diesem Moment Ihre Kontrollmechanismen, und statt daß Sie das Fahrzeug beherrschen, beherrscht das Fahrzeug nun Sie: Es gerät buchstäblich außer Kontrolle. Falls Sie die Fahrt ohne größeren persönlichen Schaden überstehen sollten, werden Sie an Ihrem Freundeskreis kein »gutes Haar« mehr lassen, und Sie beginnen zu hassen, sich selbst,

Ihre Freunde und Ihre Unfähigkeit. Shakespeare hat wahre Worte gefunden: *»Versagen diese, beginnen wir zu hassen.«*
Wenn Sie nach dieser Teufelsfahrt zu keinem klaren Bild Ihrer Persönlichkeit gelangen sollten, d. h. a) keine Einsicht darüber erlangen, warum und wieso Sie sich auf diese Mutprobe eingelassen haben, b) sich immer noch nicht eingestehen können, daß Sie vor hohen Geschwindigkeiten Angst haben und c) letztendlich die Verantwortung für Ihr Verhalten nicht übernehmen wollen, dann werden Ihnen Irritationen, Ärger und Frust nicht erspart bleiben. Unter Umständen verlieren Sie Ihren Freundeskreis, den Sie womöglich durch eine weitere Todesfahrt zurückerobern wollen. Ihr Selbstvertrauen schwindet, und Sie projizieren ein eher klägliches Bild von sich auf Ihre Umgebung. Ihre Freunde ziehen sich zurück, und Sie verlieren so nach und nach Ihre ganz persönliche und positive Ausstrahlung. Viel Freude am Leben können Sie unter diesen Umständen nicht mehr haben, und eine Ablehnung Ihrer eigenen Welt ist vorprogrammiert. Sie werden immer einsamer, fühlen sich isoliert und ausgegrenzt. Sie sind im Terror-Horror-Teufelskreis der Angst gefangen.
Genauso würde es mir ergehen, wenn ich mich in meine (unbegründete) Angst der drohenden Arbeitslosigkeit hineinsteigern würde. Ich würde mich nachts in meinem Bett herumwälzen und davon träumen, bereits unter Brücken zu schlafen. Das morgendliche Aufwachen wäre begleitet von Angstschweiß und weiteren negativen Gedanken. Irgendwann einmal müßte ich mich wahrscheinlich tatsächlich von dieser Brücke stürzen, statt von ihr des Nachts zu träumen.
Meine Mutter hatte zeit ihres Lebens Angst. Angst vor der Zukunft und Angst vor dem Älterwerden. Diese Angst, mal konnte sie besser, mal schlechter damit umgehen, klebte an ihren Fußsohlen, lebenslang. Schwere Depressionen folgten, und ungleich schwerer waren die Belastungen für die ganze Familie. Was meine Mutter älter werden ließ, war die Liebe, und zwar die Liebe, die sie mit ihrem Vater und später mit ihrem Ehemann und ihrer Familie verband. Sie stopfte die schwarzen und dumpfen Löcher in ihrer Seele und stärkte ihre Lebenskraft. Auf der anderen Seite geriet sie dadurch auch in abhängige Liebesverhältnisse, die ihr ein Loslassen von ihren liebsten Menschen praktisch unmöglich gemacht haben. Wie sehr aber

meine Mutter die Liebe von anderen brauchte, um zu überleben, habe ich erst nach ihrem Tod (sie hat sich kurz nach dem plötzlichen Herztod meines Vaters das Leben genommen) verstehen gelernt. Und nachdem ich akzeptieren konnte, daß die Liebe ihrer Familie ihr Leben praktisch nährte, wurde mir so langsam klar, was mir meine Mutter, trotz aller Konflikte und Probleme, die ich mit ihr hatte, gegeben und hinterlassen hat.

Sie war jüngstes Kind einer siebenköpfigen Familie und einziges Kind aus der zweiten Ehe meiner Großeltern, die vier Kinder in diese Ehe mit einbrachten. Meine Mutter mußte wegen der Familiengröße auf vieles verzichten, wie auch auf die von ihr ersehnte Liebe seitens ihrer Mutter. Frust konnte sie sicherlich im Laufe ihrer Kindheit und Jugend genügend ansammeln. Dank ihrer natürlichen Gabe zur Fröhlichkeit und dank ihres Vaters, der, so meine Überzeugung, ein wichtiger (Schutz-)Engel in ihrem Leben war, konnte sie eine lebensbejahende Grundeinstellung aufbauen. Bis zu dem Tag, als sie einen Nervenzusammenbruch erlitt. Damals war sie 40 Jahre alt. Seit jenem Tag schlich sich eine stille Trauer sowie eine große Angst vor der Zukunft in ihr Leben ein, die sich auch dadurch nicht reduzieren ließ, als ihre alten und gebrechlich gewordenen Eltern (mein Großvater ist kurz nach seinem 60. Lebensjahr erblindet) praktisch rund um die Uhr gepflegt werden mußten, und das zehn Jahre lang. In dieser Zeit, so vermute ich, hat sich ihre Angst vor dem Alter aufgebaut, die sich in Sätzen ausdrückte wie: »Ich will euch niemals zur Last fallen! Was wird aus mir werden, wenn ich alt bin?« Meine Mutter war Gefangene im Horror-Terror-Teufelskreis der Angst.

Als ich über sie und ihr Leben nachdachte, ist mir bewußt geworden, daß es überlebenswichtig sein kann, von anderen Menschen geliebt zu werden und so mit deren Kern verbunden zu sein, wenn wir durch unsere Angst die Verbindung mit unserem eigenen Kern verlieren sollten oder bereits verloren haben. Diese »lebensrettende Liebesspende« kann den anderen zum Weiterleben veranlassen. Obwohl ich mich über viele Jahre hinweg von der *»Ich-kann-ohne-dich-nicht leben-Liebe«* meiner Mutter erdrückt fühlte, bin ich heute sehr glücklich darüber, daß ich in manchen Stationen ihres Lebens ihr (Schutz-)Engel sein durfte, der ihr Lebenskraft und Mut gegeben hat. Heute weiß ich ihr Erbe mehr als zu schätzen. Durch sie und wegen ihr bin ich stark geworden, innerlich jedoch weich geblieben, denn sie hat mich fühlen lassen, was es für einen Menschen heißt, mit Angst leben zu müssen. Sie lehrte mich, diesen meist verdrängten Bereich unserer Persönlichkeit anzusprechen und mit ihm umzugehen.

Mit diesem autobiographischen Beispiel will ich Ihnen zeigen, wie sensibel und kompliziert das Thema Angst ist, aber auch wie wichtig es ist, Angst bewußt zu erleben und zu fühlen, zumindest so weit, wie Sie sie ertragen können. Die Angst wird nicht kleiner, wenn Sie vor ihr weglaufen, und wenn Sie einen Weg finden wollen, wie Sie mit ihr leben können, dann müssen Sie sie anpacken, damit die Angst nicht Ihren Weg geht und bestimmt, wie Sie mit ihr zu leben haben.

Franz Riemann beschreibt in seinen tiefenpsychologischen Studien vier Grundängste, aus denen sich letztlich alle möglichen Varianten von Ängsten ableiten lassen. Er beschreibt *die Angst vor der Selbsthingabe, vor der Selbstwerdung, vor der Wandlung* und *vor der Notwendigkeit.* Die Angst vor der *Selbsthingabe* beinhaltet Verzicht und Opfer, auch Ich-Verlust und Abhängigkeit. Die Angst vor der *Selbstwerdung* konfrontiert uns mit dem Alleinsein, mit Einsamkeit und mit Isolation. Die Angst vor der *Wandlung* fordert Loslassen und das Auseinandersetzen mit Tabus wie zum Beispiel dem Tabu des eigenen Todes. Die Angst vor der *Notwendigkeit* diszipliniert uns, macht uns unfrei und zieht uns in die Verantwortung, aus der wir uns nicht befreien können, dürfen oder sollen. Die meisten von uns erleben Angst in irgendeiner Form, täglich, bewußt oder unbewußt. Angst und Ängste gehören zum Leben. Es wird wohl kaum einen Menschen geben, der von sich behauptet, noch nie und vor nichts Angst gehabt zu haben, es sei denn, das Abwehrsystem, zu dem wir später noch kommen, hält in ihm dieses Scheinbild aufrecht. Angst hat viele Gesichter und fördert Sätze wie »die Ausländer nehmen uns die Arbeitsplätze weg«, »die Scientologen haben unser gesamtes Wirtschaftssystem unterwandert«, »die Todesstrafe muß wieder eingeführt werden«. Ängste geben viel Aufschluß darüber, in welchem Bewußtseinszustand wir uns befinden. Hemmungslos greifen Medien Ängste auf, um sie bis ins letzte Detail zu vermarkten, wodurch neue Ängste geschürt werden.

Der negative und gehemmte Umgang mit Angst wird uns irgendwann Schaden zufügen, weil wir ständig in der Angst vor der drohenden Katastrophe unser Leben gestalten. Wir fragen uns unerbittlich danach: »Was wird werden, wenn ich mir ein Bein breche ... ich einen Fehler gemacht habe ... mir ein Ziegelstein auf den Kopf fällt ... ich von meinen Freunden und Bekannten nicht geliebt werde ... ich den Verstand verliere?« Wir ängstigen uns einerseits vor dem, was wir tatsächlich erleben, andererseits vor dem, was wir uns in unseren Einbildungen, Alpträumen, Vorstellungen, Illusionen ausmalen. Dieser Umgang mit Angst wird uns langfristig in kein erfolgreiches und glückliches Leben führen. Es gilt, die Angst anzupacken, und es gilt, positiv mit ihr umzugehen. Dann spornt Angst uns an, unser Bestes zu geben, und zwar überall dort, wo wir es intensiv mit ihr zu tun bekommen wie in Prüfungen, Liebesaffären, Krankheiten, Pensionierungen, Arbeitsplatzverlust usw.

Ich hatte fürchterliche Angst davor, bei meiner Motorradprüfung im vergangenen Herbst durchzufallen (diese Blamage!), weil meine Generalprobe vollkommen »in die Hosen« ging. Ich übersah ein Stoppschild, bog in die falsche Richtung in eine Einbahnstraße ein und nahm einem entgegenkommenden Autofahrer die Vorfahrt. Mein Fahrlehrer schrie immerzu lauthals in die Funksprechanlage »Scheiße«, was mich noch mehr frustete.

Mit dieser Angst trat ich am anderen Tag zur Prüfung an und vergaß prompt im ersten Moment, den Benzinhahn zu öffnen. Das Motorrad ist mir dabei beinahe abgesoffen, doch nachdem mir mein Fahrlehrer mit seiner Faust einen Schlag auf den Helm versetzt und mich gemahnt hatte, endlich nachzudenken, lief alles Weitere wie am Schnürchen. Ich habe mit Bravour bestanden!

Ich möchte festhalten, daß Angst zum einen zerstören kann, und zwar vornehmlich Liebe und positive Gefühle, die sich in diesem Zustand in uns nicht entfalten und in unserem Leben nicht wirken werden. Unter diesen Umständen öffnet Angst Raum für Haß und Zerstörung. Sie lähmt uns und zähmt uns, was zur völligen Selbstaufgabe führen kann. Angst schlägt uns in die Flucht. Angst frustriert uns. Wenn die Angst zunimmt, geraten wir in Ärger, Wut und Zorn. Zum anderen treibt uns die Angst an und voran. Sie kann in uns ungeahnte Kräfte freisetzen, von denen wir nicht wußten, daß sie existieren. Sie zieht uns in den Strudel eines gesunden Zweifels. Durch sie und wegen ihr bewegen, informieren wir uns oder denken

wir nach, durch sie werden wir umsichtiger und erweitern unser Wissen. So wird sie zum kreativen Motor und befruchtet unseren Kern. Angst kann also niemals das Schlimmste sein.
Ob wir uns mit unserer Angst konstruktiv auseinandersetzen, sie als Teil unserer Persönlichkeit akzeptieren oder sie verdrängen und vermeiden, entscheiden wir. Erfolgreicher werden wir im Umgang mit Angst, wenn wir sie annehmen und lernen, mit ihr umzugehen, wie uns das nächste Beispiel zeigt.

> »Ein Psychiater wurde spät in der Nacht in die Klinik gerufen. Dort begegnete er einem großen, nackten, verwirrten Mann, der mit einer Pistole in der Hand vor der Eingangstür der Klinik stand. Beide, der Psychiater und der Mann, hatten Angst vor einer Konfrontation. Der Psychiater erkannte diesen gemeinsamen Nenner, den er zu nutzen wußte. Er ging auf den Mann zu und sagte ihm: ›Ich heiße … und ich möchte Ihnen helfen. Doch ich habe große Angst vor Ihnen und Ihrer Pistole. Wie ergeht es Ihnen dabei?‹ Der Mann gab seine Angst zu, worauf beide über ihre Ängste miteinander zu sprechen begannen …«

Der Psychiater verstand es, auf seinen Patienten ehrlich einzugehen. Mit seiner anfänglichen Offenbarung, daß er selbst große Angst habe, nahm er gleichzeitig dem anderen viel von seiner Angst. Das anschließende offene und partnerschaftliche Gespräch löste nicht nur Hierarchien auf, sondern bot beiden Gesprächspartnern die Möglichkeit, die Welt des anderen besser kennen- und verstehen zu lernen. Darüber hinaus gewann der Arzt eine weitere Erkenntnis über den psychischen Zustand des Patienten und auch darüber, wie dieser versuchte, seine Angst und seine Frust-Marge zu kontrollieren.
Wir alle können lernen, mit unserer Angst positiv und konstruktiv umzugehen. Wir können auch lernen, mit einem gewissen Maß an Angst zu leben, wenn wir Verantwortung für unser Leben übernehmen und anfangen, uns selbst zu bestimmen.

Ärger

Anger kills lautet der prägnante Buchtitel des amerikanischen Erfolgsautorenpaares Redford und Virginia Williams, den sicherlich viele spontan nachvollziehen und verstehen können. In der Tat, Ärger kann ziemlich ärgerlich sein, und das bloße triebhafte Ausleben von Ärger erzeugt nur neuen Ärger. Deshalb sollten wir lernen, unseren Ärger zu kontrollieren und zu führen, und zwar am besten bevor er uns kontrolliert und uns in oft aussichtslose Flucht-Kampf-Situationen verstrickt. Wenn wir es vielleicht gar schaffen sollten, ihm seine vergnüglichen und guten Seiten abzugewinnen, dann haben wir den Königsweg gefunden, auf welchem wir uns sein wildes Terrain erschließen können und gleichzeitig lernen, ihn zu zähmen, d. h. mit ihm wach, bewußt, verständnis- und respektvoll umzugehen.
Was passiert nun, wenn wir uns ärgern, wie zum Beispiel über den Dieb, der in unserem Garten die frisch gepflanzten Apfelbäumchen gestohlen hat? Zum einen werden sich uns verständlicherweise eine Menge Fragen stellen. Wir spekulieren über die Hintergründe, die Motive der Tat und natürlich über den/die Täter selbst. Womöglich beginnen wir, an den Grundwerten unserer Gesellschaft zu zweifeln, und beschwören den moralisch-ethischen Verfall dieser ab sofort und vehement herauf. Ein sich aufbauender Ärger wird uns in spannungsgeladene Situationen versetzen, die von Wut und Zorn dominiert werden und an die sich oft gnadenlose Rachefeldzüge anschließen, in denen wir selbst zur Tat schreiten, wie die folgende Geschichte zeigt, in der die Apfelbäumchen-Geschädigten eine Anzeige schalteten und die Birgit Zorer, eine Dichterin, in einem Regionalblatt entdeckte:

> »Der Dieb, der unsere Apfelbäumchen in ... bei ... gestohlen hat, soll, so die Bäumchen wieder anwachsen, was wir nicht wünschen, an den Früchten jämmerlich ersticken.«

Birgit Zorer fand für die Beschreibung ihres Gefühlszustands nach der Lektüre dieser Anzeige treffende Worte, die ich an Sie weitergeben möchte:

»Mir ist es bei der Lektüre dieser Zeilen angst und bange geworden. Gibt es das noch: Jemanden mit einem Fluch belegen? Vor meinem geistigen Auge stelle ich mir nun die Situation vor, in welcher der Betroffene (natürlich war der Täter – statistisch gesehen – ein Mann!) qualvoll am Genuß dieser Früchte erstickt. Plötzlich sehe ich, wie die Äpfel ihre Rasierklingen ausfahren, sich in die weichen Gaumenwände des Verzehrers einhaken und die Luftröhre mit Blut und Apfelresten verstopfen. Die Augen des Diebes quellen hervor, im Gesicht läuft er rot und blau an, er röchelt, ein letzter Schnaufer ... und das Urteil ist vollstreckt.«

Erinnern Sie sich an William S., den Architekten, der seinen Nachbarn tötete, nachdem dieser seiner Tochter einen mit Rasierklingen gespickten Apfel geschenkt hatte? Das Resultat seiner Wut hieß: lebenslange Haft in einem Gefängnis mit höchster Sicherheitsstufe. Anonym ausgelebter Ärger hat im Gegensatz zur offenen und direkten Attacke einen großen Vorteil: Er wirkt zivilisierter, damit kontrollierter; außerdem dürfte er strafrechtlich schwer zu verfolgen sein. Wut und Zorn wurden ausgelebt, ohne daß ein Dritter nachweislich zu Schaden gekommen ist, denn es wird wohl kaum nachkontrolliert werden können, ob, wie und bei wem dieser Fluch jemals wirkte. Der Fantasie wurde eine Brise Wahn-tasie beigefügt. Die schlechte Nachricht ist, daß auch das »versteckte Auskotzen« keine konstruktive Konfliktlösung darstellt, die längerfristigen Erfolg und einen hohen inneren Zufriedenheitsgrad versprechen kann. Im Gegenteil, diese Art von Frustbewältigung ist für beide Parteien wenig effektiv, denn dem Täter wird nicht wirklich klargemacht, was für einen Schaden seinem Opfer zugefügt wurde. Obendrein erhält er oder sie keine Chance, den Schaden wiedergutzumachen oder sich wenigstens dafür zu entschuldigen. Das »Zahn um Zahn«-Verhalten des/der Opfer/s wird diese nicht besonders glücklich machen, denn wer, wenn man ganz ehrlich ist, kann schon Spaß am Verurteilen und Hinrichten von anderen Menschen haben? Infolgedessen kann der Ärger damit niemals bewältigt sein, sondern er wird sich still und heimlich weiter in einem aufbauen und sich irgendwann entladen, und wer weiß, wie es dem nächsten Apfelbäumchen-Dieb ergehen wird?

Eine Konflikt- und/oder Krisenlösung, die nach dem Prinzip Gewinnen-Verlieren funktioniert, wird der Wahrheit niemals auf die Spur kommen und damit wirkliche Versöhnung verhindern, wie ich in späteren Kapiteln versuchen werde aufzuzeigen. Zwangsläufig werden wir in länger anhaltenden und immer wiederkehrenden Ärgerphasen zorniger, lieb- und kreativloser. Haß wird auch hier nicht lange auf sich warten lassen, und wenn wir beginnen, das, was wir am meisten lieben, zu verachten und zu verschmähen, kann dieser Haß abgrundtief und sehr schmerzvoll sein.

Als Faustregel gilt deshalb: Je größer der Ärger, desto unkontrollierter ist er und desto unkontrollierbarer wird er. Unter seinen Folgen kann ein lebenslanges Leid über die Betroffenen hereinbrechen. Schlimm wird es mit dem Ärger erst so richtig, wenn wir ihn verdrängen und unterdrücken. Es ist sehr wichtig, dem Ärger in angemessener Form frühzeitig Ausdruck zu verleihen, unabhängig davon, ob wir dies selbst tun, mit Charme und Humor oder die Hilfe eines anderen Menschen, dem wir vertrauen, in Anspruch nehmen.

Nach einer zermürbenden Podiumsdiskussion kam ein Geschäftsführer, der sich dort wacker geschlagen hatte, auf mich zugestürmt, um mir seine Wut über das Verhalten seines Kollegen mitzuteilen, der sich unter den Zuhörern befunden hatte. »Wissen Sie, eigentlich finde ich es ungeheuerlich, daß mein lieber Kollege da unten während der Diskussion mehrfach eingeschlafen ist. Aber wenn ich es mir so recht überlege, bin ich froh darüber, denn sonst hätte er womöglich noch eine Frage gestellt!«

Beim gemeinsamen Abendessen saßen mir beide Geschäftsführer gegenüber. In dieser entspannten und fröhlichen Runde sprach ich den einen an: »Wissen Sie, was Ihr Kollege mir heute nach der Diskussion anvertraute?« Auf seinen fragenden Blick fuhr ich fort: »Nun, daß er eigentlich froh darüber war, daß Sie während der heutigen Podiumsdiskussion immer mal wieder eingenickt sind, denn sonst hätte er ja noch befürchten müssen, daß er auf eine Frage von Ihnen hätte antworten müssen.« Der Tisch bog sich förmlich unter dem nun einsetzenden Gelächter, dem sich der betroffene Geschäftsführer gerne anschloß.

Die Art und Weise, wie in dieser Situation vorhandener Ärger bewältigt worden ist, ist witzig und inspirierend zugleich. Ein offenes Bekenntnis, ein Vermittler und eine entspannte Atmosphäre trugen dazu bei, diesen ad hoc und in einer »Gewinnen-Gewinnen«-Manier aufzuarbeiten, in der sich alle Beteiligten locker und leicht einbringen, darüber sprechen und reflektieren konnten. Ich kann mir kaum vorstellen, daß solche für jeden Menschen wertvolle Erfahrungen in einem steifen und formal ablaufenden Besprechungsrahmen zu machen sind. Der Königsweg einer Konfliktlösung stellt sich nicht per Knopfdruck ein und läßt sich schon gar nicht erzwingen. Erst in einem freien Rahmen oder wie es in Managementkreisen heißt, in einem *Open-Space-Rahmen* wird sich Witz und Humor entwickeln können.

Experten klassifizieren einen Ärger-Zustand zunächst einmal als reine Gefühlsäußerung, in der Ärger nach gewissen Maßstäben bewertet wird, zunächst nach dem individuellen (z. B. ich ärgere mich über die Katze meines Nachbarn, die mein neu bepflanztes Gartenbeet zu ihrem Katzenklo auserkoren hat), dann nach einem generellen Maßstab (z. B. Tiere sind des Menschen bester Freund, und deshalb hat dich das Katzenklo in deinem Garten nicht aufzuregen). Die individuelle Bewertung muß dabei nicht zwangsläufig mit der generellen Bewertung übereinstimmen, wie ich aufgrund einer Bemerkung eines Bekannten feststellen konnte, der sich bei mir beklagte: »Ach, weißt du, was das wirklich Schlimme an einem Schlaganfall ist? Daß man hinterher von allen wie ein Vollidiot behandelt wird!« Der Mann ärgerte sich maßlos darüber, daß er seit seinem Schlaganfall von seinen Mitmenschen wie ein Krüppel behandelt wird, obwohl seine Bekannten und Freunde es doch nur gut mit ihm meinen, wenn sie versuchen, wie es der generellen Bewertung entspricht, von ihm jedwede Aufregung fernzuhalten, ihn in ein Glashaus zu setzen und somit zu isolieren.

Wir ärgern uns, wenn wir verletzt, lieblos behandelt, nicht richtig verstanden, uns Schmerzen zugefügt werden. Wir ärgern uns auch dann, wenn wir mit unserer Angst nicht fertig werden. Und vielleicht hat sich mein Bekannter auch deshalb so drastisch geäußert, weil er die Angst, mit der er sich seit seinem Schlaganfall auseinandersetzen muß, nicht überwinden kann. Wie auch immer, Ärger sorgt für jede Menge Irritationen und fördert Wut-, Zorn- und Haßgefühle. Ärger ist immer dann unvermeidbar, wenn unser Frust-Topf voll ist und wir die Enttäuschungen und Versäumnisse in unserem Leben nicht verkraftet und bewältigt haben. Dieser in uns aufgestaute Ärger eskaliert, todsicher, irgendwann einmal und wirkt sich sehr destruktiv und negativ auf uns und unsere Umgebung aus. Ärger äußert sich aktiv (Kampf) oder passiv (Lähmung, Erstarrung). Er kann sich durchaus von seiner konstruktiven und positiven Seite zeigen, wenn es die Beteiligten schaffen, ihren Ärger umsichtig abzureagieren. Ein Beispiel für ein umsichtiges Abreagieren ist die Podiumsdiskussion, die ich weiter oben beschrieben habe.

Voraussetzung für das positive Abreagieren unserer Wut ist die mittlerweile berühmt gewordene und vielzitierte emotionale Intelligenz, d. h. die Fähigkeit, in einer Situation, in der wir uns ärgern, zuerst nachzudenken, um sich zu einem späteren Zeitpunkt abzureagieren, oder die Fähigkeit, sich in der jeweiligen Situation sofort und maßvoll, ohne daß man sich selbst und andere verletzt, abzureagieren. Im Klartext heißt das: Ich denke zuerst darüber nach, ob ich dich wirklich hassen kann, und wenn ja, warum? Nachzudenken heißt auch, sich im Vorfeld Gedanken darüber zu machen, was uns erwartet oder was uns regelmäßig aufregt.

Sollte ich nun von mir wissen, daß ich mich allmorgendlich über meinen Sohn aufrege, der mein Duschgel benutzt und es nicht mehr an den gewohnten Platz zurückstellt, dann könnte ich mir am Vorabend darüber Gedanken machen und auch darüber, wie ich diese Situation zukünftig positiver lösen könnte, damit ich nicht jeden Morgen aufs neue meinen Sohn anbrülle. Natürlich kann ich mir auch mal darüber Gedanken machen, warum ich immer in derselben Situation und das jeden Morgen ausraste.

Wir brauchen viel Geduld, Disziplin und Toleranz, wenn wir Ärger sanft und höflich abreagieren wollen. Das Üben lohnt sich aber! Wir ärgern uns in kleinen wie auch in großen, manchmal lebensbedrohenden und manchmal lebensverändernden Konflikt- und Krisensituationen. Der Ausbruch einer schweren Krankheit, das Ende einer langjährigen Ehe, der Tod eines uns nahestehenden Menschen kann uns eine Menge Ärger bescheren und somit auch viele Situationen, die wir nicht oder nur schlecht kontrollieren können.

Ich habe Ihnen bereits von der Angst meiner Mutter erzählt, nun möchte ich Ihnen etwas über meinen Ärger berichten, der sich ein-

stellte, nachdem ich von ihrem Freitod erfahren hatte. Ich war unglaublich wütend, so wütend, daß ich bei der Beerdigung ihr Bild von der geschlossenen Sargdecke herunterriß, woraufhin ein Cousin zu mir sagte: »Du kannst niemanden aufhalten, seinen Weg zu gehen!« Worte, die mich für den Augenblick beruhigten.
Die klassischen Ärger-Abreagier- und/oder Aufbausituationen kennen wir alle mehr oder weniger gut in unserer Rolle als Autofahrer oder Autofahrerin, denn der Straßen-Ärger, in den USA auch *Road Rage* genannt, fährt buchstäblich mit. Autobahnen sind zentrale, alltägliche Streitfelder, und auf ihnen liefern sich eine Vielzahl von Autofahrergruppen – angefangen bei den jungen Rasern, den senilen Alten, über die vorsichtigen Umweltschützer, die ungeduldigen Geschäftsleute, die verträumten Sonntagsfahrer bis zu den verwirrten Geisterfahrern – unerbittliche Kämpfe. Eine sowohl köstliche wie auch gefährliche Bandbreite von Ärgersituationen und deren Bewältigungsmethoden bietet sich uns dar. Es gibt Autofahrer, die plötzlich mit Händen und Füßen in ihrem Auto herumfuchteln, einem das eine oder andere Handzeichen zuwerfen und/oder verträumt auf der linken Spur im Schneckentempo fahren. Nach meinem Empfinden ist diese Kategorie eher leicht verdaulich. Andere versuchen, den/die Vorder- oder Hintermann/frau auszubremsen, ihn/sie auf die Seite zu drängen und zu blockieren. In dieser Kategorie befinden sich Geltungssüchtige und unkontrollierte, reptilgesteuerte Kampffahrer. In dieser Kategorie können kriminelle Energien frei werden, und vor ihr heißt es sich in acht zu nehmen, wenn es zum direkten Schlagabtausch kommen sollte. Man braucht nicht sehr viel Fantasie, um sich vorzustellen, was passiert, wenn ein kampflustiger Autofahrer plötzlich bremst, einen anderen Fahrer zum Anhalten zwingt, aussteigt und seinen Baseballschläger aus dem Kofferraum oder gar die Pistole aus dem Handschuhfach holt. Leider nimmt diese Kategorie von gewalttätigen Autofahrern weltweit zu.
In den vielschichtigen und komplizierten Zuständen von Wut und Zorn, die uns bis in den Wahnsinn treiben können, treten eine Vielfalt von vergangenen, noch bestehenden, verdrängten und vergessenen Ärgersituationen an die Oberfläche, und je nach Schwere und Tiefe beherrschen und dirigieren sie das Aktionsfeld unseres gegenwärtigen Verhaltens, was uns natürlich massiv beunruhigen, ein-

schüchtern und irritieren muß. In unserem Leben herrscht dann ein großes Durcheinander von Tatsachen, Stellungnahmen, Vermutungen und Interpretationen zu einer Situation oder zu einer Begebenheit vor. Die Zustände, in die wir geraten können, weil wir uns ärgern, sind uns sicherlich nicht angenehm und schon gar nicht willkommen, denn sie wirken lähmend und destruktiv. So wie ich es zu spüren bekommen habe, als ich am Sarg meiner Mutter stand. Ich fühlte mich von ihr im Stich gelassen, weil ich meinen aufgestauten Ärger über sie zum Zeitpunkt ihres Todes weder besprochen noch bewältigt hatte. Meine anfängliche Wut über ihren Freitod war infolgedessen riesengroß, und der desolate Zustand, in dem ich mich befand, wirkte sich später lähmend auf mich und mein Aktionsfeld aus.

Eine andere ziemlich irritierende Situation erlebte ich in einer Aufsichtsratssitzung. Bereits vor Sitzungseröffnung war spürbar, daß sich die Gesprächspartner in den Haaren lagen. In dieser aufgeheizten Atmosphäre hatte ich die undankbare Aufgabe, den Kooperationsjahresbericht vorzulegen, der zu diesem Zeitpunkt wenig Anlaß zur Freude gab. Meine klare Stellungnahme zur Umsatzentwicklung unter den momentanen Kooperationsbedingungen ließ die Situation schließlich außer Kontrolle geraten. In den sowohl roten wie auch blassen Gesichtern der Geschäftsführer und Gesellschafter waren erste Anzeichen des Kampf-Flucht-Mechanismus zu erkennen. Meine humorvollen und kreativen Vorschläge fanden in dem Durcheinander von zynischen, hilflosen und unsicheren Bemerkungen überhaupt keinen Anklang mehr. Spielszenen aus meiner Kindheit tauchten vor meinem geistigen Auge auf, speziell jene, in der ich einen Spielkameraden aufforderte: »Wenn du dich weiter so blöd anstellst, dann werden wir dich nicht mehr mitspielen lassen!« Drei Jahrzehnte später erinnere ich mich nun wieder an diese Sandkastenkommunikation, die in mir durch Sätze wie: »Sie sind an diesem Flop schuld!« – »Ich laß mir das von Ihnen nicht länger bieten!« – »Sie wollen doch nicht allen Ernstes behaupten, daß Sie jährlich 150 000 DM für Werbung ausgeben, wenn Sie maximal 5000 Stück von dem Produkt absetzen können!« – »Davon können Sie keine Ahnung haben, denn in Ihrem Land herrscht ja immer noch Planwirtschaft!« – wieder wachgerufen wird. Derartige Schuldzuweisungen schossen wie Kanonenkugeln durch den Besprechungsraum. Der

Frust vergangener Jahre entlud sich in dieser Minute am Konferenztisch, an dem natürlich nichts mehr vorwärtsging. Dem stellvertretenden Aufsichtsratsvorsitzenden blieb nichts anderes übrig, als die Sitzung zu beenden.
Obwohl ich die Entstehung dieser Konfliktsituation einigermaßen nachvollziehen und damit verstehen konnte, war meine Energie für den Rest des Tages so ziemlich aufgebraucht. Seit Jahren ist die Kooperation der beiden Unternehmen mit einem zentralen Konflikt belastet, nämlich dem, daß die eine Seite der anderen vorwirft, die Kooperation würde sich in einer Einbahnstraße befinden und Interessen einseitig verfolgen. Der Ärger hatte demnach genügend Zeit, sich auszubreiten und zu verschlimmern, denn jeder auch noch so kleine Frust-Tropfen, der auf dieses Konfliktfeld fiel, war imstande, eine Explosion zu verursachen und/oder die Kooperationsfähigkeit der einzelnen total zu lähmen.
Am Abend rief mich übrigens ein teilnehmender Geschäftsführer an und informierte mich darüber, daß zwischen den Partnern bereits am Vorabend der Sitzung ein heftiger Streit ausgebrochen sei. Dieser Anruf erleichterte mich und enthob mich den Vorwürfen, die ich zwischendrin mal an mich selbst gerichtet hatte. Mir war nun sehr klar, daß meine dezidierten Prognosen und Stellungnahmen zur Lage der Kooperation den seit Jahren bestehenden Konflikt zwar ausgelöst haben, jedoch die Verantwortung für die Verbesserung der Kooperation bei jedem einzelnen liegt, der sich für das weitere Bestehen der Kooperation interessiert und engagiert.
Diese Ärgersituation ist symptomatisch für viele, in die wir alle tagtäglich und sehr schnell aufgrund von unbearbeiteten Konflikten in unserer privaten wie auch beruflichen Welt geraten und durch die wir eine Menge negativen Ärger und Frust erleben und aufbauen. Wie oft befinden Sie sich in solchen Situationen, in der Sie keine inspirierenden und aufbauenden Gespräche mehr führen können und in denen Sie sich zwingen müssen, cool zu bleiben? Wie fühlen Sie sich und was würden Sie gern tun, nachdem Sie solche Situationen einigermaßen gemeistert haben? Verdrängen Sie das Ganze, oder suchen Sie noch einmal das Gespräch mit den Betreffenden, so wie es dieser Geschäftsführer gemacht hat, der mich abends noch einmal angerufen hat?

Gut zu kommunizieren heißt, eine klare, deutliche und verständliche Sprache zu sprechen, was auf keinen Fall bedeuten kann, den anderen anzubrüllen, »ihn zur Schnecke zu machen«, sich beleidigt zurückzuziehen, andere Meinungen ins Lächerliche zu ziehen, sich der Stimme zu enthalten, anderen zu drohen und vieles mehr. Es ist wichtig, auf den anderen zuzugehen, mit ihm offen und fair zu diskutieren, ihm zuzuhören und ihm viele Fragen zu stellen. Und wenn Sie sich großen Ärger ersparen wollen, dann sollten Sie bemüht sein, das jeweilige Problem sofort anzusprechen, was mitunter mehr Mut verlangt, als sich von einer Brücke in die Fluten zu stürzen. Ich übe jeden Tag, Unklarheiten und Unwohlsein in Kommunikationssituationen sofort anzusprechen. Und wenn ich es tue, wie neulich, als ich einen Kollegen nach einer Vereinsvorstandssitzung auf sein verletzendes Verhalten mir gegenüber aufmerksam machte, und ich daraufhin ein konstruktives Feedback bekomme, dann fühle ich mich sehr wohl, vor allen Dingen fühle ich mich in meiner Achtung für mich und andere gestärkt. Leider liegt das Miteinander-Reden und das Aufeinander-zu-Gehen nicht im Trend, so daß diese Fähigkeit am Verkümmern ist und ein eher klägliches Dasein am Rande einer Gesellschaft oder Gemeinschaft führt.

Der berühmte, jedoch von vielen für wertlos gehaltene Small talk könnte vielen Kommunikationsmuffeln helfen, die Lust an der Lippenbewegung (wieder) zu entdecken, um ein Gespräch, eine Unterhaltung, eine Begegnung positiv einzuleiten und zu stimulieren. Small-talk-arme Nationen sollten alle Möglichkeiten nutzen, ihr Kommunikationsklima zu verbessern. Hier könnte man meiner Meinung nach auf die Kommunikationsvielfalt in einer multikulturellen Gesellschaft zurückgreifen und versuchen, sie konstruktiv zu nutzen und zu fördern, was natürlich auch die Fähigkeit und den Willen voraussetzt, von anderen lernen zu wollen. Ein schwieriges Unterfangen, das Engagement und Offenheit voraussetzt, vor allem, da nicht jedermann gleich einsichtig sein dürfte. Deshalb würde ich empfehlen, im kleinen anzufangen, d. h. sich auf seinen eigenen konstruktiven Beitrag im Umgang mit seinem eigenen persönlichen Ärger zu konzentrieren, der sicherlich schnellere Erfolgserlebnisse verspricht. Und damit diese auch eintreten können, wäre es sinnvoll sich vor Sätzen wie: »Ich kann allein eh nichts machen!« in acht zu nehmen, weil Sie sich damit einerseits ganz schön aus der Verantwortung ziehen und andererseits Sie sich und Ihrem Beitrag am gesellschaftlichen Leben nicht sehr viel zutrauen, der, wenn viele zusammenkommen sollten, stärker und mächtiger werden kann und somit doch eine größere Auswirkung auf den allgemeinen konstruktiven Umgang mit Ärger haben kann, als Sie sich im Moment vorstellen können.

Zum Schluß dieses Kapitels möchte ich Ihnen noch ein paar Fragen stellen und Sie bitten, Ihre Antworten und Ihre Gedanken dazu zu notieren oder aufzumalen oder mit einer guten Freundin/einem guten Freund zu diskutieren oder an einen Menschen ihres Vertrauens weiterzuleiten.

1. Wann sind Sie das letzte Mal so richtig aus der Fassung geraten? Wann ist Ihnen sozusagen Ihre Birne durchgebrannt?
2. Was haben Sie unternommen?
3. Waren Sie mit dem Resultat Ihres Einsatzes zufrieden?
4. Warum?
5. Waren die anderen mit Ihrem Verhalten zufrieden?
6. Warum nicht?
7. Haben Sie versucht, diese Ärgersituation zu verstehen, und haben Sie darüber nachgedacht, was Sie das nächste Mal tun könnten?
8. Warum nicht?

Abwehr

Wer am Anfang gewinnt, hat für immer verloren!

Wir kennen sie alle, die Tage, an denen nichts läuft, wir uns gern in Luft auflösen würden und uns wünschten, nach einem kurzen Fingerschnippen in die Welt der Unsichtbaren aufgenommen zu werden. Von unseren unsichtbaren Helfern würden wir dann die Zauberfor-

mel, die uns ein glückliches und (sorgen-)freies Leben garantiert, überreicht bekommen, und alles wäre in bester Ordnung. Wäre das nicht schön?
Da dies nicht möglich ist und wir, vorausgesetzt unser Reptiliengehirn ist in einem de-aktivierten Zustand, doch nicht von heute auf morgen unser Leben auf den Kopf stellen werden und eventuell unsere Familien, unseren Job, unsere Freunde verlassen, bitten wir unsere natürlichen Bodyguards, meist unbewußt, manchmal bewußt, um Hilfe, damit wir diese Tage überstehen und einigermaßen froh und glücklich bleiben. Die Bodyguards sind das große Spektrum unserer physischen und psychischen Abwehrmöglichkeiten, die uns helfen, die Angst- und Ärgerzustände unseres Lebens zu bewältigen. Womit wir bei dem großen Thema der *Abwehrmechanismen* oder der *Defensivstrategien* angekommen sind.

> »Hey, ich glaube, ich bin stark genug, um sogar Rambo in die Flucht zu schlagen«, ruft der Schüler seinem Lehrer zu, der ihm Selbstverteidigung beibringen möchte, und beginnt wie der Wind ein paarmal um den Kopf des Lehrers herumzukreisen, so lange, bis ihm schwindlig wird und er direkt vor seinem Lehrer zu Boden fällt. »Ja, du Halbstarker«, sagt der Lehrer, »Muskeln spielen bei der Abwehr eine untergeordnete Rolle, denn körperliche Kraft ist nichts, wenn dein Kopf nicht leer ist und deine Gedanken so geschmeidig sind wie Bambusrohr.«[14]

Ich konzentriere mich im weiteren nicht auf die große Bandbreite der körperlichen Abwehrmöglichkeiten, sondern richte mein Augenmerk auf die psychische Abwehr, die die körperliche Abwehr, wie uns das Beispiel zeigt, stärken und schwächen kann und insofern mit ihr zusammenhängt. Beide Abwehrsysteme sind überdies erst dann erfolgreich, wenn sie gezielt und kontrolliert, d.h. klar im Denken und klar im Handeln angewandt werden und miteinander konstruktiv zusammenarbeiten. Was auch bedeutet, daß man ein gewisses Maß an Niederlagen ertragen muß, um letztendlich zu gewinnen.
In physischen wie auch psychischen Notsituationen kommt es darauf an, den Überblick zu behalten. Hier kann uns unsere Abwehr von großem Nutzen sein. Sie kann uns helfen, wenn wir sie mit klarem Verstand und mit ganzem Herzen einsetzen. Ist dies nicht der

Fall, treten die problematischen Seiten der Abwehr auf und damit die Konsequenzen, die sich daraus für uns und unser Leben ergeben.

Der Abwehrmechanismus *Optimismus* verwandelt sich in Überoptimismus, und wir bewältigen unser Leben in oberflächlicher Sonnenscheinmanier nach dem Motto: Mir kann das nicht passieren, daß ich zum Beispiel schwer krank oder in meiner gesicherten Beamtenposition arbeitslos werde. Mir wird auch niemals meine Ehefrau weglaufen, mit der ich seit 30 Jahren verheiratet bin, und meine Kinder werden das tun, was ich von ihnen verlange. Diese Art von hyperoptimistischer Lebensführung wehrt das reale Leben ab. Denn dadurch lernen wir die große Bandbreite unserer eigenen Gefühlswelt, wie wir sie auch in Trauerphasen erleben können, niemals kennen.

Ähnliches passiert, wenn wir übermäßig *verdrängen*. In der daraus resultierenden *Don't-worry-be-happy-Stimmung* verlieren wir irgendwann den Bezug zu unserem wirklichen Leben, und wir laufen Gefahr, insgesamt das Gefühl für unser Leben zu verlieren. In diesem Zustand interessiert es uns nicht mehr, ob zum Beispiel unsere Bank uns gestern sämtliche Kreditkarten gesperrt hat und warum oder ob wir den guten Freund, den wir gerade aufgrund eines Autounfalls verloren haben, vermissen oder nicht. Auch hören wir die ständigen Hilferufe unserer (Ehe-)Partner und Mitmenschen nicht mehr, die unsere Unterstützung und unseren Zuspruch vielleicht dringend nötig haben. Natürlich fällt es uns dann schwer zu verstehen, warum ein uns nahestehender Mensch alkohol- oder drogensüchtig geworden ist.

Übermäßiges *Vermeiden* hat ebenso fatale Folgen für unser Leben, weil wir uns irgendwann unbewußt zurückziehen werden und beharrlich jegliche aktive Gestaltung unseres Lebens zu vermeiden suchen. Wir rechtfertigen diese Haltung mit Sätzen wie: »Was kann ich denn tun, wenn mich mein Chef andauernd anschnauzt?« oder: »Mein Hund ist daran schuld, daß ich heute zu spät ins Büro gekommen bin!«

Eine übersteigerte *Kontrollhaltung* führt uns direkt in die Welt der (Kontroll-)Illusionen und Traumbilder, und wir meinen, ständig alles im Griff zu haben, auch wenn wir uns sturzbesoffen hinter das

Steuerrad unseres Wagens setzen oder uns mit Lebens- und Risikoversicherungen eindecken.

Das *Rationalisieren* wird zur bloßen Alibihandlung, und wir gebrauchen Ausreden über Ausreden, um unser schlechtes Gewissen zu beruhigen. In diesem Zustand zeigen wir nach außen ein intaktes Bild unserer Persönlichkeit, das sich auch dann nicht erschüttern läßt, wenn uns tatsächlich der Partner davongelaufen sein sollte. Denn immerhin können wir uns jetzt einreden, daß dadurch endlich wieder Ruhe ins Haus eingekehrt ist.

Ein ständiges *Projizieren* wird uns früher oder später in den Zustand des »Nicht-mehr-wissen-wer-ich-Bin« führen. Wir werden uns selbst fremd. Die Kommunikation mit unseren Mitmenschen ist geprägt von Zynismus, Sticheleien, Rundumschlägen und Schuldzuweisungen, und wir sagen die ganze Zeit: »Der Mann hat doch überhaupt keine Ahnung, wovon er spricht!« »Meine Frau kriegt schon wieder ein Kind, mit dem sie nicht fertig wird!« »Schau dir doch mal den neuen Freund von Kristina an, der bringt doch mindestens 20 Kilo zuviel auf die Waage!«

Übermäßige *Reaktionen* machen uns einsam. Indem wir Unwahrheiten über uns selbst und andere verbreiten, werden wir uns selbst mit der Zeit isolieren. Wir hören uns dann sagen: »Gestern ist mein Mann gestorben, doch mach dir keine Sorgen um mich, mir geht es gut!« oder »Ich habe heute eine Sechs kassiert und muß das Schuljahr wiederholen, was mir überhaupt nichts ausmacht!«

Wenn wir Konflikte und Krisen fortwährend *verschieben*, werden wir irgendwann einmal damit beginnen, uns an unseren Mitmenschen brutal abzureagieren. Meistens reagieren wir uns dann an den Menschen ab, die wir lieben, oder an denen, die in der beruflichen oder familiären Hierarchie unter uns stehen.

»Nur mit einem klaren Kopf kann man sich aus den Klauen des Tigers befreien«[15] und damit auch aus den Klauen einer problematisch gewordenen Abwehr, denn mit einem klaren Kopf können wir unser Abwehrsystem durchschauen lernen und umsichtiger handeln. Es wäre schön, wenn sich dieses koreanische Sprichwort von heute auf morgen in unserem Leben umsetzen ließe. Wahrscheinlich würden sich einige Konflike und Krisen wie von selbst erledigen, weil wir schnell begreifen würden, wie lächerlich, absurd und überflüssig

manche Streitszenarien sind und welchen psychischen Schaden wir durch sie erleiden können.
Nachdem der menschlichen Psyche kein bestimmtes Verhaltens- und Denkschema verordnet werden kann, zum Glück, sollte es auch in Sachen Abwehr das Anliegen eines jeden sein, sich besser kennenzulernen, um die vielen unbeabsichtigten, weil unbewußten, und üblen Neben- und Nachwirkungen unserer guten Absichten und Ziele zu reduzieren und zu vermeiden, die uns letztendlich nur selbst schädigen und immer mehr frusten.
Es hat oft den Anschein, daß, wenn es gerade einmal keinen aktuellen Anlaß für einen Konflikt gibt, wir durchaus in der Lage sind, schnellstens neue Anlässe zu schaffen. Dies kann mit unseren Ängsten und unserer problematischen Abwehr, aber auch mit unseren Ego-Interessen zusammenhängen, die ich im folgenden Kapitel noch näher betrachten werde. Aus diesem Grunde ist es sehr wichtig, daß wir uns zu schützen wissen, damit wir die von uns oder anderen inszenierten Konflikte überstehen. Unsere Abwehr hat also eine natürliche und überlebenswichtige Funktion in unserem Leben. Es ist jedoch für jeden wichtig zu erkennen, daß uns unsere Bodyguards, die wir laut Freud meist unbewußt einsetzen, die Arbeit mit und an unseren Konflikten und Krisen nicht abnehmen. Im Gegenteil, der permanente Gebrauch birgt Gefahren, die neurotische Verhaltensweisen hervorbringen und uns obendrein süchtig auf Abwehr machen können.
Unsere Bodyguards haben die Aufgabe, uns zu helfen und zu stützen, d. h., sie wehren unverschämte, aggressive und destruktive persönliche Angriffe ab und helfen uns, das Reptiliengehirn zu kontrollieren, damit wir nicht ständig in höchster persönlicher Anspannung und Alarmbereitschaft sind. Somit sind sie Dienstleister auf dem Weg unserer Persönlichkeitsentwicklung. Je besser Sie sie kennen und damit umgehen können, desto mehr werden Sie andere Menschen verstehen und desto zufriedener werden Sie leben können.
Ein gutes Beispiel dafür ist meines Erachtens Woody Allen, der offensichtlich darunter leidet, daß er Jude ist. Wie ich von New Yorker Freunden erzählt bekommen habe, fühlt er sich von seinen Mitmenschen nicht geliebt und bildet sich ein, von diesen verfolgt zu werden. So bilde er sich nach wie vor ein, daß ihn die Leute erledigen

wollen, was meine Freunde damit belegten, daß er in Interviews auf die in Amerika weitverbreitete Bemerkung »you know« (im New Yorker Akzent »d'ju no« ausgesprochen, was leicht mit »Jew« zu verwechseln ist) abweisend und verletzt reagiere und meist darauf mit: »Ja, ich weiß, daß ich Jude bin!« antworte. Seit Jahren verwende er eine Menge Energie darauf, seine Angst abzuwehren, die die Themen seiner Filme, zu den bekanntesten zählt *Der Stadtneurotiker*, beherrscht.

Inwieweit Woody Allen nun ein wirklich zufriedenstellendes Leben führt, in welchem er trotz seiner Ängste und Abwehrmechanismen erfüllende Beziehungen aufbauen und erhalten kann, und inwieweit er sich darüber bewußt ist, ob, wie und warum er abwehrt, vermag ich nicht zu beurteilen. Zumindest, so denke und hoffe ich für ihn, hatte und hat er durch seine Filme die Chance, über sich und seine Ängste intensiv nachzudenken, die er dadurch auch hätte ablegen können. Was für ein Glück also, daß er für sich dieses Stützfahrrad (= Kompensation), durch das es ihm zunächst möglich ist, seine wirklichen individuellen Schwächen und Defizite zu verdecken, gefunden hat. Dadurch stärkt er zusätzlich sein Talent, Filme zu machen, das ihm dabei hilft, nach außen relativ defektlose, gesellschaftlich anerkannte und bewundernswerte Verhaltensweisen zu zeigen.

Jeder Mensch sollte deshalb Wert darauf legen, seine Talente zu entdecken und zu pflegen, die ihm das nötige Selbstbewußtsein und die nötige Selbstverantwortung im Umgang mit den persönlichen Schwächen bringen. Je mehr Sie sich Ihrer Stärken bewußt sind, desto ehrlicher und offener können Sie sich zu Ihren Schwächen bekennen, d. h., Sie müssen nicht mehr ständig versuchen, Ihre Schwächen zu kompensieren, weil Sie so nach und nach freier werden im Umgang mit ihnen.

Falls Sie jedoch über kein so herausragendes Talent wie Woody Allen, das sich weder verheimlichen noch unterdrücken läßt, verfügen sollten, und falls es Ihnen schwerfällt, Ihre Talente zu entdecken und zu ihnen zu stehen, dann geben Sie bitte nicht gleich auf, danach zu suchen. Auch Sie haben Talente und einzigartige Fähigkeiten, die Ihnen leicht von der Hand gehen und mit denen Sie andere Menschen begeistern können. Nehmen Sie sich ein paar Minuten Zeit, und

denken Sie über Ihr größtes Talent oder ihre liebste Beschäftigung nach. Falls Sie es bereits kennen sollten, was ich hoffe, und mehr noch, es auch einbringen in Ihr Leben, dann überlegen Sie, ob Sie damit eine Schwäche in Ihrem Leben auszugleichen versuchen. Wenn ja, machen Sie das bewußt oder unbewußt?
Es ist wichtig zu wissen, warum und mit was wir abwehren und kompensieren, damit wir innerlich zufriedener und glücklicher werden und über uns und unsere Anlagen Bescheid wissen. Am besten wäre es, wenn wir uns damit so früh wie möglich auseinandersetzen würden, damit wir unser Inventurergebnis am Lebensende akzeptieren können.
Warum und wie wehren wir nun ab? Das nachstehende alltägliche Erlebnis gibt Ihnen vielleicht den einen oder anderen Hinweis.
Eines Abends saß ich in einem Restaurant direkt neben einem Tisch, an dem vier Personen Platz genommen hatten und folgendes Gespräch führten:

Kellner: «Guten Abend. Wie geht's?«
Gast: »Danke, gut. Aber wo ist denn Alexander, der mich sonst immer bedient?«
Kellner: »Ach, Alexander, der Arme! Der hat sich vorgestern erschossen! Aber bitte, hier ist unsere Menükarte! Heute kann ich Ihnen ganz besonders das Lamm empfehlen!«
Gast zu seinen Begleitern: »Jetzt weiß ich endlich, warum ich so ungern in dieses Lokal gehe!«
(Allgemeines Gekichere).
Anschließend wählten die Gäste, als wäre nichts passiert, ihre Speisen aus, unterhielten sich über das Wetter, die Leute, Modetrends und vieles mehr. Alexander wurde nicht weiter erwähnt.

Den Schock, wie »cool« sich zwei zum Abgang eines Dritten äußerten, mußte ich im wahrsten Sinne des Wortes erst mal verdauen, obwohl ich mir ein Schmunzeln über die saloppe Bemerkung des Gastes auch nicht verkneifen konnte. Sie werden sich vielleicht fragen, was denn dieses Beispiel mit Abwehr zu tun hat? Nun, meines Erachtens sehr viel, denn immerhin lassen sich ziemlich viele Ängste wie die Angst vor dem Tod, vor einer schweren Krankheit und möglicherweise auch nicht bewältigter Ärger hinter diesen, nach außen hin witzig und keß wirkenden Verdrängungs- und Vermeidungsstrategien vermuten. Mit diesem Verhalten versuchen wir deshalb solche Gefahrensituationen abzuwehren, die unser Streben nach Wohlergehen und Sorglosigkeit beträchtlich durcheinanderbringen und stören können. Zu diesen Gefahrensituationen zählen alle Situationen, die in uns Unwohlsein und Mißbehagen auslösen und die uns im wahrsten Sinne des Wortes den Appetit verderben können. Ganz normal also, daß wir, ohne daß es uns bewußt wird, abwehren und in die Defensive gehen. Welche Möglichkeiten der Abwehr kennen wir nun?

Das *Verdrängen* ist eine ziemlich beliebte Defensivstrategie, die wir immer dann anwenden, wenn wir verhindern wollen, daß unerwünschte Impulse in unser Bewußtsein geraten. Der Gast, der sich in dieser Situation gestört, vielleicht überfordert fühlte, verdrängt seinen Schock ins Unterbewußte (er legt ihn quasi in sich ab!), so daß ihn dieser in seinem bewußten Leben nicht weiter beschäftigt und er, wie in unserem Beispiel, das Abendessen mit seinen Freunden in (oberflächlicher) Ruhe genießen kann. Nach der Verdrängung aktivieren wir häufig einen weiteren Abwehrmechanismus, nämlich den des *Vermeidens*, und können somit (meist unbewußt!) bestimmten Situationen aus dem Weg gehen, wenn die Gefahr besteht, daß sie uns die gute Laune, selbst im nachhinein, noch verderben könnten und sie womöglich unserem Selbstwertgefühl schaden.

In der Restaurant-Szene haben die Personen erfolgreich vermieden, sich mit dem Schicksal Alexanders auseinanderzusetzen. Statt dessen widmeten sie sich ganz banalen Alltagsthemen, sprachen über den Hund ihres Nachbarn, den besten Champagner der Welt, die neue Frisur einer Kollegin und tauschten die neuesten Witze aus. Dagegen ist, so meine ich, zunächst nichts einzuwenden, weil nicht jeder Mensch den Tod sozusagen als Aperitif verkraftet. Fatal wird es allerdings dann, wenn die Abwehr uns den Bezug zum wahren (Mit-)Gefühl für diesen Menschen und sein Schicksal nimmt (auf die problematischen Seiten der Abwehr habe ich Sie ja bereits hingewiesen) und wenn wir nicht mehr die Chancen wahrnehmen, die sich uns in solchen Momenten bieten, nämlich daß wir zum Nachdenken

und Bewältigen unserer eigenen Ängste, Tabus, Ärgersituationen, Ego-Dramen aufgefordert werden. Eine letztlich durch Verdrängung aufrechterhaltene »Don't-worry-be-happy-Lebensstimmung«, die nach dem Vermeidungs-Motto »Ich kann eh nichts ändern oder tun, weil alles so kommt, wie es kommen muß!« funktioniert, bietet mittel- und langfristig gesehen keine Erfüllung.
Zusammenfassend können wir festhalten, daß der Griff zu unseren Bodyguards, d.h. zu unseren Abwehrmechanismen in Gefahren- und Notsituationen, meist unbewußt einsetzt und unseren Kompensationsmechanismus aktiviert. Dieses Abwehr-Team ist dafür zuständig, unsere Gefühlswelt in Balance zu halten und in schwierigen Momenten dafür zu sorgen, daß wir seelisch Balance halten können. Und da wir alle das Erreichen, Bewahren und Ausweiten von positiven Gefühlen (= hedonistisches Streben) anstreben[16], ist es die natürlichste Sache der Welt, zunächst abzuwehren und in die Defensive zu gehen.
Wie ich am eigenen Leibe erfahren konnte, als ich einen Brief meines derzeitigen Lebenspartners erhielt. Automatisch aktivierte ich meine Bodyguards Verdrängung und Vermeidung, um meine positiven Gefühle zu dieser Beziehung nicht zu verlieren, als ich las, daß er keine Zukunft in unserer Beziehung sehe (wir leben mit übervollen Terminkalendern in verschiedenen Kontinenten), er sich deshalb seine Optionen für andere Beziehungen offenhalte und von mir dasselbe wünsche. Ich verdrängte das Ganze erst einmal. Erst zu einem späteren Zeitpunkt, nachdem ich zulassen konnte, daß mich DIESER Brief ziemlich getroffen hatte, und nachdem ich meine Wut einigermaßen unter Kontrolle hatte, konnte ich über mein Verhalten reflektieren und stellte fest, daß mich meine Bodyguards nicht weiterbringen werden, wenn ich den Konflikt endgültig lösen möchte.
So griff ich schließlich zum Telefon und rief ihn an. Er war nicht zu Hause, und dennoch hinterließ ich ihm eine Nachricht: »Ich danke dir für deinen offenen Brief, und es tut mir leid, daß ich mich erst jetzt darauf melde. Da ich mich von dem Schock aber erst einmal erholen mußte, konnte ich nicht früher anrufen. Nun möchte ich aber mit dir darüber sprechen und hoffe, daß du mich bald zurückrufst!«
Ich war sehr stolz, ihm keine Vorwürfe gemacht zu haben. Ich war aber auch etwas traurig, da ich gleichzeitig spürte, wie meine Hoff-

nung auf eine gute Lösung dahinschmolz, nach der ich in diesem Moment noch hedonistisch strebte. Später sollte ich erfahren, daß meine Intuition mir bereits zu diesem Zeitpunkt den richtigen Weg zeigte.

Das in uns allen tief verankerte Streben nach Sorglosigkeit hat Schattenseiten, die spätestens dann ans Tageslicht gelangen, wenn wir in eine immerwährende Abwehrhaltung geraten. Die Realität wird uns aber eines Tages aus unserer sorglosen Welt herausholen und uns den gesamten Abwehrschaden schonungslos präsentieren.

Der Realität meiner Partnerschaft mußte ich ins Auge blicken, nachdem mir mein Partner seine Beziehung zu einer anderen Frau eingestanden hatte. Mein Streben nach Sorglosigkeit konnte ich in diesem Moment beim besten Willen nicht mehr aufrechterhalten. In meiner Wut wollte ich ihm sofort eine überbraten, doch mein Neokortex, der zum Glück noch in Betrieb war, veranlaßte mich, zuerst darüber nachzudenken, um dann entsprechende Maßnahmen vorzubereiten. Konkret passierte folgendes: Ich ging mitten in der Nacht in die Küche, um trotz Geschirrspülmaschine abzuspülen. Brad, mein Partner, kam hinter mir hergeeilt, um sich mehrfach zu entschuldigen. Seine hartnäckigen Versuche, mich wieder ins Bett zu kriegen, schlugen jedoch fehl.

Die Stunden vergingen, und ich spülte das Geschirr zwei-, drei-, viermal. Ich befand mich in dem von mir bereits vielzitierten Ausnahmezustand, in dem ich mir nun selbst beweisen konnte, wie ich damit umzugehen imstande bin und der sich wie folgt abgespielt hat. Meinen inneren Schmerz hielt ich vor ihm keine einzige Sekunde zurück. Ich habe ihn damit, soweit wie ich es ertragen konnte, konfrontiert, was eine reine Herzensentscheidung war. Das Scheitern der Beziehung mußte ich nun akzeptieren, das wußte ich. Ich wußte auch, daß es jetzt nur noch um das Wie der Trennung geht, d. h., wie können wir uns voneinander lösen, ohne daß wir dadurch die Hoffnung auf zukünftige gute Beziehungen verlieren und daß uns beiden der Trennungsgrund bewußt ist.

Ich fing damit an, daß ich mein Herz sprechen ließ, ohne Bodyguard, ohne Scham und ohne Schuldgefühl. Durch mein Bekenntnis zu meinen Gefühlen und das offene und respektvolle Sprechen über sie bin ich mir über viele Dinge auf dem Weg zu meiner Mitte klargeworden und mehr noch, ich konnte neue Aspekte der Persönlichkeit meines Partners kennenlernen, zum Beispiel den, daß er sehr feinfühlig und mitfühlend sein kann, was mir natürlich die Trennung von ihm nicht gerade erleichtert hat. Im Kapitel über Selbstüberschätzung sprach ich von Überlebenssituationen, in die man geraten kann, weil man seine Kräfte zum Beispiel bei Bergtouren überschätzt. Nun, in diesem Moment habe ich gelernt, daß man sich auch in den eigenen vier Wänden ganz schnell in einer Überlebenssituation befinden kann, die die Nerven nicht minder strapaziert als eine Outback- oder Wüstentour.

Viele Menschen wehren Überlebenssituationen übermäßig ab und kompensieren auf Teufel komm heraus, damit das Image erhalten bleibt und der Schein eines sorgenfreien und glücklichen Lebens, nach dem wir alle streben, aufrechterhalten werden kann. Über viele Jahre hinweg errichten wir so um und in uns eine Mauer, erwerben und erlernen feste Verhaltensmuster, die wir nur sehr schwer wieder aufgeben können, weil sie sich in einem raffinierten Netz von Abwehr- und Kompensationstechniken verfangen haben.

Es gibt zahlreiche und gefährliche Phänomene und Auswüchse von Verhaltensweisen in unserer Gesellschaft, die durch die sogenannte *gelernte Sorglosigkeit* ausgelöst werden. Darunter fallen Massenkarambolagen im Straßenverkehr infolge Nebels oder infolge dichten Verkehrsaufkommens, mangelndes Interesse an Vorsorgeuntersuchungen, High-cost-Management-Strategien in Unternehmen, unsolide Anlagestrategien am Devisenmarkt, aber auch die hyperoptimistische innere Einstellung der Fußballmannschaft, das Spiel bereits vor Beginn gewonnen zu haben und die sorglosen Motorradfahrer, die sich immer wieder in gefährliche Situationen bringen, selbst dann, wenn sie tragische Unfälle überlebt haben sollten.

»Wer am Anfang gewinnt oder meint gewonnen zu haben«, so der Psychologe Dieter Frey anläßlich des 40. Psychologenkongresses in München, »hat für immer verloren«[17], weil sich in den weiteren Aktionen automatisch die Bereitschaft auf Anstrengung reduziert und die Fußballspieler oder auch Motorradfahrer sorgloser und phlegmatischer werden.

Mein erster Gleitschirmflug vor ein paar Jahren verlief ziemlich sorglos. An einem herrlichen Frühlingstag sah ich mich in Gedanken bereits über die Wiesen und Felder gleiten und hörte den Erklärungen meines Lehrers nur mit halbem Ohr zu. Berauscht schwang ich mich ziemlich schnell in die Lüfte. Problemlos ging es hinweg über Felder und Täler. Über mir war ein wolkenloser blauer Himmel und unter mir eine friedliche Welt. Es war ein überwältigendes Gefühl. In dieser Sorglosigkeit verharrte ich so lange, bis die Landung nahte, und die Realität mich schnell und unbarmherzig wieder einholte, als ich feststellen mußte, daß ich so gut wie gar nichts über Landemodalitäten wußte bzw. ich zu sorglos gewesen war, den Ausführungen meines Lehrers zuzuhören. So kam es, daß der Schirm plötzlich wie ein Messer über mir zusammenklappte, und ich aus circa 15 Metern Höhe wie ein Stein vom Himmel und in den Garten eines Bauern fiel, der meinen Himmelssturz beobachtet haben muß, denn er kam wie von der Tarantel gestochen aus seiner Scheune gerannt, um Erste Hilfe zu leisten. Ich kam mit einem verstauchten Knöchel davon.

Blindes Streben nach Sorglosigkeit verringert sowohl die Sensibilität gegenüber uns selbst und unserer gegenwärtigen Situation wie auch gegenüber unseren Mitmenschen. Im Trieb nach Sorglosigkeit und im Trieb auf exzessive Gefühle nehmen unsere Aktionen brisante und gefährliche Seiten an, die uns und anderen im höchsten Maße Schaden zufügen und uns in die Abhängigkeit führen können. Da jeder von uns auch die Bereitschaft mitbringt, seine Anlagen und Fähigkeiten falsch einzuschätzen, verringert sich gleichzeitig die Bereitschaft zur Verhaltensänderung, und die sorglose Haltung zu waghalsigen Unternehmungen erhöht sich. In diesem Zustand gestalten wir unser Leben nach dem Motto: »Alles ist gut und wird auch in Zukunft (von selbst) gut bleiben!«[18], d. h., wir neigen dazu, trotz Schulden viel Geld auszugeben, trotz Hitze viel Bier und Schnaps zu trinken und so weiter.

Der Preis gelernter, weil ignoranter und triebgesteuerter Sorglosigkeit ist hoch: Unfälle, schwere Krankheiten, Firmenzusammenbrüche, Neurosen, Aggressionen, Depressionen, Ausgrenzung, Isolation, Rückzug, Einsamkeit. Der offene und ehrliche, jedoch schmerzhaftere Umgang mit sich selbst wird verhindert, und damit gleichzeitig die unerschöpfliche Kraft der positiven Gefühle, die aus unserem Inneren heraus wirken und durch die wir in den Zustand einer natürlichen und behutsamen Sorglosigkeit kommen können.

Natürlich lassen sich nicht alle Situationen, in die wir geraten, von vornherein und ohne das Aktivieren unserer Bodyguards kontrollieren. Ein gewisses Risiko bleibt, vor allen Dingen, wenn man es mit Situationen zu tun hat, in denen die Gefühle hochkochen können. Im Wissen darum sollte sich jeder selbst in die Verantwortung nehmen und rechtzeitig genug entscheiden, ob er den Situationen gewachsen ist, in die er aufgrund seines hedonistischen Strebens oder aufgrund seiner persönlichen Fehleinschätzung, was seine eigenen Fähigkeiten betrifft, geraten kann. Konkret heißt das, daß man sich vor Abenteuern hüten sollte, denen man körperlich und psychisch nicht gewachsen ist und in denen man nicht immer hoffen kann, daß man einen guten Lehrer oder einen Schutzengel an seiner Seite hat.

Eine unverzichtbare Voraussetzung für ein unverzichtbares Mehr an bewußten Handlungen ist die (Selbst-)Reflexion. Der Mensch hat zweifelsohne die Fähigkeit dazu, ob er auch willens ist, steht auf einem anderen Blatt. Trotzdem, er könnte sie nutzen und gleichzeitig beweisen, daß er sich in seinem Verhalten doch maßgeblich von denen eines Tieres unterscheidet! Mit (Selbst-)Reflexion meine ich das Nachdenken über sich selbst, über Verhaltensweisen, Leidenschaften, Konflikte, Fähigkeiten, Talente, das Nachdenken über freudige und traurige Momente im Leben, über das, was man erreicht hat und erreichen will und über das, was man sein und geschaffen haben will, wenn der eigene Tod in greifbarer Nähe ist. Die (Selbst-)Reflexion ist immer dann am schwersten auszuhalten, wenn wir beginnen, uns mit unseren eigenen Schwächen auseinanderzusetzen, weil wir diese peinlich oder beschämend oder als Versagertum erleben. Sich selbst zu akzeptieren, mit allem was dazugehört, ist gewiß keine einfache Sache, denn wer möchte schon seine schlechten schulischen Leistungen, seine Neigung zu Sahnetorten oder Schnaps, sein mehrmaliges Versagen als Liebhaber oder Liebhaberin, sein Leid mit der krummen Nase oder den Fettringen um den Bauch, sein unbeherrschtes Aufbrausen (fällt Ihnen noch was ein?) zugeben beziehungsweise sich mit den tieferen Gründen seines Leides auseinandersetzen?

Als ich über mich und meine Schwächen nachdachte, stellte ich zum Beispiel fest, daß mir meine Schwäche zum Schwindeln buchstäblich antrainiert worden ist. Doch gleichzeitig wurde dadurch auch meine natürliche Anlage, Menschen zu überzeugen, gefördert, womit ich gelernt habe verantwortungsvoll umzugehen. Wie mir nun das Schwindeln antrainiert worden ist, möchte ich Ihnen noch kurz schildern: Meine beruflichen Pläne, auch mein starkes Bedürfnis nach Freiheit, mußte ich ständig gegenüber der starken Liebe meiner Mutter verteidigen und schützen. So war ich praktisch gezwungen, sie auszutricksen, ihr meine wirklichen Gefühle vorzuenthalten, sie zum Teil heftigst anzulügen, damit ich meine Pläne (Studium und Auslandsaufenthalt) verwirklichen konnte. Ich wollte damit auch meine Mutter schützen und sie nicht unnötig mit meinen Vorstellungen beunruhigen, was sich aber doch nicht verhindern ließ. Mein Vorhaben, auf dem zweiten Bildungsweg das Abitur nachzuholen, verkaufte ich ihr letztendlich so: »... daß ich noch nicht wisse, was ich danach machen werde. Vielleicht würde ich studieren, was ich momentan nicht 100prozentig beantworten könne. Primär wolle ich einfach weiterlernen. Sie brauche also keine Angst zu haben, mich zu verlieren!« Ich sagte ihr das, obwohl ich mich zu dieser Zeit mit dem Gedanken trug, nach Amerika auszuwandern. Heute versuche ich nur noch in Ausnahmesituationen zu schwindeln, denn auch das kann eine präventive Maßnahme zur Konfliktbewältigung sein.

Die gesellschaftliche Beurteilung von Schwächen und Stärken variiert je nach Kultur, Status, Religionszugehörigkeit usw., aber auch je nachdem, was gerade im Trend liegt. Wenn deutsche Unternehmen noch bis vor ein paar Jahren nach dem zuverlässigen, gewissenhaften, ordentlichen, niemals widersprechenden Manager gesucht haben, dann fordern sie heute mehr und mehr den kreativen, bisweilen wilden und chaotischen Kopf (es darf auch manchmal eine Frau sein), der dem Unternehmen mal wieder ein paar Visionen liefert. Die Schwäche und von der Gesellschaft bislang wenig beachtete Anlage zum kreativen Chaos wird plötzlich zur Stärke, und *Menschen mit Macke sind in.*

Denken Sie deshalb doch jetzt einmal über Ihre Schwächen nach. Haben Sie eine Lieblingsschwäche? Wenn ja, dann überlegen Sie sich, wie Sie diese Schwäche vermarkten können. Falls Ihnen nichts Passendes einfallen sollte, dann benutzen Sie doch einfach mal Ihre Schwächen, um damit Ihre Konflikte zu lösen und Ihren Frust-Topf zu leeren! Ich habe Ihnen bereits eine Schwäche von mir vorgestellt, die sich durchaus in gewissen Momenten als Stärke entpuppen kann, weil sie einen weit- und umsichtig handeln und eine aufkeimende unangenehme Situation unter Kontrolle bringen läßt.

Ego und Selbst

Wenn ich nicht für mich bin, wer ist für mich?
Wenn ich aber für mich selbst bin, was bin ich?
Und wenn nicht jetzt, wann?
Rabbi Hillel

Kennen Sie den Spruch: »Was man hat, das hat man« und daraus resultierend den weiteren: »Man ist, was man hat!«? Wir haben vieles, vor allem Vorstellungen und Wünsche von dem, was wir brauchen. Und was wir meinen, zu brauchen und zu haben, und was wir meinen zu sein oder was wir meinen, was wir sind und was uns nicht verlorengehen kann, das möchte ich auch auf den nächsten Seiten untersuchen.

Wenn ich mir nun einen Rucksack vorstelle, in den wir als Ego-Besitzer die Güter und Anlagen hineinpacken, die wir für unser Leben, unser Überleben und für unseren Auftritt in der Welt brauchen, dann werden sich die Rucksacklisten unterscheiden, je nachdem, aus welchem Kulturkreis wir kommen, welchen Status wir uns erworben haben usw.

Ego-Besitzer, die in hochentwickelten Industrienationen leben, setzen naturgemäß andere Maßstäbe bezüglich Größe, Form und Inhalt ihres Rucksackes als Ego-Besitzer in Entwicklungsländern. Warum? Die populäre Bedürfnispyramide nach Maslow[19], die, so nehme ich an, viele kennen, bringt einerseits zum Ausdruck, daß je höher der Lebensstandard einer Nation entwickelt ist, desto mehr kann Mann/Frau sich um Bedürfnisse wie Selbstverwirklichung und Wertschätzung kümmern, also um Bedürfnisse, die Maslow an die Spitze seiner Pyramide stellt. Daraus läßt sich ableiten, daß Menschen in höher entwickelten Nationen auch Gefahr laufen, sich in ihrer Persönlichkeitsentwicklung ausschließlich um die Verfolgung von Ego-Interessen zu kümmern. Wenn Menschen in Industrienationen demgegenüber ihre Möglichkeiten zur Selbstverwirklichung, die das Nachdenken über sich selbst voraussetzt, ergreifen und ihr Potential zum Selbst- und Gemeinwohl nutzen und benutzen sollten, was sie tun könnten, weil sie weitestgehend frei sind von der Not und dem Elend eines täglichen (Über-)Lebenskampfes um Nahrung, Unterkunft und Arbeit, dann würden sie nicht nur für andere Nationen ein gutes Vorbild geben, sondern sie würden sich im Sinne einer inneren und äußeren Balance von Geben und Nehmen verändern. Voraussetzung hierfür ist jedoch, daß sie den Ego-Versuchungen, wie sie in einer Leistungs-, Konsum- und Erfolgswelt nun mal vorkommen, widerstehen und sich und ihre Bedürfnisse einigermaßen in Zaum halten können. Ob das so ist, werden Sie auf den nächsten Seiten erfahren.

Eine egoorientierte Gesellschaft, die den Spruch *Man ist, was man hat* kultiviert, wird die nach Sorglosigkeit strebenden und deshalb verführbaren Menschen in ihrem Haben- und Besitzen-Wollen sehr einfach kontrollieren können. Unbeugsamere Naturen werden sich diesem Prozeß von selbst entziehen. Selbst die fundamentalsten Bedürfnisse nach Nahrung, Sexualität, Sicherheit, Anerkennung und Bewegung werden unter dem Einfluß eines hochgezüchteten und gierigen Egos aufblühen, und die zum Überleben wichtige Nahrungsaufnahme wird zum Gourmetspektakel oder zum wollüstigen Fressen. Sexualität wird zur bloßen Jagd nach dem nächsten Orgasmus, und falls man diesen zu zweit nicht erreichen kann, werden einem via Satellit Sexstories, Sexskandale von berühmten Persönlichkeiten oder Hardcore-Sex angeboten. Dieser geschickte und konsumorientierte Verführungsprozeß vermehrt unsere Bedürfnisse blitzschnell. Wir schaffen uns einen Rucksack nach dem anderen an, dessen Gewicht wir aber immer schlechter tragen können, je älter und gebrechlicher wir werden.

Die Konsumgesellschaft schickt unser Ego auf eine hitzige Jagd nach Haben und Besitzen, dabei anerzieht sie uns einen unstillbaren Heißhunger auf Kaufen. Sie will verkaufen und nochmals verkaufen. Nach dem Motto: »Komm her, ich mach dich glücklich!« lockt sie uns einerseits mit neuen Entwicklungen, Trends, Technologien, Designs, andererseits mit neuen Göttern, Halbgöttern, Gurus,

Clubs und Selbsterfahrungszentren. So haben wir bald ein weiteres Fernsehgerät, eine weitere Designer-Klamotte, ein schnelleres Auto, eine/n leidenschaftlichere/n Liebhaber/in, eine vierte Lebensversicherung oder eine Rendezvous-Versicherung (und diese gibt es wirklich, nämlich für Singles. Weil Singles ständig auf der Suche nach ihrem Ideal-Partner sind, oft auch noch ungebührlich hohe Auslagen und Reisekosten zu verkraften haben, bietet eine große deutsche Versicherungsgesellschaft neuerdings Rendezvous-Versicherungen an, d. h. wenn »das Rendezvous« zum vereinbarten Zeitpunkt nicht erscheinen sollte, übernimmt die Versicherungsgesellschaft wenigstens den finanziellen Flop). Wir nehmen an einem weiteren Selbst-(Wert-)Gefühl-Motivationskurs teil, kaufen ein zusätzliches Selbstmanagementbuch oder treten irgendwelchen dubiosen Vereinigungen bei.
Fast jeden Tag erhalte ich neue, verlockende Post. Derzeit bin ich mal wieder der Versuchung ausgesetzt, meinen erst zwei Jahre alten Wagen abzustoßen, weil bereits ein neues, natürlich viel spritzigeres Modell auf dem Markt ist. Mein Ego, das in einer Konsumgesellschaft groß geworden ist, versucht mir nun einzureden, daß es doch viel vornehmer sei, sich mit einem neuen Modell sehen zu lassen, und drängt mich, wenigstens der Einladung zur Präsentation in die Olympiahalle zu folgen. Das Gesellschafts-Ego (in dem Fall vertreten durch Leasinggesellschaften) beginnt mein Ego daraufhin zu unterstützen und zählt mir Möglichkeiten auf, wie ich trotz der finanziellen Mehrbelastung in den Besitz dieses schönen neuen Modells kommen könnte.
Bei derartigen Verführungsversuchen hilft mir mein Hirn, und wenn ich es umfassend benutze, dann schützt es mich vor schnellen und gedankenverlorenen Entscheidungen, d. h., ich werde die Schönheit des neuen Modells zwar zu schätzen und zu würdigen wissen, jedoch meinen Konsumtrieb auch zu kontrollieren verstehen. Die Konsumgesellschaft kann jedoch an kontrollierten Verhaltensweisen, so wie ich sie eben beschrieben habe, kein Interesse haben. Darum wendet sie ihre Tricks und Methoden an, um ihre Opfer immer gefügiger und damit abhängiger zu machen. Zu diesen Tricks zählt eine Batterie von hochkomplizierten und schwer durchschaubaren Werbe- und Propagandastrategien, die auf Gewinnen und Verlieren geeicht

sind. Die Verlierer, in dem Fall die Konsumenten, befinden sich über kurz oder lang in den Fängen einer Ego-Konsumgesellschaft. Und je mehr sie sich in Abhängigkeiten bringen lassen, desto größer wird ihr Frust. Frust-Käufe, Frust-Besäufnisse, Frust-Mahlzeiten u.v.m. nehmen zu, die dem Betroffenen kein langfristiges Glück bringen. Und wer selbst schon mal aus Frust getrunken hat oder aus Frust zum Einkaufen ging, wird mir zustimmen können, denn der vordergründige Rauscheffekt hält nie lange an. Ganz im Gegensatz zu dem inneren Drang, der einen weiter zum Einkaufen oder Trinken anhält. Bei diesen Verhaltensweisen bleibt es nicht aus, daß man trauriger, oft rat- und hilfloser wird, wie ich in vielen Gesprächen mit Abhängigen erfahren konnte.

Unser Ego orientiert sich an gesellschaftlichen Wert- und Pflichtvorstellungen. Es läßt sich kaum auf tiefere, geistige Urgründe ein. Es agiert an der Oberfläche und beherrscht den Schein mehr als das Sein. Damit laufen extrem egozentrierte Menschen Gefahr, abzustumpfen und in den Zustand einer gähnend-langweiligen Lebensroutine zu geraten. In diesem Stadium braucht das Ego fremde Emotionen, um wenigstens ersatzweise das zu leben, wozu es selbst nicht (mehr) imstande ist. So machen sich Ego-Besitzer schamlos an den Gefühlen anderer zu schaffen, um die angeborene Neugier zu stillen. Die Gier wird immer größer. Die in uns allen wohnende Neugier ist übrigens sehr lukrativ für die Medienwelt und verspricht meistens höchste Auflagen, damit lukrative Absätze und erstklassige Profite.

Wenn sich das Ego nun in den Kopf gesetzt hat, um jeden Preis Karriere zu machen, dann wird es auch mit entsprechenden Methoden arbeiten, um dieses Ziel so schnell wie möglich zu erreichen. In diesem Fall greift es auf seinen Machttrieb zurück. Im Machttrieb kann es sich zum Beispiel das Fachwissen von Experten aneignen, es ihnen geschickt und subtil entlocken, um sich damit an geeigneter Stelle zu profilieren. Es kann auch bei Meetings immer so lange warten, bis der Big Boss sich geäußert hat, um wenig später gestenreich zu betonen, daß es auch schon immer dieser Meinung war. Eine andere Machtvariante ist die Kommunikation, besser gesagt, ein ichbetonter Redeschwall wie zum Beispiel »Ich und Herr Schuster vom Vorstand« oder »Ich bin ein toller Hecht, weil ich mir eine eigene Yacht leisten kann« oder »Ich habe für dieses Gemälde ein Vermögen ausgegeben« oder »Ich habe heute eine Million an der Börse gemacht«. In meinen vielen Meetings mit Top-Managern (die weibliche Anrede erübrigt sich in diesem Fall, weil Frauen in diesen Höhen so gut wie nicht vertreten sind!) habe ich erfahren, daß meine Vorschläge und Ideen erst dann für sinnvoll und gut erachtet worden sind, wenn der Firmenchef sie selbst für gut befunden hat und sich zudem sofort am Besprechungstisch positiv darüber äußerte. Auch das ist eine weitere Variante des Machttriebes.

Je stärker der Machttrieb, in uns oder in anderen, entwickelt ist, desto weniger Raum gibt es für eigene Entscheidungen und desto weniger können wir uns frei entscheiden. Da das Ego nach Macht, Prestige und Ansehen strebt, ist das Entstehen von starren, unbeweglichen, autoritär geführten Gesellschafts-, Firmen- und Familienstrukturen vorprogrammiert. Vor allen Dingen wird es sich überall dort auf- und ausbauen, wo Ängste, auch Ängste vor dem Neuen, vor Selbstbestimmung und Selbstverantwortung, vorherrschen.

C. G. Jung stellte fest, daß sich unser Bewußtsein von Natur aus allem Unbewußten und Unbekannten widersetzt, und er führte weiter aus, daß die Anthropologen dieses Verhalten, das sie Misoneismus nannten, zunächst bei primitiven Völkern entdeckten. »Der zivilisierte Mensch«, so Jung, »reagiert auf neue Ideen in ganz ähnlicher Weise, indem er nämlich psychische Barrieren errichtet, um sich vor dem Schock des Neuen zu schützen.«[20] Daher bieten sich dem Machttrieb einzelner Egos beste Voraussetzungen für glanzvolle Auftritte, die für die Verwirklichung entsprechende manipulative Maßnahmen ergreifen. Manipulationen sind Maßnahmen, die das gesamte Kommunikationsfeld des nonverbalen und verbalen Austausches umfassen. Sie veranlassen andere zu Handlungen, Meinungen und Haltungen, ohne die eigene Reflexion, die eigene Auseinandersetzung mit den Dingen zuzulassen oder zu fördern. Manipulationen wirken auf allen Ebenen und in alle, auch die kleinsten, Bereiche unseres gesellschaftlichen und privaten Lebens hinein. So bedienen sie sich unserer Kommunikation und verfärben sie mit raffinierten Floskeln und Killerphrasen: »Wie doch jeder weiß ...«, »die jetzige Situation fordert, daß ...«, »wir sind bisher gut damit gefahren, warum sollten wir etwas ändern ...?« »Für Sie als emanzipierte Frau ...«, »wissenschaftliche Erkenntnisse haben gezeigt ...«. Gespräche, Diskussionen, Unterhaltungen, die auf cleveren manipulativen Rede- und Argumentationsstrategien aufgebaut sind, verzerren und verdrehen die zu vermittelnden Sachverhalte und irritieren die Gesprächs- und Kommunikationspartner. Gefährlich wird es, wenn Manipulationsstrategien Vertrauen erwecken und die Empfänger von der Wahrheit des Gesagten überzeugt sind, so wie es Politiker immer wieder schaffen, bei der Bevölkerung Vertrauen zu wecken.

Als einen großen Rede-Künstler würde ich Ronald Reagan bezeichnen. Reagan beherrschte absolut perfekt redundante, also weitschweifige, Redetechniken. In seinen Reden fielen mir die penetranten Wiederholungen von *read it from my lips I am saying the truth!* auf. In entscheidenden Manipulationsmomenten schwenkten die Fernsehkameras auf sein Gesicht und immer näher an seine Lippen. Dadurch entstand ein wahrhaftig vertrauenerweckender Effekt, und es blieb einem fast nichts anders mehr übrig, als dem Mann, den man kaum kennt, zu glauben.

Eine weitere Form von Regierungsmanipulation ist der von Howard Kurtz beschriebene *Spin*. Das Wort ist schwer zu übersetzen, deshalb lasse ich es im Original stehen. *Spin* beschreibt eine politische Nachricht, die nicht als bloße Tatsache verwendet wird, sondern sie versteht es, gleich einem Kreisel, einen Dreh (= *spin*) zu erzeugen, d. h. die Nachrichten zu verzerren bzw. bestimmte Interpretationen vorzugeben, die im Interesse der Regierung, der Partei, des Abgeordneten usw. sind. Pressekonferenzen oder die täglichen Briefings im Weißen Haus eignen sich gut, um einen Nachrichtendreh aufzubauen, so Howard Kurtz. Ein anderer raffinierter *Spin* werde durch die gezielte Indiskretion erzielt, die vor allem vor positiven Großereignissen zum Einsatz komme und dazu diene, die Nachricht länger als 24 oder 48 Stunden im Gespräch zu halten. Damit könnten schlechte Nachrichten entschärft werden, wenn deren Bekanntwerden auf Dauer nicht zu verhindern ist. Um die jüngsten Sex-Skandale Bill Clintons zu entschärfen, bedarf es, laut Kurtz, allerdings einer ganzen Ansammlung von *Spins*. Selbst Kriegspropaganda konnte diese Meldungen nicht verhindern, da jede Nachricht aus dem Weißen Haus in Sachen Sex bei der Bevölkerung einen eigenen schwer zu kontrollierenden Dreh bekommen wird.

Sie haben sicherlich die Auswirkungen von *Spins* schon einmal persönlich erfahren und miterleben können. Es sind Situationen, in denen Sie hinterher meist nicht mehr wissen, wovon und worüber eigentlich gesprochen worden ist und in denen Sie sich den Wünschen und Vorschlägen Ihrer Kommunikationspartner angeschlossen haben, ohne genau zu wissen, warum. Wie können wir nun in derartige Kreiselmomente, die uns unseren Verstand verdrehen können, geraten? Ich geriet mit einer Freundin bei einer Dolomitentour buchstäblich in einen Dreh, nachdem wir einen ganzen Tag den Einstieg für eine Bergbesteigung gesucht hatten. Nach acht Stunden hielten wir vor Erschöpfung inne und mußten feststellen, daß wir den ganzen Tag über im Kreis gelaufen waren und dabei stets mit Blick auf die rechte Seite nach dem Einstiegszugang für die Besteigung gesucht hatten. Wenn wir nur für einen Moment unseren Blick auf die linke Seite gerichtet hätten, wären wir wahrscheinlich kaum acht Stunden lang im Kreis gelaufen. Was wir in der Natur schnell lernen, läßt sich im Alltag oft nicht so einfach durchschauen. Bei einer Freundin dauerte es etwas länger, bis sie herausgefunden hat, in welchen Kommunikationsdreh sie mit ihrem Ehemann geraten ist. Erst als sie anfing nachzudenken, weil sie sich in ihrem Gefühlsdilemma nicht mehr wohl fühlte, durchschaute sie die Machtstrategie ihres Ehemannes. Sie stellte bald fest, daß seine Methode immer nach demselben Muster ablief. Wenn er sich zum Beispiel eine neue, noch teurere SAT-Anlage kaufen wollte, um sein tägliches Fernsehvergnügen abwechslungsreicher zu gestalten, und sie, die Ehefrau, diesem Vorhaben nicht zustimmen konnte, weil das gemeinsame Konto mal wieder dramatisch überzogen war, dann wirbelte er wie wild um sie herum und sah sich als der ständig Unterdrückte, der am besten wohl alle technischen Gerätschaften im gemeinsamen Haushalt abschaffe und künftig die Abende mit ihr bei Kerzenlicht verbringe. Geschickt hatte er sie jahrelang so manipulieren können, weil sie über seine Mitteilungen stets in Mitleid und Schuldgefühlen zerfloß. Außerdem wollte sie wieder ihren häuslichen Frieden haben und hat den Anschaffungen deswegen zumeist zugestimmt. Eines Tages war ihr Frust darüber jedoch zu groß gewesen. Im anschließenden Wortgefecht einigten sie sich auf getrennte Konten. Seinem Spielchen wurde so ein Ende gesetzt.

Macht und Manipulation widersprechen dem Prinzip eines partnerschaftlichen Miteinander-Umgehens. Sie verfälschen Sachverhalte und verunglimpfen Menschen. Sie sind in jedem Falle abzulehnen, weil sie, sofern sie nicht aufgedeckt werden sollten, vom Gegenüber oft intuitiv als falsch wahrgenommen werden. Manipulative Aktionen und Kommunikationsstrategien führen langfristig zu Vertrauensverlust. Sie unterstützen Ego-Dramen um *dein*, *mein* und *unser*, die das Ego geradezu mit Wollust heraufbeschwört und mit Wonne in Szene setzt.

Früher oder später haben wir uns in aussichtslose Dramen um Eifersucht, Neid, Zorn, Habsucht usw. verstrickt. Unsere (Lebens-)Energie wird sich immer weiter reduzieren, und wir bleiben für die Machthaber und Tonangeber kontrollier- und damit steuerbar.

Das Austragen von Machtkämpfen in Beziehungen kann verheerende Folgen haben, und es ist nicht auszuschließen, daß sich die jeweiligen Partner für den Rest ihres Lebens um die Fähigkeit bringen, partnerschaftliche Beziehungen zu haben. Selbst nach dem Abbruch einer Beziehung können die alten Konflikt- und Krisenmuster ausbrechen, sobald man sich zufällig auf der Straße begegnen sollte.

Ich erlebte die Auswirkungen von schwierigen, ja kranken Beziehungen in meinem engsten Familienkreis. Eine Schwägerin, die sich vor vielen Jahren dem Einfluß der Zeugen Jehovas entzogen hat, wurde sozusagen als 18jährige in die Verbannung geschickt, d. h., ihre gesamte Familie wollte ab sofort nichts mehr von ihr wissen. Jahrelang versuchte sie, den Kontakt zu ihrer Familie nicht abreißen zu lassen, und jahrelang versuchte sie, sich mit ihnen auszusöhnen. Sie initiierte Gespräche und Treffen mit dem Erfolg, daß sie hinterher meist aufgewühlter und unzufriedener in ihre inzwischen selbst gegründete Familie zurückkehrte. Heute, nach 20 Jahren, kann es immer wieder vorkommen, daß sie ihre Geschwister, ihre Nichten und Neffen, selbst ihre eigene Mutter zufällig beim Einkaufen oder auf der Straße oder im Café trifft. Diese Zusammentreffen sind für sie sehr schmerzlich wie auch die ständigen Vorwürfe (wohlgemerkt, es sind zwischenzeitlich 20 Jahre vergangen), daß sie es ja so wollte und daß sie genau wisse, was sie tun müsse, damit sie wieder in den Schoß der Familie zurückkehren könne.

Es ist ein Trugschluß, wenn wir annehmen, daß gute Beziehungen aufgrund bloßer Machtausübung wiederherzustellen sind, so wie es die Familie meiner Schwägerin versucht. Um gute Beziehungen führen zu können, müssen entsprechende vertrauensvolle Beziehungsstrukturen geschaffen werden, in denen bestimmte menschliche Charakterzüge vorherrschen. Mit unserem Ego, das überwiegend haben will, werden wir es kaum schaffen, gelassen, ruhig und einander zugewandt kreativ und konstruktiv Konflikte zu lösen und Frust abzubauen.

Je unsicherer die Zeiten sind und je größer die persönliche Not ist, desto brutaler und destruktiver geht das Ego vor. Seine Umgebung wird automatisch kälter, und seine Existenz wirkt auf uns trost- und aussichtsloser. Der Psychologe Wolfgang Schmid schreibt in seinem Buch *Basic Instinct*: »... daß Gewalt eine rein linkshemisphärische Erscheinungsform ist und durch alles gefördert wird, was nur einseitig die linke Gehirnhälfte herausfordert.«[21] Er zählt im weiteren Faktoren auf, die das Entstehen von Gewalt (ich verwende statt des Begriffs Gewalt die Begriffe Aggression und menschenverachtende Verhaltensweisen) begünstigen wie das Gefühl von Sinn- und Wertlosigkeit, gestörte Familienverhältnisse, Versagensängste, Zukunftsängste, mangelnde Begabung, Orientierungslosigkeit, mangelnde Stabilität und negative Vorbilder.

Das von mir bislang beschriebene Ego konzentriert sich auf das Hervorbringen von Werten der linken Gehirnhälfte, die natürlich nicht pauschal als ausschließlich brutal und aggressiv bezeichnet werden können. Es fürchtet sich vor dem Ungewohnten, dem Nichtfaßbaren und allem Grenzensprengenden, alles Fähigkeiten und Anlagen der rechten Gehirnhälfte. Es verlangt nachvollziehbare Tatsachen und erstellt einen klaren Benimm-Katalog mit starren Regeln und Pflichten, die wichtige Grundlagen für eine leistungs- und konsumorientierte Gesellschaft sind. Es unterstützt das Entstehen von gesellschaftlich anerkannten Verhaltensweisen wie Ordnung, Pünktlichkeit, Sicherheit, Perfektion, Effizienz, logisches und analytisches Handeln und Denken sowie den Aufbau von starren, hierarchischen Strukturen. Damit ist auf den ersten Blick zwar eine gut funktionierende Gesellschaftsform geschaffen, aber auch beste Voraussetzungen für das Hervorbringen von Aggressionen und menschenverachtenden Verhaltensweisen. Eine extrem egobezogene Gesellschaft

Abb. 6 Anne Kaulich, *Schichtungen*

wird stark egobezogene Menschen fordern und fördern und umgekehrt. Damit wird ein Nährboden für Ärger und Angst geschaffen, auf dem meterhohe Frustberge wachsen können. Diese Gesellschaft ist wie keine andere gefährdet, ihre Seele, ihre Identität, ihre Kraft, ihr wahres Selbst und damit ihr wirkliches Potential verkümmern zu lassen und zu verlieren.

Eine Gesellschaft mit Seele ist für mich hingegen ein Körper mit Seele oder ein Körper mit Leben. Wenn die Seele den Körper also belebt, was ist dann Seele? Die umstrittene, vieldiskutierte, auch vielverachtete Seele wurde vom antiken und mystischen Orden *Rosae Crucic* (A.M.O.R.C.) wie folgt beschrieben: »Gott schuf den Menschen aus dem Staub der Erde und hauchte ihm den Odem des Lebens ein, und der Mensch wurde eine lebende Seele.«[22]

Wenn ich mir nun das Ego als einen seelen- und leblosen Körper vorstelle, der aus zahlreichen Einzelteilen besteht, etwa so wie das keramische Objekt *Schichtungen* von der Bildhauerin Anne Kaulich oder denselben Körper als Körperplastik, wie sie von Henry Moore zahlreich erschaffen worden sind, dann wird sich der Körper ohne Seele in schwierigen Zeiten zwangsläufig reduzieren und wie von selbst abtragen. Eine *Welt ohne Seele*, die sich auf das ausschließliche Hervorbringen von materiellen Werten konzentriert und nach dem Prinzip agiert: »Ich habe viel, ich zeige viel, ich kann mir viel leisten, und deshalb bin ich viel wert!« wird irgendwann aus mehr Luft als aus Körper bestehen. Dann wird sich zeigen, wie und ob sie weiterexistieren kann und wie sich die Wechselwirkungen von leerem Raum und Körper, wie sie von Moore vielfach studiert worden ist, auf eine Gesellschaft und auf den Menschen auswirken wird.

Unsere Zeit setzt meines Erachtens schon lange Zeichen, daß ein Auflösungs- und damit ein Neugestaltungsprozeß im Gange ist. Wie oft wurden Sie zum Beispiel in letzter Zeit mit Themen wie der Zunahme der Kinder- und Jugendkriminalität, ethisch-moralischer Werteverfall, Strukturwandel, Globalisierung usw. konfrontiert? In den Buchhandlungen stapeln sich Berge von Ratgeberbüchern. Erziehungseinrichtungen suchen nach neuen Lern- und Lehrmethoden. Firmen fahnden nach neuen Managementstrategien und hoffen mit neuen Konzepten, die übrigens meist aus den USA kommen, wie Reengineering und Personal-Empowerment, zu überleben. Eine stabile und sichere Neuordnung unserer Gesellschaft wird nicht über Nacht herbeiführbar sein, und wenn die Gier der Menschen nach Macht und Profit nicht aufhört, dann wird sich Gandhis Satz mit immer größeren Konsequenzen für den einzelnen bewahrheiten: »In dieser Welt gibt es genug für jedermanns Bedürfnisse, aber nicht genug für jedermanns Gier.«[23]

Zusammenfassend können wir also festhalten, daß das Ego ein Teil unserer Persönlichkeit ist, der zunächst daran interessiert ist, die eigenen Triebe auszuleben und zu befriedigen. Es will anschaffen, zusammenraffen, festhalten und immer mehr besitzen. Dabei kann es sehr brutal vorgehen wie zum Beispiel im Falle des Herodes. Dieser war so eifersüchtig und unfähig seine Ängste und seinen Ärger zu kontrollieren, daß er befahl, »daß seine Geliebte Marianne bei seinem Tod mit ihm begraben wird, damit sie sich danach keinem anderen Manne mehr hingeben kann«[24]. Gibt es also irgendwelche positiven und konstruktiven Seiten, die wir dem Ego abgewinnen können? Welchen Wert und welche Bedeutung hat es überhaupt? Ist es pure Fiktion, also viel Geschrei um nichts? Um diese Fragen beantworten zu können, müssen wir uns einem weiteren Teil unserer Persönlichkeit, nämlich dem Selbst, widmen. Doch wie läßt sich das *Selbst* dem Ego zuordnen, und wie läßt es sich überhaupt in unser Persönlichkeitsmodell einordnen?

In der angloamerikanischen Literatur wird zwischen *Ego* und *Ich* beziehungsweise *Ego* und *Selbst* unterschieden. Psychologen verwenden statt »Ich« auch den Begriff »Selbst«, und in der Psychoanalyse steht der Ich-Begriff für Ego. Um das Durcheinander nicht noch größer werden zu lassen, entscheide ich mich für den Begriff *Selbst* und unterscheide in meinen weiteren Betrachtungen das Begriffspaar *Ego* und *Selbst.* Den Begriff *Ich* verwende ich als Gesamtheit der uns zum gegenwärtigen Zeitpunkt bewußten, weil reflektierten und erfahrenen persönlichen Aspekte. Ich unterscheide also zwischen *Selbst, Ego* und *Ich*, wobei Sie meine Ausführungen nicht mit Freuds hierarchischem Modell von Es, Ich und Über-Ich verwechseln sollten. Das Modell, das ich Ihnen anbieten will und das die Grundlage für Ihr persönliches Anti-Frust-Programm bilden kann, ist rund, fließend, sich hinterfragend und selbst erneuernd.

Unter *Persönlichkeit,* und jetzt wird es höchste Zeit, daß ich diesen Begriff einmal erkläre, verstehe ich das gesamte bewußte und unbewußte, physische, psychische und seelische Paket eines Menschen, das, wenn es aufgemacht und gelebt wird, die individuellen, persönlichen Fähigkeiten, Talente, Charakterzüge, Gewohnheiten, (An-)Triebe, Angst, Ärger, Emotionen, Abwehrstrategien, Erziehungsprogramme, Erkenntnis- und Reifegrade zum Vorschein bringt.

»Das Selbst ist nicht nur der Mittelpunkt«, so C. G. Jung, »sondern auch jener Umfang, der Bewußtsein und Unbewußtes einschließt; es ist das Zentrum dieser Totalität, wie das Ich das Bewußtseinszentrum ist.«[25]

Als Mittelpunkt des *Selbst* wird oft ein Ort innerhalb unseres Körpers angegeben, der je nach Kultur, Religion und wissenschaftlicher Disziplin variiert. In der Psychologie wird dieser Punkt irgendwo im Kopf, vorzugsweise hinter den Augen, lokalisiert. Andere geben diesen Punkt im Bauch (»Harakiri« = Tod des Selbst), in der Brust (Herz = Sitz des Selbst) an. Sartre hat sich mit dem *Selbst* (er verwendet den Begriff Ego) als einer Größe »außerhalb, in der Welt«

auseinandergesetzt: »Wir wollen hier zeigen, daß das Ego weder formal noch materiell im Bewußtsein ist; es ist außerhalb, in der Welt; es ist ein Sein der Welt, wie das Ego anderer.«[26] Wenn Sie autogenes Training oder Yoga beherrschen, dann haben Sie Sartres Formulierung vielleicht bereits praktisch nachvollziehen können in einem sogenannten Out-of-body-Erlebnis. Sartres Ansichten lassen sich nach meinem Empfinden auch gut mit dem christlichen Glauben an ein Weiterleben nach dem Tod, der die Trennung von *Ego* und *Selbst* voraussetzt, verknüpfen.

Unabhängig davon, wo das *Selbst* angesiedelt wird, viele Denk- und Glaubensmodelle stimmen darin überein, daß bei seinem Verlust oder seinem Nichtvorhandensein Tod und Verfall eintreten. Das *Selbst* füllt unsere Existenz mit Leben und belebt alle Aspekte unserer bewußten und unbewußten Persönlichkeit, nebst unserem Körper, durch welchen wir unser *Selbst* am deutlichsten und sichtbarsten wahrnehmen können.

Für mich ist das *Selbst* die denk-, erfahr- und erfühlbare Ganzheit unserer bewußten und unbewußten Persönlichkeit, das höher steht als alle anderen Bereiche oder Aspekte unserer Persönlichkeit. Im *Selbst* läßt sich nicht nur unser Körper, unsere Psyche, sondern auch unsere Seele ganz erfahren. Letztere besonders dann, wenn ein unumstößlicher Glaube (eine überragende Vision zum Beispiel) an die Existenz und an die Unvernichtbarkeit der Seele vorhanden ist. »Nur allmählich kam ich darauf, was das Mandala eigentlich ist: Gestaltung – Umgestaltung, des ewigen Sinnes ewige Unterhaltung. Und das ist das Selbst, die Ganzheit der Persönlichkeit, die, wenn alles gutsteht, harmonisch ist, die aber keine Selbsttäuschung erträgt.«[27]

In unserem Persönlichkeitsmodell wohnt das *Selbst* in seiner stärksten Form und mit seiner unerschöpflichen Kraft im Kern. Hier ist es zu Hause, und hier kann es sich frei entfalten. Von hier aus kann es auch in alle Schichten und Schichtungen (vgl. das keramische Objekt auf Seite 85) unserer Persönlichkeit ausstrahlen und in ihnen wirken. Wenn das *Selbst* im Kern strahlt, dann sehe ich es in den Farben Gelb und Weiß. In Farben, die jeden Schmutzfleck, also jede Täuschung, erkennen lassen. Auf diese Art und Weise fördert es die Entwicklung der Persönlichkeit, zu der der Mensch im Laufe seines Lebens heranreifen soll. Ist das *Ego* stärker mit den Eigenschaften der linken Gehirnhälfte verbunden, so sorgt das *Selbst* für den Ausgleich und sorgt dafür, daß sich die Eigenschaften der rechten Gehirnhälfte zum einen entfalten können und daß sich zum anderen die Eigenschaften der linken Gehirnhälfte konstruktiver und positiver ausdrücken können. Das *wahre Selbst* (ein in der Psychologie häufig benutzter Begriff) besitzt Fähigkeiten, wie sie von James F. Masterson sehr treffend beschrieben worden sind:

»Es besitzt die Fähigkeit, die weiten Fächer der Gefühle intensiv zu erleben.
Es verschafft uns die Erfahrung guter und schlechter, angenehmer und unangenehmer Emotionen, vor allen Dingen weicht es ihnen nicht aus und verbarrikadiert sich nicht in ihnen.
Es ist fähig, sich selbst zu bestimmen, d. h. sich seiner Wünsche und Träume, (Lebens-)Ziele und Einzigartigkeit klarzuwerden und diese umzusetzen.
Es achtet sich selbst, weil es weiß, daß Selbstachtung wichtiger ist als die Achtung von anderen. Mit Konflikten und Krisen kann es positiv und kreativ umgehen.
Es kann alte und vertraute Lebensmuster zugunsten von neuen aufgeben. Schmerzliche Gefühle kann es lindern und abschwächen.
Wenn es sich auf eine Sache einläßt, dann mit voller Kraft und Ausdauer.
Es kann sich für ein berufliches und/oder persönliches Ziel einsetzen und daran festhalten, auch wenn ihm Steine in den Weg gelegt werden sollten. Die intime Welt einer engen Beziehung kann es uneingeschränkt und ehrlich zulassen, ohne sich eingeengt und verlassen zu fühlen.
Es kann allein sein, ohne sich einsam zu fühlen.
Es ist fähig, mit seinen Gefühlen alleine zurechtzukommen, wenn es gerade keine wichtige Person in seinem Leben geben sollte.
Es glaubt an sich und an seine Vollkommenheit, die über Zeit und Raum erhalten bleibt, die auch dann erhalten bleibt, wenn der Mensch wächst und sich entwickelt. Am Ende des Lebens steht dann dasselbe *Selbst*, das irgendwann einmal geboren wurde.«

Im uneingeschränkten Wirkenlassen seines *wahren Selbst* erkennt der Mensch, daß er wertvoll ist, zwar nicht immun gegenüber Unglück, schweren Krisen, großen Verlusten, aber fähig, ihnen zu widerstehen und daran zu wachsen.
Das *wahre Selbst* hat die Kraft, krisenfeste und konfliktsichere Menschen aufzubauen und hervorzubringen. Menschen also, die gegenüber Veränderungen aufgeschlossen sind und die in großen Streß- und Frustsituationen sogar aufblühen können, damit sie sie aus vollem Herzen heraus bewältigen.
Das, was Sie aus Ihrem tiefsten Herzen heraus tun, werden Sie inbrünstig lieben, und zwar ein ganzes Leben lang. Mit der Kraft des *wahren Selbst* werden Sie Ihren Frust bewältigen und Ihre Frustrationstoleranz erhöhen können.
Natürlich ist das *Selbst* nicht immun gegenüber Angriffen und Verletzungen, die immer dann besonders tief sitzen, wenn sie unseren Kern treffen, unser sensibles und verwundbares Zentrum. Der Kern ist das Königreich unserer tiefsten und reinsten Empfindungen, und der hier erlittene Schaden hat bei jedem Menschen schwere Folgen. Die einsetzende Frustbewältigung nach einem erlittenen *Selbst-Schaden* wird sich entsprechend lange hinziehen und vom Betroffenen fordern, sich damit tief, ehrlich und ohne Täuschung auseinanderzusetzen.
Alexandra Kalinina, eine aus der Ukraine stammende und derzeit in Wien lebende Malerin, führte eines Morgens (ich saß gerade in der Küche beim Frühstück) ein, meines Erachtens, äußerst aggressives Telefongespräch. Sie beschimpfte die Frau, deren Namen sie mehrfach betonte, am anderen Ende mit unmißverständlichen Worten: Sie solle gefälligst damit aufhören, ihre Kunst schlechtzumachen, von der sie sowieso keine Ahnung hätte. Und überdies wäre es wohl angebrachter, so befand Alexandra, wenn sie sich ab sofort wieder mit ihrem kleinkarierten Plüsch- und Spießerstil beschäftigen würde. (Kalininas Kunst ist wahrhaftig nichts für schlichte Gemüter.)
Nachdem sie ihren Gefühlen Luft gemacht hatte, warf sie den Telefonhörer mit einer Wucht auf die Gabel, daß ich im ersten Moment dachte, das Telefongehäuse wäre in sämtliche Einzelteile zerlegt. Mit hochrotem Kopf (ihr Reptiliengehirn lief also auf Hochtouren) kam

sie in die Küche gestürmt, nahm sich einen Teller und warf ihn, dicht an meinem Kopf vorbei, an die gegenüberliegende Wand, an welcher er zerschmetterte.

»Abreagiert?« fragte ich, und mein Kommentar schien in diesem Fall positiv zu wirken, denn plötzlich fing sie an zu lachen: »Ja!« antwortete sie und setzte sich zu mir. Ich schenkte ihr eine Tasse Kaffee ein, und sie begann, mir ihre Gefühle zu beschreiben.

Während des Telefonats sind wohl Sätze wie dieser gefallen: »Am besten Sie entfernen dieses Farbchaos und hängen die Bilder wieder dort auf, wo auch Sie herkommen.« Kein Wunder, daß Alexandra daraufhin ausrastete. Denn man hatte sie damit an ihrer empfindlichen Stelle getroffen und ihr gesamtes Selbstverständnis in Frage gestellt. Nicht nur, daß ihre Kunst verunglimpft wurde, auch ihre Heimat und Herkunft wurden herabgewürdigt. Alexandra mußte also einen doppelten Selbst-Schaden verkraften und versuchen, diesen irgendwie zu kontrollieren. Ihre Schilderung ließ mich auch den positiven Aspekt eines starken Egos erkennen:

»Weißt du, Ellen, ich muß meine Kunst vor neidischen und eifersüchtigen Menschen schützen, und dazu benutze ich die Macht meiner Worte, damit die Angreifer mit ihren Unverschämtheiten und Demütigungen aufhören.«

Unser Ego ist also auch Schutzpatron des *Selbst*. Alexandra bediente sich ganz bewußt, wie es den Anschein hatte, ihres Aggressionstriebes und schützte damit ihr Innerstes vor weiteren Verletzungen. Einem immer größer werdenden *Selbst-Schaden* hat sie somit vorbeugen können wie auch einer unbeherrschbareren Entgleisung des Reptilhirns. Wenn sich Alexandra zukünftig anstelle des Tellerwerfens über irgendwelche Köpfe hinweg einer anderen Alternative bedienen könnte, wie etwa mit ihrem Tennisschläger auf ihr Federbett einzuschlagen und zusätzlich ihren Aggressionstrieb mit einem positiven und konstruktiven Gespräch verbinden könnte, dann wäre ihr eine Konfliktlösung mit einem höheren Zufriedenheitsgrad für alle Beteiligten gelungen. Unter Umständen hätte sie die Frau sogar als Kundin gewinnen können, die sich für sie möglicherweise genauso stark eingesetzt hätte, wie sie sie zuvor abgelehnt hatte.

Erinnern Sie sich an eine Situation in Ihrem Leben, in welcher Sie einen *Selbst-Schaden* erlitten oder anderen einen zugefügt haben? Wie fühlten Sie sich dabei, und wie sind Sie damit umgegangen?

Das Positive am menschlichen Ego ist, daß es den empfindsamen und weichen Kern beschützt, der sich eine gewisse Privatsphäre bewahren muß, um nicht ständig den äußeren Ego-Anfeindungen und Verleumdungen ausgesetzt zu sein. Denn je bewußter wir mit unserem Ego umgehen, desto klarer durchschauen wir seine Tücken und desto besser werden wir seine Reize und seine Verlockungen für uns und unsere Entwicklung zu nutzen wissen. Und wenn es mal wieder anfangen sollte, zu bewerten, zu verurteilen im Sinne von: Das ist gut, das ist schlecht! Das gefällt mir, das gefällt mir nicht! Oder wenn es versuchen sollte, uns seinen Lebensplan aufzudrücken, der sich an Status, Image, Besitz- und Leistungsvermögen orientiert, dann sollten wir vielleicht einmal über seine von mir ausführlich beschriebenen Nebenwirkungen nachdenken, die uns irgendwann den Verlust unseres *wahren Selbst* bescheren werden. In diesem Moment wird die Seele, die in uns lebt, aufhören zu lachen und glücklich zu sein. In diesem Moment wissen wir aber auch, daß Lachen und Glück nicht mit Geld und Besitz zurückzukaufen sind. Ego schafft Antrieb und sorgt dafür, daß wir Dinge tun. Doch wie wir sie tun, das sollten wir mehr unseren Fähigkeiten des wahren Selbst überlassen, das dafür sorgt, daß unsere Triebe nicht mit uns durchgehen.

Welche Erkenntnisse bringt mir das für meine Frustbewältigung?

Ein Frosch sitzt fröhlich und munter in seinem bis zum Rand mit Wasser aufgefüllten Glas, das auf einer Gasherdplatte langsam erwärmt wird. Der Frosch, der diese Veränderung bemerkt, läuft anfänglich im Behälter auf und ab. Er machte jedoch keine Anstalten, aus dem Glas herauszuklettern oder herauszuhüpfen, was mit der Leiter, die sich im Glas befindet, zu bewerkstelligen wäre. Die langsam ansteigenden Temperaturen lassen die Bewegungen des Frosches mehr und mehr erlahmen. Er wird ruhiger, setzt sich irgendwann in eine Ecke und merkt nicht, daß er sich langsam verkochen läßt ...

Der Mensch, so sagt man, ist ein Gewohnheitstier, und mit dieser Anlage wird es ihm nicht leichtgemacht, umzulernen, Neues zu erwerben, sich zu verändern und dabei auch noch sensibel zu bleiben für sich, seine Mitmenschen, seine Wünsche und deren Verwirklichung. Insofern sagt dieses Experiment sehr viel über die menschliche Psyche aus und ihre unbewußte Bereitschaft, sich wie der Frosch »verkochen« zu lassen. Aus dem bisher Beschriebenen konnten Sie erkennen, daß es in Notsituationen (und das sind alle Situationen, in denen Sie sich nicht mehr wohl fühlen) möglich ist, die Leiter zu benutzen, die auch in Ihrem Leben und in der Situation, in der Sie sich befinden, vorhanden ist. Je weiter Sie in Ihrer persönlichen Entwicklung fortgeschritten sind, desto sicht- und greifbarer wird Ihnen dieser Ausweg sein. Es liegt also bei Ihnen, Ihre Situation zu verändern, und es liegt bei Ihnen, zu entscheiden, was Sie wollen. Falls Sie Ihre Leiter nicht finden sollten, dann schauen Sie sich doch einmal um, vielleicht reicht Ihnen gerade ein Mensch in Ihrer Umgebung seine Hand und will Ihnen helfen.

Ein junger Gefangener erzählte mir seine »Leitergeschichte« und wie er sie eigenmächtig und ohne groß darüber nachzudenken benutzte. Eine kesse Art von Selbstbestimmung, die aufgrund des natürlichen Drangs nach Freiheit einen mächtigen Antrieb erfahren hat. Doch urteilen Sie bitte selbst!

Mike, ein junger, kräftiger Mann mit geschickten Händen, bekam im

Knast einen Gärtnerjob angeboten. Eines Tages sollte er die kranken Äste von den Bäumen schneiden, wofür er eine Leiter überreicht bekam. Während seiner Arbeit im Gefängnisgarten und hoch oben auf den Bäumen schoß ihm plötzlich der Gedanke durch den Kopf, unter Zuhilfenahme dieser Leiter statt auf den nächsten Baum lieber über die Mauer, die ihn von seiner Freiheit trennte, zu klettern. Er handelte blitzschnell, und kaum, daß er es sich versah, befand er sich auch schon in der ersehnten Freiheit, die jedoch nicht lange währte. Denn die Justizvollzugsbeamten bemerkten seine Abwesenheit schnell und konnten ihn kurz nach seiner Flucht wieder einfangen.

Diese kleine, unterhaltsame Geschichte erzähle ich, weil Sie Ihnen zeigt, was eine Leiter im übertragenen Sinne alles tun kann. So kann sie Sie nicht nur aus einem unerträglichen Zustand befreien, sondern sie gibt Ihnen auch das gute Gefühl, es wenigstens versucht zu haben, falls Ihre Aktion scheitern sollte. Für mich gehört es mit zu den schlimmsten Dingen, liebe Leser und liebe Leserinnen, mich an leidvolle Zustände in meinem Leben zu gewöhnen. Denn damit gewöhne ich mich an Konflikte und Krisen, ohne aktiv zu werden und ohne zu versuchen, sie zu lösen. Mit diesem Verhalten würde ich mich an ein Leben gewöhnen, in dem ich von Frust dominiert werde und aufgrund dessen ich das Gespür für mein Leben und für das Leben meiner Mitmenschen verlieren werde. Auch ich würde dann langsam, aber sicher zugrunde gehen.

Stellen Sie sich vor, Sie haben sich an Ihren Arbeitsplatz gewöhnt und auch daran, diesen nie zu verlieren. Mit dieser Einstellung gehen Sie täglich zur Arbeit und bauen sich unbemerkt eine Routine auf, von der Sie den Rest Ihres Lebens erwarten, daß sich daran niemals etwas ändert. Irgendwann, als Sie noch jung und dynamisch waren, haben Sie vielleicht gefühlt, daß Ihnen diese Einstellung oder Ihr Programm keine wahre Lebenserfüllung bringen wird. Doch Sie verdrängen diesen Gedanken, weil Sie sich durch ihn und in Ihrem Streben nach Sorglosigkeit und Sicherheit gestört fühlen. Darüber hinaus finden Sie stichhaltige Gründe, mit denen Sie Ihr Leben zu rechtfertigen suchen. In vielen Jahren gewöhnen Sie sich nun immer mehr an Ihre Routine, d. h. an Ihre Umgebung, Ihren Tagesrhythmus, Ihre Beziehungen, Freunde usw. Sie gewöhnen sich so sehr daran, daß Sie davon abhängig werden. In den vielen Jahren haben

Sie sich aber auch daran gewöhnt, sich um nichts weiter zu kümmern wie zum Beispiel um einen neuen Freundeskreis, inspirierende neue Hobbys oder auch darum, sich persönlich besser kennenzulernen. Im Gegenteil, Sie werden immer bequemer, älter und kraftloser und merken gar nicht, daß Sie Ihr Schicksal, Ihre Träume, Ihre Sehnsüchte der Firma, dem Staat oder der Familie überlassen haben und auf diese Institutionen hoffen, falls in Ihrem Leben etwas schiefläuft. Eines Tages geht die Firma, in der Sie arbeiten, tatsächlich bankrott, und Sie landen tatsächlich auf der Straße, aber dann hat der Staat vielleicht auch kein Geld mehr, Sie zu unterstützen.

Was machen Sie jetzt?
Was hätten Sie tun können?

Würde ich der pessimistischen Aussage Freuds Glauben schenken: »Man möchte sagen, die Absicht, daß der Mensch glücklich sei, ist im Plan der Schöpfung nicht enthalten!«[28], dann würde ich jetzt die Arbeit an meinem Buch einstellen. Ich tue es jedoch nicht und bin weiter optimistisch, daß Sie Ihren Weg finden werden, der Sie frustfreier macht und auf dem Sie sich nicht »verkochen« lassen. Um die Gefahren der Gewöhnung auszutricksen, müssen Sie eine Konfliktkultur entwickeln und in Ihr Leben integrieren. Eine Kultur, die es Ihnen ermöglicht, über Ihre derzeitigen Begrenzungen hinwegzusehen und sie realistisch einzuschätzen, damit Sie rechtzeitig vorbeugen können und damit Sie im Notfall die Kraft aufbringen, auszubrechen und weiterzuleben.

Wie würden Sie Ihre bisher entwickelte persönliche Konfliktkultur einschätzen und beschreiben?

Es liegt mir fern, Ihnen Angst einzujagen, aber es liegt mir auch fern, Ihnen etwas vorzumachen, vor allen Dingen Ihnen einzureden, daß sich die gesellschaftlichen und sozialen Veränderungen, in denen wir uns seit Jahren befinden, wieder geben werden und sich die alten Zustände, in denen wir uns wohl gefühlt haben, weil wir wußten, daß wir ausreichend Arbeit haben, genügend Plätze auf den Universitäten vorhanden sind, sicher versorgt sind für das Alter, unsere Kinder im eigenen Lande Arbeit finden, wieder herbeiführen lassen. Wenn Sie aber nach wie vor daran glauben, daß Ihnen Ihre Routine niemals abhanden kommen kann, dann befinden Sie sich bereits in einem fortgeschrittenen Stadium der Gewöhnung, und es wird schwer sein, davon loszukommen. Doch selbst in diesem Stadium gibt es noch viele Gründe, auf die Kehrtwende zu hoffen. Zum einen können Sie sich darauf verlassen, daß Ihr Reptiliengehirn sich eines Tages zu Wort meldet und Sie so gezwungen sind (vgl. das Kapitel »Mit dem Rücken zur Wand lernt man sehr schnell!«), sich umzustellen und neue Wege in Ihrem Leben einzuschlagen. Dann haben Sie die Chance, ganz neue Seiten an sich kennenzulernen und wachsen vielleicht über sich selbst hinaus. Zum anderen gibt es vielleicht in Ihrem Umfeld einen guten Freund/eine gute Freundin, der/die Ihnen fair und freimütig in dieser Situation die Augen öffnet und Sie in Ihrer schweren Zeit nicht allein läßt.

Die Konsequenzen, die sich aus einem fremdbestimmten Leben ergeben, habe ich Ihnen bereits ausführlich geschildert. Ich versuchte, Ihnen Wissen in Form von Erfahrungen und Erlebnissen zu vermitteln, aus denen Sie, und das ist meine große Hoffnung, die eine oder andere Anregung oder Einsicht gewinnen konnten. Was ich aber zum Glück nicht tun kann, ist, Ihnen die Entscheidung abzunehmen, was für ein Leben Sie führen möchten und welches Leben für Sie bestimmt ist. Zwar dürfte Ihnen das letztere ebenso kaum möglich sein, jedoch sind Sie es ganz allein, der/die sich in vielen Lebenssituationen entscheiden und so seinem/ihrem Leben eine Richtung geben kann. Ein klares Ja oder ein klares Nein helfen Ihnen dabei allemal mehr als das unklare »Ich weiß nicht, was ich machen soll« oder »Wenn du meinst, mir soll's recht sein« oder »Du bist schuld«!

Die Frau, die seit über 20 Jahren mit einem verheirateten Mann liiert ist und meint, daß er es ist, der sie um ihr Leben gebracht hat, überläßt dem Mann die ausschließliche Entscheidung und somit auch die Verantwortung, indem sie ihm vorwirft, daß er sich hätte scheiden lassen und mit ihr ein gemeinsames Leben führen können. Dabei übersieht sie, daß a) der Mann mit dieser Frau sein Leben auch so verbracht hat und verbringt, daß b) womöglich zudem eine dritte Person, nämlich die Ehefrau, um ihr Leben gebracht worden ist und daß c) der Mann ihr offen und ehrlich vor 20 Jahren erklärt hat, daß er seine Frau nicht verlassen wird. Ferner übersieht sie, daß nicht nur der Mann seiner Geliebten das Leben schwermacht. Es ist vor allem die Frau selbst, die sich in erster Linie um ihr Leben betrügt und über viele Jahre hinweg ihr *Selbst* täuschte. Sie hat einen Zustand aufrechterhalten, den sie eigentlich nicht mag und aus dem sie sich offensichtlich nicht befreien konnte. Das langsame »Verkochen« ist also vorprogrammiert, sollte sie sich nicht besinnen und doch noch anfangen, über sich und ihre Situation nachzudenken, um ihr weiteres Leben selbstbestimmter und damit glücklicher zu gestalten. Um diesen Prozeß einzuleiten, wird sie eine klare Entscheidung treffen müssen, damit sie mit ihrem Partner über ihre Beziehung reden und somit den großen Knall verhindern kann (vgl. das Kapitel Kommunikation«).

Deshalb wiederhole ich meinen Appell: Werden Sie konflikt- und krisensicher, damit Sie dem kleinen wie auch dem großen Frust vorbeugen können!

»Ich habe oft gesehen, daß Menschen neurotisch werden, wenn sie sich mit ungenügenden oder falschen Antworten auf die Fragen des Lebens begnügen. Sie suchen Stellung, Ehe, Reputation, äußeren Erfolg und Geld und bleiben unglücklich und neurotisch, auch wenn sie erlangt haben, was sie suchten. Solche Menschen stecken meist in einer zu großen geistigen Enge. Ihr Leben hat keinen genügenden Inhalt, keinen Sinn. Wenn sie sich zu einer umfassenden Persönlichkeit entwickeln können, hört meist auch die Neurose auf. Darum war für mich von Anfang an der Entwicklungsgedanke von höchster Bedeutung.«[29]

Ich bin froh, daß sich meine Gedanken mit den Jungschen Beobachtungen, soweit ich diese kenne und verstanden habe, decken, denn so kann ich mich auf ihn und seine Erfahrung berufen. Aus meinen und seinen Beobachtungen ziehe ich jetzt den Schluß, daß, wenn Sie sich persönlich weiterentwickeln würden, Sie auch die richtigen Antworten auf Ihre Fragen bekämen und Sie gemäß Ihrem Potential leben würden und so ein glückliches Leben führen könnten.

Natürlich müssen wir auch immer damit rechnen, daß das Leben uns entwickelt, d. h. uns mit unvorhergesehenen Situationen oder Schicksalsschlägen konfrontiert. Dagegen können wir wenig ausrichten. Trotzdem, es liegt in unserer Hand, wie wir damit umgehen und was wir trotz Schicksalsschlägen aus unserem Leben machen.

Sich fortwährend fremdbestimmen zu lassen, sich von den Ängsten terrorisieren zu lassen und aus Ärger primitivste Abwehrmechanismen anzuwenden, das kann man wohl kaum als fruchtbare persönliche Entwicklung bezeichnen. Mit dieser Lebensführung werden Sie übermäßig Ihre Bodyguards in Anspruch nehmen, Ihrem Ego ein wahres Empire errichten und Ihre Ängste weder beherrschen noch annehmen lernen.

Das Erfahren-Wollen und das Leben-Wollen Ihrer ganzen Person, die sich nach innen maximal kennt und nach außen optimal lebt, ist ein erster großer Schritt für die Frustbewältigung. Auf diesem Wege werden Sie ein *Ich* erwerben, das sich flexibel und angstfrei auf neue Situationen einzustellen vermag und das die Ehrlichkeit und den Mut aufbringt, zum wahren *Selbst* zu werden. Sie werden aufhören, sich selbst und andere zu belügen, und Sie werden selbstbewußter mit Ihren Stärken und Schwächen umgehen. Ihr *Ich* wird sich mehr und mehr mit Ihrem *Selbst* verbinden und im Laufe der Zeit mit ihm verschmelzen, und je früher Sie damit anfangen, desto größer ist Ihre Chance, daß Sie diesen Zustand noch zu Lebzeiten erleben. Das *Ich*, das jetzt zum *Selbst*, und das *Selbst*, das zum *Ich* geworden ist, wird auch sein Potential vollkommen nach außen leben können, und wenn Ihr wirkliches Potential dem Potential einer Schnecke entspricht, dann werden Sie ohne Scham und Reue dieses Potential ehrlich entwickeln und zur Entfaltung bringen. Sie werden auch der Versuchung des Egos widerstehen, das Ihnen einreden will, doch lieber das Potential eines Tigers zu leben, das Ihnen in der äußeren Welt vordergründig mehr Ruhm und Ehre einbringt. Das *Ich/Selbst* lebt die Gesamtheit seines Potentials und im Einklang mit seinen Sein- und Haben-Werten. Es wird von Tag zu Tag glücklicher.

Vielleicht sind Sie der Meinung, daß es unwahrscheinlich ist, in unserem Alltag auf Menschen zu treffen, die einfach das leben, was sie sind, und dennoch mit beiden Beinen auf dem Boden geblieben sind. Ich spreche vor allen Dingen von den Menschen, die sich auf dem Weg ihrer Entwicklung ein umfangreiches Wissen über menschliche Verhaltensweisen aneignen konnten, wie zum Beispiel alle Menschen, die sich mit der eigenen Psyche beschäftigen. Doch gerade bei den sogenannten Menschenkennern gilt es aufzupassen, ob einem der andere wirklich helfen oder ob er einen zu eigennützigen Zwekken benutzen will. Ich kann Sie deshalb nur sehr eindringlich warnen, sich vorschnell aufgrund eines Angst- oder Schwächeanfalls in die Fänge von irgendwelchen dubiosen Vereinigungen zu begeben, denn Sie laufen Gefahr, im höchsten Maße manipuliert zu werden. Es ist deshalb viel besser, wenn Sie sich in Ihrem direkten Umfeld einmal umschauen. Womöglich entdecken Sie einen Menschen, der sich selbst lebt, und können viel von ihm lernen. Denn dieser Mensch wird Ihnen durch seine bloße Anwesenheit und aufgrund seiner Herzenswärme viel Zuversicht schenken können.

Ich hatte das Glück, einen solchen Menschen in meinem direkten Erziehungsumfeld unmittelbar und authentisch erleben zu dürfen. Bei diesem Menschen handelte es sich um meinen Vater, der meines Erachtens dem Bild eines wahrhaftigen Menschen sehr nahe gekommen ist, was mir, wie sollte es auch anders sein, erst nach seinem Tod klar wurde. Und was zeichnete nun diesen Menschen aus? Zum Beispiel, daß er seine Versprechen stets eingehalten hat, in seinen Worten und Taten klar, aufrichtig und sehr humorvoll war. Ich wußte immer, woran ich mit ihm war, auch oft zu meinem Ärger, wenn ich sein Auto zum wiederholten Male nicht bekommen habe. Er war ein Mann, der es verstanden hat, im Hier und Jetzt selbstverantwortlich und selbstbestimmt zu leben, und niemals hatte ich das Gefühl, daß ich ein Defizit oder einen unerfüllten Wunsch seines eigenen Lebens ausgleichen und erfüllen mußte.

Auf unserem *Weg zur Mitte* werden wir lernen, unseren Ärger mehr und mehr zu bestimmen und unsere Ängste mehr und mehr zu verlieren. Wir tragen die Mauer um uns ab und legen die Masken ab. Wir lernen, Rückschläge zu verkraften, werden geduldig, positiv und wach unseren Lebensweg gehen und werden die Kraft haben, die uns durch dunkle Momente unseres Lebens führen kann. Wir werden die für uns richtigen Menschen anziehen und mit ihnen unser Leben teilen können, auch wenn sich die Gesichter der Menschen an unserer Seite von Zeit zu Zeit verändern werden.

Das Entdecken und Fördern der eigenen Persönlichkeit ist neben einem gut funktionierenden Neokortex eine weitere und wichtige Voraussetzung für Ihr Anti-Frust-Programm. Auch diese Erkenntnis ist wichtig für Ihre Frustbewältigung.

Individuation bedeutet nach Jung zum Einzelwesen werden, und, insofern wir unter Individualität unsere innerste, letzte und unvergleichbare Einzigartigkeit verstehen, zum eigenen Selbst werden. Man könnte Individuation darum auch als »Verselbstung« oder als »Selbstverwirklichung« übersetzen.[30] Wenn Sie sich selbst verwirklichen wollen, dann werden Sie versuchen müssen, Ihr Leben ehrlich zu reflektieren. Sie wissen, daß Ihnen weder Alkohol, Tabletten und Drogen noch Lügen, leere Versprechungen, falsche Freunde dabei helfen. Und Sie wissen auch, daß der Individuationsprozeß Opfer und Verzicht fordert. Stuart Wilde, ein Autor und Psycho-Lehrer, den ich sehr schätze, sagt dazu: »Auf der Suche nach einer neuen, höheren Ebene, auf der Sie sich ins Leben einbringen können, können Sie viel Verwirrung und Herzensschmerz erleben.«[31] Auch die Frau, die seit 20 Jahren mit einem verheirateten Mann zusammen ist, erfährt viel Herzensschmerz und Verwirrung, und das wird so lange anhalten, bis sie anfängt, sich eigenverantwortlich mit ihrer Situation auseinanderzusetzen und sich und ihre Motive ernsthaft zu hinterfragen. Sie könnte sich zum Beispiel danach fragen:

Warum bin ich in dieser Situation?
Wer hat mich in diese Situation gebracht?
Was kann ich in dieser Situation lernen?
Warum will ich diesen Mann?
Warum will der Mann mich?

Vielleicht befindet sie sich in der Situation, um gewisse, ihre Lebensenergie einschränkende Erziehungsprogramme zu überdenken und abzulegen. Auch wenn dies nicht der Fall sein sollte, könnte sie sich einmal überlegen, welche moralischen Vorstellungen sie daran hindern, auch so mit diesem Mann glücklich zu sein, und von wem sie diese Vorstellungen übernommen hat bzw. ob sie sich damit einverstanden erklärt? Vielleicht ist sie in ihren Verhaltensweisen mehr von fremden Meinungen geprägt als von ihren eigenen wie zum Beispiel von der: »Um einen Mann zu lieben, muß ich ihn besitzen« oder auch der: »Ich muß den richtigen Mann fürs Leben finden, und wenn ich es nicht tue, dann habe ich versagt.« Welche Meinungen und Vorstellungen ihr Verhalten prägen und sie so hindern, ein glückliches Beziehungsleben zu führen, das kann nur sie selbst beantworten. Sie ist es, die ihre Situation verändern kann, indem sie anfängt, ihren Schmerz, soweit es geht, zuzulassen, und in dieser bewußten Leiderfahrung versucht, zu neuen Überzeugungen zu gelangen, wird sie ihr Leben bestimmen, gleichzeitig Neues zulassen und vom Alten loskommen. Auf diesem Weg der inneren Veränderung wird sie ihre Ängste besiegen lernen und so nach und nach ihre äußere Welt verändern. Womöglich läßt sich ihr heimlicher Partner doch noch scheiden? Oder sie findet durch die neu gewonnenen Einsichten endlich den Richtigen? Oder sie schafft sich selbst einen Liebhaber an? Ängste kann man also anpacken, und mit Ängsten kann man fertig werden. Je früher man damit anfängt, desto schmerzloser wird es sein.

Vanessa, die zweijährige Tochter meiner Nachbarn, besucht mich hin und wieder. Sie liebt es, in meiner Wohnung, die für sie sehr viel Interessantes bietet, auf Entdeckungsreise zu gehen. Neulich stand sie vor meiner Badezimmertür und konnte Emma, eine ziemlich große Kunstpuppe, die ich über der Toilette aufgehängt habe, bestaunen. Sowohl ihre Mutter als auch ich waren überrascht, als wir feststellten, daß die Puppe Vanessa sichtlich Angst einjagte. Dabei zog sie ihre Stirn zusammen, und es bildeten sich in Augenbrauenhöhe kleine Fältchen. Vanessa ging gleichzeitig ein paar Schritte zurück und sagte: »Ich habe Angst!«

Angst in diesem kleinen und hübschen Gesichtchen zu sehen flößte mir Angst ein, und sofort war ich bestrebt, ihr diese Angst wieder zu nehmen. Ich schloß die Badezimmertür, erklärte ihr, daß wir Emma nun in Ruhe lassen, vor der sie übrigens keine Angst zu haben brauche, und lenkte sie mit anderen Spielsachen in meiner Wohnung ab. Erst im nachhinein ging mir auf, daß ich mich in dieser Situation vollkommen danebenbenommen habe. Statt die Tür hinter mir ins Schloß fallen zu lassen, hätte ich mit Vanessa direkt auf die Puppe zugehen oder sie herausholen sollen. Ich hätte Vanessa dazu motivieren können, sie anzufassen und mit ihr zu sprechen, um die Angst in diesem Mädchen für immer fortzujagen. Mit dieser Erkenntnis ergriff ich gleich ein paar Tage später die Chance, meinen Fehler wiedergutzumachen. Ich ging mit ihr ins Badezimmer, habe die Puppe vom Haken genommen und Vanessa mit ihr spielen lassen. Wenn mich Vanessa nun besucht, dann vergißt sie nie, Emma hallo zu sagen.

In den Kapiteln *Kern* und *Selbst* habe ich Ihnen beschrieben, wie unser *Selbst* zwar in alle Ebenen unserer Persönlichkeit hineinwirkt, sich aber am stärksten und direktesten im Kern zum Ausdruck bringt. Zum Mandala unserer Persönlichkeit bemerkte ich, daß, wenn die vier Bereiche Angst, Ärger, Abwehr und Ego mit dem Kern harmonisch zusammenwirken, d. h. sie den guten Einfluß des Kerns nutzen würden, ein *mächtiger Kern* entstehen kann, der das geheime und das bekannte Wissen miteinander vereint und uns bewußter im Umgang mit unserem Leben werden läßt. Dieser Kern ist am aktiven Entstehen von *Ich/Selbst* beteiligt. Weiter bemerkte ich, daß ich den Kern in den Farben Weiß und Gelb sehe und daß diese Farben jedes noch so kleine Schmutztröpfchen ans Tageslicht bringen. Im übertragenen Sinne also alles, was uns unsere dunkelsten Ängste, unser farbenfrohes Ego und eine übermäßig strapazierte Abwehr liefern können. Der Kern verlangt nach Wahrheit, die Schmerzen verursachen, und er schenkt Hoffnung und Liebe, damit Schmerzen vergehen können.

Zu meinen bisherigen Ausführungen möchte ich hinzufügen, daß ein *mächtiger Kern* sowohl die Fähigkeiten unserer linken Gehirnhälfte als auch die Fähigkeiten unserer rechten Gehirnhälfte fördert und konstruktiv bereichert. Dabei wird das von außen nach innen wirkende, also vom Ego zum Kern führende Zusammenspiel mehr die Fähigkeiten der linken Gehirnhälfte nutzen, und das Zusammenspiel von innen nach außen, also vom Kern zum Ego, die Fähigkeiten der rechten Gehirnhälfte (vgl. das Kapitel »Hirndominanzen«). Unsere Persönlichkeitsstruktur bleibt dadurch im Fluß, und wir werden flexibler, offener und zufriedener. Wir erwerben zusätzlich mehr Wissen und mehr Erfahrung und werden die Hintergründe unseres eigenen Lebens besser verstehen und nachvollziehen können. Positive Gefühle und Liebe werden in uns wachsen und das Feindselige und Dunkle in uns ausgleichen. Wir werden eine gute Balance von aggressiver Schlag- und kreativer Friedfertigkeit finden. (Siehe auch Grafik auf S. 103.)

Überlegen Sie sich jetzt einmal, warum Sie zum Beispiel Angst vor dem Älterwerden, vor dem Versagen, vor Einsamkeit, vor Armut haben. Ist es, im Falle des Älterwerdens, die Angst vor Gebrechlichkeit, vor Krankheit, vor Tod? Falls es die Angst vor Ihrem eigenen Tod sein sollte, dann fragen Sie sich einmal, warum das so ist?

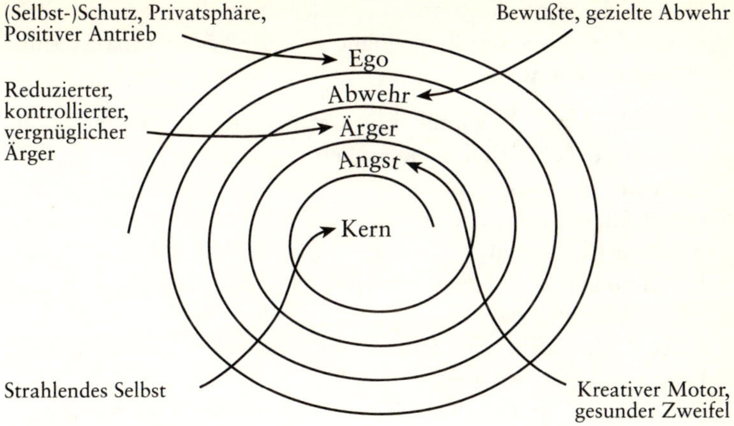

Abb. 7 Mächtiger Kern

Warum verdrängen Sie Ihren Tod und wollen von ihm nichts wissen? Ist es deshalb, weil Sie meinen, daß Ihnen das nie passieren kann? Wenn Sie, entschuldigen Sie meine klaren und direkten Worte, so unbedarft und angstbesetzt mit dem Tod umgehen, dann verwundert es nicht, daß Sie ein von Angst erfülltes Leben führen. Setzen Sie sich deswegen hin und wieder mit Ihrem eigenen Tod auseinander, denn damit stärken Sie Ihren Kern, Ihre positiven Gefühle und gewinnen so Lebensfreude. Fragen Sie sich einmal, wie Sie beerdigt werden wollen. Wen möchten Sie in Ihrer letzten Stunde gerne um sich haben? Wann und wie wollen Sie sterben? Und wenn Sie sich jetzt noch ein wenig weiter mit Ihrem eigenen Tod beschäftigen wollen, dann könnten Sie folgende Übung machen: Stellen Sie sich vor, daß Sie heute noch sterben werden. Der Tod räumt Ihnen noch zwei Lebensstunden ein. Was werden Sie machen? Werden Sie sich vollaufen lassen oder im Auto an den nächsten Baum rasen? Werden Sie ins Freudenhaus gehen oder sich ein stilles Eckchen suchen? Werden Sie über Ihr Leben nachdenken? Wie bereiten Sie sich vor? Für Ihre Überlegungen können Sie folgende Sätze auf sich wirken lassen. Vielleicht wollen Sie die Fragen auch beantworten und Sie schreiben sich ein paar Gedanken auf. Sie können auch eine

E-Mail in die ganze Welt schicken oder Ihrem Partner einen Brief schreiben, der Sie daraufhin möglicherweise besser verstehen und noch mehr lieben wird.

Folgende Dinge, die ich fühlen, anschauen, riechen, hören, berühren konnte, habe ich in meinem Leben geliebt: ....
Diese Ideen schenkten mir Freiheit: ....
Dieser Glaube hat mich stark gemacht: ....
Für diese Überzeugung lebte ich: ....
Für diese Dinge und Personen lebte ich: ....
Diese Einsichten habe ich auf meinem Lebensweg gewonnen: .....
Diese Risiken habe ich auf mich genommen: ....
Diese Leiden habe ich erfahren: ....
Diese Menschen, Ereignisse, Tätigkeiten haben mich und mein Leben beeinflußt: ....
Diesen Gefahren war ich ausgesetzt: ....
Diese Schicksalsschläge haben mich geprägt: ....
Dies sind meine unerfüllten Träume: ....
In meinem Leben habe ich das erreicht: ....
Warum habe ich genug gelernt und kann mich jetzt ohne Bitterkeit verabschieden: ....

Wenn es Ihnen gelingen sollte, auf diese Sätze einigermaßen gehaltvoll binnen zwei Stunden zu antworten, dann gratuliere ich Ihnen, denn Sie sind, was Ihre Empfindungen und Gefühle angeht, ziemlich auf dem laufenden und führen wahrscheinlich obendrein ein ziemlich glückliches Leben, oder?

Wer sich hingegen mit dem Tod, auch mit dem eigenen, nicht auseinandersetzen kann, wird sich auch mit dem eigenen Leben wenig auseinandersetzen. Doch der Tod gehört zu unserem Leben, und ohne ihn gäbe es kein Leben. Leben und Tod sind in ein gesundes Gleichgewicht zu bringen, und wie es in meinem Leben dazu gekommen ist, möchte ich Ihnen kurz erzählen.

Ich hatte das Glück, zusammen mit meinen Großeltern unter einem Dach aufzuwachsen, und ich hatte noch größeres Glück, meinen Großvater, den ich über alles geliebt habe, sterben zu sehen. Damals war ich gerade elf Jahre alt. In dem Dorf, in dem ich aufgewachsen bin, war es damals noch Brauch und Sitte, die Toten zu Hause aufzubahren, und so kam es, daß ich de facto zwei Nächte, lediglich von einer Wand getrennt, an der Seite dieses toten Mannes verbrachte. Das war meine erste intensive Berührung mit dem Tod, die ich sehr natürlich erleben durfte.

Meine Freundin Susanne siechte mit einem Krebsleiden dahin. Ihr letzter, sehnlichster Wunsch war es, nach Bali zu reisen. Ich half ihr, ihren letzten Wunsch zu erfüllen. Dabei habe ich die Erfahrung gemacht, daß wir das Leben bis zur letzten Sekunde ausschöpfen sollen und daß wir Sterbenden Mut machen müssen, sich nicht schon Monate oder Jahre vor Eintritt des Todes für tot zu erklären oder sich für tot erklären zu lassen. Der Respekt vor meinen eigenen Wünschen und den Wünschen anderer ist für mich seit diesem Erlebnis zu einem hohen ethischen Wert geworden, der sich trotz der vielen Vorwürfe, die ich gemacht bekam, in mir festigte. Susanne verbrachte übrigens fünf schmerzfreie und schöne Wochen auf Bali, und als sie kurz nach ihrer Rückkehr in Deutschland starb, waren es die Balibilder, die ihr das Sterben leichter machten.

Das Holzkreuz, das traditionell auf christlichen Gräbern sofort nach der Beerdigung eines Menschen angebracht wird und als Übergangslösung dient, bis der Grabstein angefertigt ist, hat sich am Grab meines Vaters erst vier Wochen nach seiner Beerdigung blicken lassen. In dem Moment, in dem ich das verspätete Kreuz registrierte, weil ich mit meiner Mutter sein Grab besuchte, wußte ich, daß ich dieses Holzkreuz zurückgehen lassen mußte. Das bleiche Gesicht meiner Mutter, die, als sie den Namen meines Vaters las, einen Schock erlitt, bestärkte mich und ließ mich sofort handeln. Ich zog das Kreuz aus dem Boden heraus, trug es unter meinem rechten Arm über den Friedhof und brachte es zurück zum nahe gelegenen Beerdigungsinstitut. Dort erklärte ich mit ruhiger Stimme, daß wir das Holzkreuz nach vier Wochen nicht mehr benötigen würden, da der Grabstein in ein paar Tagen kommen sollte. Ich bat darum, uns die Kosten des Kreuzes zurückzuerstatten. Dabei hatte ich innerlich ein erhebendes Gefühl, weil ich a) wußte, daß mein Vater genauso gehandelt hätte und b) ich ihm zeigen konnte, daß seine Bemühungen, mich zu einem eigenverantwortlichen und selbstbestimmten Menschen zu erziehen, nicht fehlgeschlagen waren. Dieses Erlebnis brachte mir eine weitere Erkenntnis, nämlich die, daß das Geschäft

mit dem Tod und damit eng verbunden das Geschäft mit der Angst vor dem Tod sowie die Geschäftemacherei mit allen unseren Ängsten für manche sehr lukrativ ist.
Der Tod hat sich in mein Leben kontinuierlich eingemischt. Er hat mich gefordert, mich mit ihm auseinanderzusetzen. Und es ist gewiß ein veränderndes Erlebnis, sich mit dem Tod wahrhaftig zu beschäftigen, weil man ihn im eigenen Leben zu spüren bekommen hat, als wenn er einem via Satellit vorgeführt wird, wie es in zahlreichen Filmen der Fall ist. Durch meine vielen Berührungen mit dem Tod war es mir schlichtweg nicht möglich, ihn zu tabuisieren. Heute weiß ich, daß ich auch wegen dieser Erlebnisse eine dem Leben zugewandte positive Grundeinstellung gewinnen und mein Kraft- und Macht-Potential (siehe Seite 109ff.) kennenlernen konnte. Darüber hinaus konnte ich ein bißchen mehr von der Unendlichkeit des Seins und des Universums erfahren, das zwar meine Psyche stärkte, sie jedoch auch komplizierter machte.
Ein *mächtiger Kern* vermag also Ängste aufzuhellen, und weil er sich mit ihnen auseinandersetzt, hat er die Kraft, sie aus unserem Leben zu verjagen. Was kann er aber für unseren Ärger tun? Nun, ich denke, mindestens genausoviel. Denn indem er uns den Weg zeigt, mit unseren Ängsten umzugehen, werden wir automatisch gelassener, großzügiger, ideenreicher, und vor allen Dingen lachen wir mehr, selbst in Situationen, die normalerweise unseren Adrenalinspiegel nach oben treiben und unser Reptiliengehirn in Aktion bringen. Ein spontaner, unangebrachter Impuls wird unter seinem Einfluß sanfter und für alle Beteiligten gewinnbringender sein, so wie es bei mir und meiner »Kreuzsituation« der Fall gewesen ist, in der ich mir und allen anderen die Konsequenzen einer unüberlegten »Kreuzschlacht« erspart habe. Man stelle sich nur vor, was passiert wäre, wenn ich dem Angestellten des Beerdigungsinstitutes das Kreuz über den Kopf geschlagen hätte?
Der *mächtige Kern* wird darüber hinaus unser Abwehrverhalten günstig beeinflussen, weil er uns bewußter und klarer unsere Grenzen ziehen läßt. Die Grauzonen und Nebelschleier in unserem Leben werden sich auflösen. Wir werden lernen, wie wir sie weiter zu verhindern wissen, worüber ich im Kapitel »Kommunikation« noch mehr berichten werde. Schließlich wird er die positiven Eigenschaf-

ten unseres Egos unterstützen, das sich wie ein schützender Mantel um unsere Person legen wird und dabei helfen kann, unsere innere, private Welt vor schädlichen äußeren Einflüssen zu bewahren.

Auf den Aufbau des *mächtigen Kerns* sollten wir unsere gesamte Aufmerksamkeit lenken und versuchen, diesen im Laufe unseres Lebens zu entwickeln. Er kann uns glücklicher machen (wobei die Entscheidung, ob Sie glücklicher werden wollen, allein bei Ihnen liegt!), aber auch das Böse auf dieser Welt ausgleichen. C. G. Jung meinte hierzu: »Das Böse ist bestimmende Wirklichkeit geworden. Es kann nicht mehr durch Umbenennung aus der Welt geschafft werden. Wir müssen lernen, damit umzugehen, denn es will mitleben. Wie das ohne größten Schaden möglich sein sollte, ist vorderhand nicht abzusehen. Auf alle Fälle bedürfen wir einer Neuorientierung, d. h. einer Metanoia. Wenn man das Böse berührt, so besteht die dringende Gefahr, daß man ihm verfällt. Man darf also überhaupt nicht mehr verfallen, auch nicht dem Guten.«[32]

Es wird also schwer sein, das Böse und damit die Aggressionen, den Haß, die Zerstörungswut usw. auszuschalten, denn der bloße Versuch, es auszuschalten und auszumerzen, wird es stärken. Der meines Erachtens bessere Weg wäre, das Konstruktive im Bösen zu suchen, damit sich eine impulsive negative Handlung in eine impulsive positive Aktion verwandeln kann. Wenn wir also den Antrieb, den wir aufgrund unserer Ängste und unseres Egos erhalten, in die positive Richtung lenken könnten, dann würde ich eine Balance von Gut und Böse für möglich halten. Konkret würden wir in einer Kampfsituation weniger zum Baseballschläger als zum Pinsel greifen. Wenn wir das Böse einfach eliminieren wollen, dann laufen wir zusätzlich Gefahr, das Gute in uns zu vernichten. Der amerikanische Psychoanalytiker Thomas Moore schreibt dazu, »daß wir uns davor hüten sollen, uns unserer Gewalt insgesamt zu berauben, denn damit würden wir uns gleichzeitig unsere Lebensenergie und unseren persönlichen Ausdruck nehmen. Wir würden unser Gewaltpotential unterdrücken, das uns Kraft geben kann, unser Leben nach unseren Maßstäben zu leben.«[33]

Es kommt also darauf an, das Gute und das Böse in ein ausgewogenes Verhältnis zueinander zu bringen. Wir sollten weder dem Guten noch dem Bösen verfallen, weil die einseitige Betonung des einen wie

des anderen dazu führt, daß wir unser Leben eindimensional führen. Der Prozeß der Selbstverwirklichung aber gleicht einem Drahtseilakt, in dem wir versuchen, die Balance zwischen dem Guten und dem Bösen zu halten. Das schaffen wir aber nur mit Durchhaltevermögen, Standhaftigkeit, Weitsicht und persönlichem Geschick. Und erst auf diesem Weg erkennen und erfahren wir unser persönliches Kraft- und Macht-Potential und verfolgen konsequent den Weg unserer Individuation. Unsere Erwartungen werden sich den realen Verhältnissen unseres Lebens anpassen, damit werden unsere Ängste und unser Ärger abnehmen sowie Freude und Spaß zunehmen.
John C. Eccles formuliert dies vorsichtiger: »Unser Entstehen ist genauso geheimnisumwittert wie unser Vergehen im Tode. Können wir nicht daraus Hoffnung schöpfen, weil unser Unwissen über unsere Entstehung genauso groß ist wie unser Unwissen über unser Schicksal? Kann das Leben nicht als herausforderndes, wundervolles Abenteuer erlebt werden, das eine Bedeutung hat, die noch entdeckt werden muß?«[34]

Kraft- und Macht-Potential

Jeder Mensch hat ein Potential, das ich Kraft- und Macht-Potential (KM-Potential) nenne. Es ist das Potential, das uns die Kraft und die Macht gibt, unseren Weg sowohl zu entdecken als auch zu gehen, und zwar eigenständig im Denken, im Fühlen, im Glauben, im Handeln, kurz, es gibt uns Kraft für unser Leben wie auch für unser Sterben. Mit dem KM-Potential bringen wir unsere Anlagen, unsere Fähigkeiten, unsere Leidenschaften und unser Talent in unser Leben ein. Es gestaltet also unser Leben. Die einen läßt es an der Vergangenheit hängen, die anderen in die Zukunft drängen. Unser KM-Potential bestimmt nicht nur unser Leben, sondern auch das Leben unserer Familien, unserer Nachbarn, unserer Freunde und Bekannten und unserer Kollegen. Es wird Sie vielleicht überraschen, wenn ich Ihnen sage, daß Sie genau dann von Ihrem KM-Potential am stärksten und effektivsten Gebrauch machen, wenn Sie überhaupt nicht merken, daß Sie es gerade tun! In solchen Momenten wirkt in Ihrem KM-Potential Ihr Kern und läßt es sehr wahr und authentisch erscheinen. Ihre Ausstrahlung und Macht auf andere wird dann genährt von der ungeheuren positiven Kraft aus Ihrem Innern. Ihnen ist mit Sicherheit der Begriff Charisma bekannt, und Sie haben sich zu diesem Begriff sicherlich bereits eine Meinung gebildet oder durch andere bilden lassen. Vielleicht haben Sie auch schon mal andere um ihr Charisma, um ihre Ausstrahlung beneidet, weil Sie selbst gern im Besitz dieser Ausstrahlung wären? Nun, das brauchen Sie wirklich nicht, weil jeder Mensch, auch Sie, im Besitz von Charisma ist. Jeder Mensch hat etwas Einzigartiges, das ihn von anderen unterscheidet und das ihn für andere anziehend macht. Das Einzigartige hängt oft mit Ihrer größten Leidenschaft, Ihrem größten Talent zusammen, das es gilt herauszufinden. Und je intensiver Sie Ihre Leidenschaft und Ihr Talent zum Vorschein bringen, desto größer wird Ihre Ausstrahlung und desto besser verstehen Sie es, Ihren Kern zu nähren.

Ich traf vor kurzem einen alten Mann, der mich bat, ihn über die Straße zu begleiten. Er erschien mir sehr gebrechlich und ziemlich

kraftlos. Als wir auf der anderen Seite angekommen waren, habe ich mich noch für ein Weilchen zu ihm gesellt, denn er fing plötzlich an, wie ein Wasserfall zu reden. »Wissen Sie«, so begann er, »ich habe die ganze Welt nur wegen der Steine bereist!« Damit hat er mich neugierig gemacht, und ich wollte mehr darüber wissen. Er begann mit jugendlichem Schwung von seiner großen Leidenschaft zu erzählen, seiner Stein- und Mineraliensammlung, wie er diese Steine gefunden hatte und wie er sie aus allen möglichen Ländern dieser Erde nach Hause transportieren ließ. Plötzlich wirkte er auf mich sehr jung und kräftig. Seine Augen glänzten, und sein Gesicht bekam Farbe (was in diesem Fall einen positiven neuralen Übergriff darstellt). Seine Erzählung faszinierte mich sehr, und so kam es, daß ich wegen seiner unglaublichen Dynamik und Begeisterung meinen geschäftlichen Termin vergaß.
Wenn Sie ihr KM-Potential leidenschaftlich, spontan und ohne Kalkül einsetzen, wird es auf andere eine ungeheure Wirkung haben. Können Sie sich an eine Situation erinnern, in welcher Ihnen erst später klargeworden ist, wie Sie mit Ihrem KM-Potential auf Ihre Umgebung gewirkt und was Sie dadurch im anderen ausgelöst oder gar verändert haben? Falls Sie sich an eine solche Situation erinnern sollten, dann versuchen Sie sie doch einmal zu beschreiben:

Was haben Sie in dieser Situation getan?
Wie haben Sie sich gefühlt?
Was meinen Sie, ist passiert?
Wie ist es passiert?

In meinem Gedächtnis taucht jetzt eine Situation auf, die ich in einem Münchner Squashzentrum erlebt habe. Wie immer ging ich nach dem Squashspielen noch in die Sauna, die an diesem Abend ziemlich voll war. Mit den anderen Saunagästen unterhielt ich mich über dies und jenes, so zum Beispiel auch darüber, daß für mich und meinen Adoniskörper die Breite der Holzliegeflächen wohl kaum ausreicht. Ich informierte gleich meinen Nachbarn, der unter mir lag, und machte ihn auf die Gefahr aufmerksam, daß ich, falls ich versuchen sollte, mich auf diesem engen Platz umzudrehen, vielleicht auf ihn herunterfallen könnte, worauf in der Sauna ein unglaubliches Gelächter einsetzte und auch die anderen anfingen, sich miteinander zu unterhalten. Später im Umkleideraum kam eine junge, hübsche Frau, die auch in der Sauna war, auf mich zu und fragte mich: »Du, sag mal, kommst du aus Belfast?« Diese Art der geographischen Zuweisung überraschte mich, zumal ich mich schon daran gewöhnt habe, in die Schweiz, nach Norwegen oder in die USA gesteckt zu werden. Ich antwortete ihr: »Nein, warum?« »Nun ja, so locker und unkompliziert, wie du auf Menschen zugehst, fällt einfach auf in Deutschland!« Dieses nette Feedback machte mich verlegen, und ich sagte, daß es im Gegensatz dazu recht selten sei, wenn einem jemand in Deutschland ein so nettes Feedback gäbe. Nun wollte ich von ihr wissen, ob sie denn Deutsche sei? Sie lachte und sagte: »Ja!«

In dieser Situation hat das konstruktive Zusammenwirken von zwei KM-Potentialen dazu beigetragen, eine Situation aufzulockern, andere zu unterhalten und sie zu weiteren Gesprächen mit anderen Menschen zu motivieren. Konstruktive Rückmeldungen sind überdies für uns sehr wichtig, damit wir mehr über das große Spektrum unserer persönlichen Eigenschaften und Anlagen in Erfahrung bringen können. Auf unserem *Weg in die Mitte* ist Feedback eine effektive Hilfe und ein wichtiges Kommunikationsinstrument, vorausgesetzt, die Kommunikationspartner verstehen es, mit Feedback richtig umzugehen. Es gibt ein paar Grundregeln, die Sie beachten sollten, wenn Sie Feedback geben und damit anderen helfen wollen. Auch darauf komme ich im Kapitel »Kommunikation« zu sprechen.

Wenden wir unser KM-Potential an, finden wir zu unserem ganz persönlichen Ausdruck und Stil, mit dem wir auf andere (ein-)wirken. Je positiver und konstruktiver wir das tun, desto positiver und konstruktiver reagiert unsere Umwelt. Das Sprichwort »Wie es in den Wald hineinruft, so schallt es heraus« beinhaltet also sehr viel Wahres.

Wenn wir unser KM-Potential ohne die Einwirkung unseres Kerns auf den Ebenen Angst, Ärger, Abwehr und Ego leben, dann werden die triebhaften und problematischen Seiten unserer Persönlichkeit zum Vorschein kommen. Und wenn wir nicht anfangen, über die positiven und negativen Einwirkungen dieser Ebenen auf unser Leben nachzudenken, dann werden wir auf einem ziemlich niedrigen Entwicklungsniveau stehenbleiben, was heißt:

1. Wir benutzen andere Menschen für die Verwirklichung unserer eigenen Bedürfnisse. Die Folgen sind: Aggression, Terror, Horror, Zerstörung und Haß.
2. Andere Menschen werden für das Erreichen der eigenen Ziele und zum eigenen Vorteil überredet und beeinflußt. Macht und Manipulation beherrschen das Kommunikationsverhalten.
3. Andere werden um das beneidet, was sie sind und erreicht haben. Wir verstricken uns zunehmend in Ego-Dramen.

Höhere menschliche Reifegrade werden hingegen erreicht, wenn wir anfangen

4. uns mit unseren Mitmenschen zu messen, mit ihnen zu verhandeln, unsere Stärken und Schwächen mit ihnen offen zu erleben und auszuleben. Potentiale treten in Konkurrenz zueinander, was uns gleichzeitig Gelegenheit gibt, Standfestigkeit und Charakter des anderen zu überprüfen. Dieser Reifegrad schützt uns jedoch noch nicht vor dem Rückfall in alte und primitive Verhaltensmuster.

Je mehr sich unser *Ich/Selbst* entwickelt, desto besser lernen wir, mit uns und anderen behutsam und geduldig umzugehen. Das Interesse an Gewinnen-Gewinnen-Verhaltensweisen nimmt zu, was heißt:

5. Wir setzen unser Potential ein, um andere zu beschützen, um anderen zu helfen und sie zu fördern. Diese Stufe läßt sich im engsten Familienkreis wunderbar erfahren und üben. Vor allem erfährt dieser Reifegrad einen starken Ausdruck in der Mutter-Vater-Kind-Beziehung.
6. In diesem Stadium entwickeln wir wahres Interesse an der Gemeinschaft und der Kooperation mit anderen. Wir unternehmen ernsthafte Anstrengungen, gemeinsame Strategien, Pläne und Konzepte zu erarbeiten und zu verwirklichen. Wir unterstützen konstruktive und ehrliche Kritik. Konflikte und Krisen beinhalten den aufrichtigen Respekt und die Verantwortung für andere Menschen. Partnerschaftliches Miteinander im Rahmen einer eigenverantwortlichen Atmosphäre wird gefördert.

Man ist in hohem Maße bereit, über sich und seine Anlagen nachzudenken.

7. Jetzt beginnen wir, ein tiefes Interesse an der Wahrheit zu entwickeln, und sind bereit, dafür Opfer zu bringen. In diesem Stadium unseres Bewußtseins entwickelt sich der *mächtige Kern*, der uns transformieren kann und in unserem Leben die Balance von Gut und Böse, Sein und Haben, Geben und Nehmen, Nein und Ja, Tag und Nacht schafft. Unseren Mitmenschen begegnen wir liebevoll und positiv. Wir haben aufgehört, andere zu verurteilen und zu bewerten. Wir setzen uns für die höheren Werte in unserem Zusammenleben ein und streben nach Gerechtigkeit, Gleichheit, Freiheit, Liebe.

Wir müssen also lernen, mit unserem KM-Potential behutsam, positiv und konstruktiv umzugehen, damit wir andere Menschen nicht mißbrauchen oder manipulieren. So werden wir einen hohen Reifegrad unserer Persönlichkeit entwickeln und ein konstruktives Konflikt- und Krisenverhalten erwerben können, das uns letztendlich *frei* machen kann, auch frei von unserem Frust.
Wir wissen mittlerweile, wozu das bloße destruktive und triebhafte Ausleben unseres KM-Potentials fähig ist und welche Folgen es hat. Deshalb möchte ich Ihnen jetzt die Geschichte von Marcus erzählen und damit verständlich machen, wie ein Mensch in einen Lust-Trieb-Teufelskreis geraten und wie er aus ihm ausbrechen kann. Dieser junge Mann, den ich während meiner vielen Seminare im Gefängnis kennengelernt habe, überreichte mir eines Tages einen Brief, den er an drogenabhängige und drogengefährdete Schüler und Schülerinnen geschrieben hat. Mit seiner Erlaubnis darf ich diesen Brief hier veröffentlichen:

»Hallo, ich heiße Marcus und habe eine 5jährige Gefängnisstrafe wegen bewaffneten Banküberfalls, Unterschriftenfälschung und Einbruchs zu verbüßen. Ich bin 32 Jahre alt und sitze zum viertenmal im Gefängnis. Einen Großteil meines Lebens verbrachte ich also hinter Gittern und einen anderen großen Teil als Junkie auf der Straße. Es ist eine Laufbahn, auf die ich nicht stolz bin.
Ich bin im Heim aufgewachsen, hatte mit 12 Jahren meinen ersten Vollrausch und habe anschließend angefangen, Drogen zu neh-

men. Meine Freunde nahmen alle Drogen, und ich wollte mit dabeisein. Ich hatte supergeile Stunden mit den Drogen, sie heiterten mich auf, machten mich bärenstark und mutig. Durch sie verlor ich auch meine Schüchternheit. Ich war der glücklichste Mensch der Welt. Doch eines Tages geschah für mich das Unvorhersehbare. Die Drogen heiterten mich nicht mehr auf, sondern brachten mich zum Weinen. Dabei wurde ich schüchterner und trauriger als jemals zuvor. Die Drogen nahmen mir genau das wieder, was ich zunächst von ihnen bekommen hatte. Sie nahmen mir meinen Mut und meine Freude.

Meine Probleme haben mit 9 Jahren angefangen. Damals wurde ich von meinem Onkel mißbraucht. Ich konnte mit keinem Menschen darüber sprechen. Als dann kurz darauf meine Mutter starb, landete ich im Heim. Meinen Vater habe ich nie kennengelernt. Ich glaube, meine ab da beginnende Schwermütigkeit hat mich in große Frustrationen geführt, die ich mit Drogen versuchte zu bewältigen. Doch das wußte ich damals nicht. Ich wußte nur, daß ich mich in einem ziemlich miserablen seelischen Zustand befand, den ich über alles haßte.

Ich nahm zwanzig Jahre lang Drogen, und ich habe alle Tricks mit ihnen versucht, um das maximale Glückserlebnis herauszuholen. Heute weiß ich, wohin Drogen führen: 1. ins Gefängnis, 2. in die Psychiatrie, 3. in den Tod. Alle drei Möglichkeiten habe ich am eigenen Leib erfahren. Mein Leben habe ich schließlich einem guten Ärzteteam zu verdanken, das mich per Schocktherapie wieder ins Leben zurückgeholt hat, mir aber sofort erklärte, daß so etwas kein zweites Mal funktioniert.

Ihr, meine jungen Freunde da draußen, wenn Euch nichts Besseres einfallen sollte, als Drogen zu nehmen, die Gesetze zu brechen und Ihr damit meint, daß das alles ist, was Euch wirklich interessiert, dann tut mir einen Gefallen und sucht die Hilfe eines positiv und konstruktiv eingestellten Menschen. Mit ein paar guten Entscheidungen für Euch selbst könnt Ihr Euer Leben verändern. Aber denkt daran, Ihr seid die einzigen, die Eurem Leben Sinn und Erfüllung geben können. Mit dieser Entscheidung seid Ihr wirklich allein und deshalb erinnert Euch tagtäglich daran, daß Ihr gute und wertvolle Menschen seid.

Ich wäre sehr froh gewesen, wenn mir das ein Mensch einmal gesagt hätte ...«

Mit diesem Beispiel will ich den Drahtseilakt noch einmal verdeutlichen, mit dem wir es auf unserem Weg zur Mitte zu tun haben, der uns oft vor die Wahl stellt, sich für das Gute oder das Böse, zum Beispiel für ein Leben mit oder ohne Drogen, zu entscheiden.
Das destruktive Ausleben seines KM-Potentials brachte Marcus über viele Jahre hinweg in schlimme und lebensgefährliche Situationen. Vielleicht hat er nur überlebt, weil es sein Schicksal so wollte, mögen manche denken, vielleicht ist es ihm aber auch erst aufgrund der vielen Jahre der Ausgrenzung, des Leids und der Schmerzen gelungen, seinen wahren Kern zu finden, der ihm schließlich Kraft und Zuversicht schenkte, sein Leben neu zu entdecken, wodurch er sich so nach und nach aus dem Teufelskreis von Haß und Vernichtung befreien konnte. Wahrscheinlich haben viele verschiedene Faktoren zu seiner Transformation beigetragen, von denen viele im Hintergrund und im stillen wirkten. Seine Kehrtwende und sein Bekenntnis stärkten meinen Glauben an die Kraft unseres Kerns, die uns zum Guten hin verändern kann. Johann Wolfgang Goethe sagte einmal: »Es bildet ein Talent sich in der Stille, sich ein Charakter in dem Strom der Welt.«[35] Seine Worte spenden Trost, vor allen Dingen dann, wenn wir gerade dabeisein sollten, im Strom der Welt geformt zu werden, was nicht jeden Tag gleichermaßen Spaß und Freude bringt.
In vielen Jahren der Zerstörung hat Marcus sein wahres Potential erfahren können. Er mußte in die tiefsten und dunkelsten Schichten seiner Psyche tauchen, um zu lernen, sich selbst, mit all seinen Defiziten, anzunehmen. Auf dieser Reise nach innen hat er erfahren, daß er ein wertvoller Mensch ist, der weiß, daß er viel geben kann, und der weiß, daß er ein liebenswerter Mensch ist, der es wert ist, geliebt zu werden. Er bekennt offen, daß nur eine radikale Kehrtwende ihn weiterleben ließ. Er schreibt weiter, daß er aufgrund seiner tiefen Analyse zu neuer Kraft gekommen ist, einer Kraft, die sich in jeder Zeile seines Briefes ausdrückt. Heute arbeitet Marcus als Drogenberater an einer Schule für Schwererziehbare. Er bringt sein KM-Potential gewinnbringend und konstruktiv für sich und für andere ein.

Auf dem Weg seiner Individuation hat er einen höheren Bewußtseinsgrad erreichen können.
Wenn Sie mich nun fragen sollten, auf welcher Entwicklungsebene ich mich befinde oder wie ich meinen Entwicklungszustand einschätze, dann würde ich sagen, daß sich mein Herz für die Wahrheit und für die Entwicklung meines *mächtigen Kerns* entschieden hat und daß für mich Werte wie Gerechtigkeit, Freiheit, Liebe höher stehen als Besitz und Macht (damit meine ich die manipulative, gierige Macht). Jedoch bin auch ich nicht gänzlich frei von meinem Ego und kann ihm und seinen Wünschen durchaus verfallen. Die Verfolgung meines Weges fällt mir immer dann sehr schwer, wenn ich noch mehr Opfer (materielle und persönliche) erbringen muß, um mein Potential zu leben und um meine Visionen und Träume zu verwirklichen. In solchen Momenten stützen mich meine innere Zuversicht und mein Glaube an das Gelingen meiner Pläne, die mich meinen Weg kraftvoll weitergehen und nachts ruhig schlafen lassen.
Ob sich eine Krise oder ein Konflikt zum Guten oder zum Schlechten wendet, ob wir die Mitte in unserem Leben finden und ob wir unseren einzigartigen Weg bis zum letzten Tag unseres Lebens gehen wollen oder können, entscheiden wir durch unsere *Innere Haltung* und durch das geduldige und furchtlose Streben nach Wahrheit, dem sich Gandhi hingab und durch das er zu tiefen Einsichten und Erkenntnissen gelangte: »Der Pfad der Wahrheit ist schmal und direkt. Es ist, als balanciere man auf Messers Schneide. Ein Akrobat kann mit einiger Konzentration auf seinem Seil tanzen; die auf dem Pfad der Wahrheit erforderliche Konzentration ist aber ungleich größer. Schon die kleinste Unachtsamkeit läßt einen zu Boden fallen: Nur durch unablässiges Bemühen ist Wahrheit zu verwirklichen …«[36]

Innere Haltung

Einmal bin ich in einem Hotel in Los Angeles in eine spannende Situation geraten. Am Morgen meines Abreisetages bat ich einen Hotelangestellten, meine Reisedokumente, mein Flugticket und meine Kreditkarten im Hotelsafe aufzubewahren. Ich wollte die Wertsachen nicht mitschleppen, als ich einen Bekannten besuchen wollte, um mich von ihm zu verabschieden. Mein Flug nach Frankfurt ging erst am späten Abend, so daß mir für diesen Abstecher noch reichlich Zeit blieb. Ich kehrte rechtzeitig, circa drei Stunden vor meinem Abflug, in mein Hotel zurück. Dort bat ich einen Hotelangestellten, der mich stets besonders freundlich anlächelte, mir meine Utensilien zu holen. In der Hotelhalle ging es, wie üblich, drunter und drüber, und so bemerkte ich erst später, als sich der Angestellte bei mir wieder meldete, daß die Zeit meines Abfluges dramatisch näher rückte. Mit hochrotem Kopf und hektischen Bewegungen überschüttete er mich mit den kreativsten Entschuldigungen, die ich jemals in meinem Leben zu hören bekommen habe, und ich sollte auch gleich erfahren, warum. Die Hotelsafetür klemmte, und seine mehrfachen Versuche, den Tresor zu knacken, schlugen fehl. Selbst der herbeigerufene Haustechniker wußte sich keinen Rat mehr. Der Hotelangestellte fragte mich nach meiner Abflugzeit, die mittlerweile in rasanten Schritten näher rückte. Ich blieb ziemlich gelassen, denn die Vorstellung, in dieser außergewöhnlichen Stadt gefangen zu sein, gefiel mir, zugegebenermaßen, recht gut. Er, indessen, wippte unruhig von einem Bein zum anderen, lud mich zwischendurch auf einen kleinen Snack ein und überraschte mich plötzlich mit seiner Mitteilung, daß er nun wisse, was zu tun sei. Kaum hatte er diesen Satz zu Ende gesprochen, rannte er die Hotelhalle hinunter in Richtung Hotelausgang. Nach ein paar Minuten tauchte er in Begleitung eines Cops wieder auf, der, vom Format eines Basketballspielers, mir gleich das Gefühl vermittelte, ab sofort in einem amerikanischen Thriller zu sein. Cool schritt der Polizist breitbeinig den Flur in Richtung Safe entlang. Ich blieb ihm dicht auf den Fersen. Am Tresor angekommen, bat er mich höflich, mich hinter ihm in sicherer Entfernung zu positionieren. Die Spannung stieg. Ruhig zog er seine Pistole aus dem Schaft heraus, richtete den Lauf auf die Tresortür und schoß zweimal mitten ins Schloß. Die Tür sprang augenblicklich auf, der Hotelangestellte holte meine Papiere heraus, übergab sie mir freudestrahlend und meinte, daß er hoffe, mich eines Tages wieder als Gast in diesem Hotel begrüßen zu dürfen. Er chauffierte mich daraufhin mit der hauseigenen Limousine zum Flughafen. Diese kundenfreundliche Haltung war die dramatischste, die ich jemals erfahren habe!

Die *Innere Haltung* des Hotelangestellten, diesen Konflikt im Sinne des Gastes zu lösen, bewirkte, daß ich meinen Flug nicht verpaßte und das Hotel bei nächster Gelegenheit gerne wieder aufsuchen werde. Sein KM-Potential, konkret seine Anlagen für Hilfsbereitschaft, für unkonventionelle Ideen und für die effektive, konstruktive und zügige Umsetzung arbeitete mit dem KM-Potential des Polizisten, der seine aggressive Anlage positiv zu nutzen wußte, gut zusammen.

Unsere *Innere Haltung* ist Ausdruck unserer Lebensfreude, aber auch unseres Lebensfrustes. Sie ist geprägt von unserem persönlichen Reifegrad. Im Idealfall bringt die *Innere Haltung* unser KM-Potential charakterfest, glasklar, konstruktiv und positiv hervor, die sich in unserem Engagement, also in der Art, wie wir unser Leben gestalten, äußert. Eine Firma, die es nicht schafft, die *Innere Haltung* ihrer Mitarbeiter zu fördern und zu motivieren, damit sie die Firmenphilosophie und die Unternehmensziele positiv und klar nach außen vertreten, wird es sehr schwerhaben zu bestehen. Denn nur wer sich bei seiner Arbeit wohl fühlt, wird sich mit den Inhalten seiner Arbeit identifizieren und für das Wohl der Firma eintreten, und der Traum eines jeden Unternehmers, Mitarbeiter vom Schlage dieses Hotelangestellten zu haben, würde dann vielleicht wahr.

Unsere *Innere Haltung* oder unsere innere Einstellung zum Leben korrespondiert mit dem Bild, das wir nach außen vermitteln oder mit dem wie uns andere wahrnehmen. Je positiver sich die *Innere Haltung* dem Leben zuwendet, desto »aufgeräumter«, sprich gelassener, ruhiger, zufriedener, freudiger wirken wir auf unsere äußere Welt. Je größer das innere Durcheinander eines Menschen ist, desto unstimmiger und »unaufgeräumter« ist sein Verhalten nach außen. Kann

man seine *Innere Haltung* nicht zum Positiven hin ändern, wird man in der äußeren Welt zwangsläufig unsicherer und erfolgloser.
Wie entwickelt sich die *Innere Haltung*? Experten sind sich einig, daß das Fundament zu einer positiven Lebenseinstellung in den ersten Lebensjahren gelegt wird und im sogenannten Urvertrauen, das die Basis für Selbstvertrauen und Selbstachtung ist, aufgebaut wird. Das Urvertrauen gedeiht, wenn das Kind geliebt, seine Bedürfnisse respektiert und ihm konstruktive Verhaltensweisen vermittelt werden. Menschen, die dieses Urvertrauen zum Leben gewinnen und aufbauen konnten, sind krisenfester und konfliktsicherer, sie sind dem Leben gegenüber von Grund auf positiv eingestellt und können Rückschläge besser verkraften.
Und wie steht es in Sachen *Innerer Haltung* um Sie?

> Können Sie sich selbst und anderen absolut vertrauen?
> Wenn ja, warum?
> Wenn nein, warum?

Was geschieht mit Menschen, die in ihrer Kindheit unterdrückt, nicht geliebt, geschlagen, mißhandelt, nicht geachtet worden sind? Was geschieht demnach mit Menschen, die in Heimen, auf der Straße, im Ghetto oder in lieblosen Familien, in Familien zum Beispiel, in denen das Haben an erster Stelle steht, aufgewachsen sind? Kann ein Mensch sein Leben überhaupt unter diesen erschwerten Bedingungen konstruktiv führen lernen?
Crystal, ein heute 13jähriges Mädchen, zeigte mir, daß man sein Leben, trotz schlechter Herkunft, kraftvoll leben kann. Ihre Mutter wollte vom Tag ihrer Geburt an nichts mehr von ihr wissen und kümmerte sich somit kaum um ihre Tochter. Die Großmutter erzählte mir, daß sie dieses Desaster nicht länger hätte ertragen können und sich entschlossen hätte, Crystal zu sich zu nehmen. Es sei ihr auch ein Anliegen, daß Crystal eine gute Erziehung bekomme, um so ihre Versäumnisse bei ihren eigenen Kindern wiedergutmachen zu können. Ich habe mich eine Weile um Crystal gekümmert, und so kam es, daß ich über ihr Schicksal mehr erfuhr. Sie ist mehr zufällig als gewollt auf die Welt gekommen und hatte sich dabei noch den denkbar ungünstigsten Augenblick ausgesucht, nämlich gerade den, als ihre Mutter wieder im Begriff war zu heiraten. Jedoch nicht Cry-

stals Vater, sondern einen Afroamerikaner, der selbst zwei Kinder mit in die Ehe brachte und darüber hinaus mit weißen Kids nichts zu tun haben wollte. Der leibliche Vater Crystals war zum Zeitpunkt ihrer Geburt bereits verschollen. Die psychisch angeschlagene Mutter hatte sich den Anordnungen ihres Ehemannes nicht widersetzen können und Crystal mehr oder weniger sich selbst überlassen.
Als ich Crystal kennenlernte, litt sie unter großen Angstzuständen, die sich in Verlassenheitsängsten und in dem Gefühl, auf dieser Welt nicht willkommen zu sein, niederschlugen. Ihre Leistungen in der Schule waren miserabel, und anderen Kindern gegenüber war sie aggressiv und feindselig. Die Großmutter war mit der Erziehung dieses Mädchens, das jede Menge körperliche Kraft hat, hoffnungslos überfordert. Kinderpsychologen und Psychotherapeuten wurden zu Rate gezogen, die die weitere Entwicklung von Crystal in die Hand nahmen. Über viele Monate hinweg versuchten diese, in ihr Lebensfreude zu wecken und ihr Urvertrauen zu stärken. So empfahl eine Kinderpsychologin der Großmutter einmal, auf Crystals Bett ein Zelt aufzuschlagen, worunter sie schlafen sollte. »Unter diesem Dach«, so die Großmutter, »sei sie endlich ruhig eingeschlafen und hätte die Nacht über durchschlafen können!«
In Crystals weiterer positiver Entwicklung gibt es noch ein anderes Schlüsselerlebnis. Eines Tages kam sie mit einem großen Poster unter dem Arm nach Hause. Ihre Augen funkelten wie zwei Sterne am Firmament, und in ihrer Begeisterung war sie nicht zu stoppen. Sie tanzte und jubelte den ganzen Tag. In diesem Moment schien sie mir der glücklichste Mensch auf dieser Erde zu sein. Auf dem Poster, das ihr ihre Lehrerin nach der Schule überreichte, stand in großen Druckbuchstaben geschrieben:

»Crystal, ich mag Dich sehr. Du bist schlau und kannst andere Kinder zum Lachen bringen. Deinen witzigen Geschichten höre ich immer gerne zu. Wie kommst Du nur auf all diese Ideen? Großartig! Aber weißt Du, was mir an Dir neulich mal ganz besonders aufgefallen ist?, Daß Du einem blinden Jungen beim Schaukeln geholfen hast. Du warst die einzige, die bemerkt hatte, daß er Hilfe benötigt. In diesem Moment konnte ich sehr viel von Dir lernen!
Deine Lehrerin Catherine«

Crystal und ich bemalten das Poster mit hellen Farben. Ich ließ es am selben Tag noch rahmen. Seither hängt es direkt vor ihrem Bett, d. h. direkt vor ihren Augen in ihrem Zimmer. Crystal sieht sich seither jeden Morgen und jeden Abend bestätigt. Man konnte ihrem Selbstwertgefühl kaum ein großartigeres Geschenk machen. »Seit diesem Tage ist sie wie verwandelt«, schwärmt ihre Großmutter heute noch. Ihre Leistungen in der Schule wurden besser, und sie gewann eine Menge neuer Freunde. Das Poster liebt sie heiß und innig, und in ihren Briefen an mich vergißt sie nie, es zu erwähnen. Ich weiß nicht mehr, wie viele Male sie mir bis ins kleinste Detail geschildert hat, wie sich der Moment damals in ihrem Leben angefühlt hat, als sie von ihrer Lehrerin das Poster überreicht bekommen hat. Es scheint, als hätte das Poster Crystals Lebenskraft geweckt. Die Lehrerin konnte damals sicherlich die positiven Konsequenzen ihres Verhaltens kaum vorhersehen. Indem sie ganz natürlich von ihrem KM-Potential Gebrauch gemacht hat, das sichtlich andere Menschen positiv bestärken kann, wirkte es aus ihrem ganzen Herzen heraus, und von dort floß ihre größte Kraft direkt in Crystals Herz.

»Es spielt keine Rolle, wie man erzogen wurde«, befindet Don Juan Matus. »Was darüber entscheidet, wie man etwas tut, ist die persönliche Kraft. Ein Mensch ist nur die Summe seiner persönlichen Kraft, und diese Summe entscheidet, wie er lebt und wie er stirbt.« Und er fährt fort: »Persönliche Kraft ist ein Gefühl. So etwas wie Glücklichsein. Oder man kann sie eine Stimmung nennen. Persönliche Kraft ist etwas, das man unabhängig von seiner Herkunft erwirbt!«[37] »Es bildet sich ein Charakter im Strom der Welt«, so lauten Goethes starke und hoffnungsvolle Worte, und mit unserer *persönlichen Kraft*, die in uns von Geburt an vorhanden ist, gestalten wir unser Leben und bewältigen unsere Krisen und Konflikte. *Persönliche Kraft* zeigt sich im Temperament, in der Konstitution, der Veranlagung und im Charakter eines Menschen. Je stärker das Temperament und je größer das Energievolumen eines Menschen ist, desto eher wird er imstande sein, sich den äußeren Einflüssen zu entziehen. Je geringer seine Energie ist, desto eher wird er äußere Bedingungen, auch wenn sie ihm widerstreben sollten, akzeptieren. Wie verschieden die einzelnen Temperamente sind, zeigt sich bereits in frühester Kindheit. Es gibt lebhaftere und ruhigere, schreckhaftere und weniger schreckhafte Kinder. Das eine Kind ermüdet schnell und bevorzugt einen festen Rhythmus. Das andere liebt die Abwechslung, reagiert schnell und braucht wenig Schlaf.

Es ist für jeden Menschen wichtig, seine *persönliche Kraft* richtig einzuschätzen, um unnötige, weil selbstgeschaffene Streß- und Frustsituationen zu vermeiden. Je mehr der Mensch mit seiner *persönlichen Kraft* in Eintracht lebt, desto zufriedener und frustfreier wird er. Er wird sich weder überschätzen noch unterschätzen. Tatsächlich wird man wissen, ob man den Strapazen einer Gletscherbesteigung oder den Strapazen einer Position im Spitzenmanagement gewachsen ist. Wenn man darüber hinaus noch fähig ist, diese Einsicht in die Praxis umzusetzen, wird man sich und anderen sehr viel Kummer, Sorgen und Leid ersparen. Dieses präventive Anti-Frust-Verhalten hat jedoch, wie kann es auch anders sein, eine Schattenseite. Sie setzt ein hochentwickeltes *Ich* voraus, das sich mit dem zufriedengibt, was es kann, und nicht nach dem strebt, was Ansehen und Imagegewinn fördert und es gegebenfalls überfordert.

Ich habe oft erlebt, daß Menschen, von denen wir meinen, daß sie wegen ihrer Herkunft, ihrer sozialen Schicht, ihrer geringen Bildung, ihrer Lebensgeschichte von keinem großen Wert für die Gesellschaft sein können, über eine ungeheure natürliche *persönliche Kraft* verfügen und die diese im Laufe ihres harten Lebens weiter auf- und ausbauen konnten. Ich habe demgegenüber auch Menschen kennengelernt, die es irgendwie geschafft haben, in Positionen mit hohem gesellschaftlichem Ansehen zu kommen, die jedoch, wenn man sie näher kennengelernt hat, innerlich sehr schwach, unsicher und wenig standfest waren. So kann man zu der Schlußfolgerung kommen, daß *persönliche Kraft* nicht automatisch Lebenserfolg bedeutet, mit dem sich allerdings auch das Lebensglück nicht automatisch einstellen wird. Wie Sie sehen, sind die Widersprüche und Diskrepanzen in unserem Leben viel zu kompliziert und zu geheimnisvoll, als daß man sie zu einem Paket zusammenschnüren könnte.

Es ist mir wichtig festzuhalten, daß unsere *persönliche Kraft* entscheidend dazu beitragen kann, wie wir unsere Konflikte und Krisen bewältigen, und wenn wir zusätzlich noch das Glück gehabt haben sollten, eine gute Erziehung und eine gute Ausbildung erhalten zu haben, dann werden wir auch besser verstehen, sie positiv und kreativ zu nutzen. Eigentlich ist es der Augenblick, der zählt, und jeder Augenblick, in dem sich Menschen begegnen, kann dazu beitragen, daß sich das Leben dieser Menschen positiv und konstruktiv weiterentwickelt. Oft ist es ein Wort, eine Geste, ein Blick, ein Lachen oder das Bestätigen eines anderen Menschen, so wie es Crystal erfahren hat. Dadurch bekommen wir alle Kraft, und dadurch stärkt sich unser Glaube an das Gute im Menschen. In solchen Augenblicken können wir *persönliche Kraft* erwerben, die wir Don Juan Matus zufolge *unabhängig von unserer Herkunft* erwerben. Auch deswegen sollten wir aufhören, Begegnungen mit anderen zu werten, zu schablonisieren und zu kritisieren. Damit berauben wir uns unserer eigenen Kraft und benutzen die Kraft anderer.

Erziehungsprogramme

Jeder Mensch, der sich im Laufe seines Lebens in dem für ihn bestimmten Sinne entwickeln möchte und der ebenso andere in ihren Denkweisen und Handlungsformen nicht beschneiden möchte, der also frustfreier und glücklicher werden möchte, muß sich und seine Erziehungsprogramme hinterfragen. Er muß sich fragen, was hat mich in meiner Persönlichkeitsentwicklung gefördert, und was hat mich gehindert, was hat mir mein Leben schwer, und was hat es leicht gemacht? Wenn man sich und seinem Kern näher kommen will, gilt es irgendwann Inventur zu machen und sich zu überlegen: »Das tut mir gut und das nicht«, um anschließend konsequent daran zu arbeiten, festgefahrene Denk- und Verhaltensmuster abzulegen, deren man überdrüssig geworden ist oder die einen einschränken.
Spätestens, die pränatale oder vorgeburtliche Erziehungsphase nicht weiter berücksichtigt, nachdem wir unbeschadet das Licht der Welt erblickt haben, beginnt sie: die *Erziehung* (= Sozialisation), durch die viele ihr ganzes Leben hindurch geprägt sind. Nach unserer Geburt findet sich eine Maschinerie von Personen, Institutionen und Behörden, die uns in ein System drücken. Uns werden eine Menge Regeln, Vorschriften, Gesetze, Ge- und Verbote, Methoden und Pflichten auferlegt, die den Verhaltensrahmen einer Gesellschaft widerspiegeln, damit sich der Mensch für das System, in das er hineingeboren wurde, qualifiziert. Nach dem Motto: »Das tut man, das tut man nicht, und wenn du das nicht tust, dann wirst du schon sehen ...« paßt sich der Mensch je nach Veranlagung widerspruchsvoller oder widerspruchsloser den äußeren Gegebenheiten an, so lange, bis er irgendwann selbst davon überzeugt ist, daß ihm sein System den bestmöglichen Rahmen für seine Verwirklichung liefert. Seine Überzeugungen und Lebensmuster vermittelt er dann brav und konsequent an seine Nachkommen weiter. Das Überleben des Systems ist gesichert, und die Dressur des Menschen geglückt.
Kein anderes Lebewesen erfährt einen ähnlich intensiven Sozialisationsprozeß, und keinem anderen Lebewesen (zumindest ist mir keines bekannt. Falls Sie jedoch eines kennen sollten, dann schreiben

Sie mir bitte, denn das interessiert mich!) wird eine ähnliche Fülle von Wissen, Fertigkeiten, Sprachen, Werten, Einstellungen, Vorurteilen, Gesetzen, Anordnungen vermittelt wie dem Menschen. In diesem Erziehungsprozeß lernen wir, uns richtig zu benehmen, systemerhaltend zu konsumieren und in Konkurrenz zu anderen zu treten.

Mit der Sozialisation, d. h. mit dem Tag der Geburt beginnt aber auch oft ein lebenslanger Kampf um Individualität und Konformität, ein Balanceakt von Selbst- und Fremdbestimmung, Selbst- und Fremdgefühl, Freiheit und Geborgenheit, wodurch sich im Menschen die gegensätzlichsten Gefühle entwickeln können wie Grausamkeit und Zärtlichkeit, Verzweiflung und Lebenslust, Haß und Liebe und viele mehr. Dieses Mißverhältnis in Ausgleich zu bringen ist eine herausfordernde Aufgabe für das Individuum, das sich eigentlich, die einen mehr die anderen weniger hartnäckig, aufsässig und selbstbewußt den äußeren Einflüssen widersetzen möchte. Je mächtiger unser *Kern* wird, desto besser gelingt es uns, diese Balance zu finden und zu halten. Wir werden es dann immer besser verstehen, die Gegensätze in uns zu vereinen. Wir werden eine schöpferische Synthese entwickeln und uns flexibel an neue Lebensbedingungen und Verhältnisse anpassen können.

Bevor ich fortfahre, möchte ich Sie fragen, ob Sie jemanden kennen, von dem Sie den Eindruck haben, daß er oder sie diese schöpferische Synthese in sich entwickelt hat oder im Begriff ist, dieses zu tun? Wenn ja, was zeichnet diesen Menschen aus, und wie alt ist er oder sie?

Je höher ein Gesellschaftssystem entwickelt ist, desto mehr Freiraum bleibt dem einzelnen, sich und seine Individualität zu entwickeln. Auch der Verhandlungs- und Interpretationsspielraum, der sich automatisch aufgrund der Vielfalt und Komplexität von Lebensgesetzen und Vorschriften ergibt und der sich auf das einzelne Individuum sowohl befreiend als auch einengend auswirken kann, ist größer. Wie der einzelne damit umgeht, hängt ebenso von seiner Belastbarkeit wie von seiner persönlichen Entwicklung ab. Wenn er gelernt hat, ehrlich, mutig und mit klarem Kopf zu verhandeln und seine Gefühlswelt in Zaum zu halten, dann wird er in einem hochentwikkelten System seine Individualität besser entfalten können als in einem niedriger entwickelten, weil er in diesem die Möglichkeit bekommt, zu wählen und das auszuwählen, was für ihn wichtig ist. Was jedoch bedeutet, daß sich der/die einzelne auch mehr in die Verantwortung nehmen lassen muß, d. h., er/sie muß mit Verantwortung und Bedacht seine Funktion als Gemeinschafts- und Sozialwesen in einer Gesellschaft wahrnehmen, damit diese sich zum Wohle aller entwickeln kann.

Da ich in Deutschland geboren wurde und bis heute die meiste Zeit in diesem Land verbracht habe, möchte ich Ihnen ein paar meines Erachtens typisch deutsche Erziehungsprogramme aufzählen, die sich zwar überall auf der Welt finden lassen, jedoch in Deutschland (Teile Mitteleuropas miteinbezogen) eine besonders intensive Ausprägung angenommen haben. Da ist zum einen das *Programm der Pünktlichkeit*, wodurch planmäßiges Abfahren und Ankommen aller möglichen öffentlichen Verkehrsmittel gesichert ist. Ein Programm, das einerseits sehr angenehm ist, weil es eine Grundlage der *Programme Ordnung* und *Effizienz* ist, andererseits auch unangenehme Seiten haben kann, wenn die Fixierung auf dieses Programm sich zu sehr ausprägt, sich die Frusterträglichkeitsmarge dadurch senkt und man sich bei jeder noch so kleinen Verspätung aufregt. Dann gibt es auch das *Programm des Sparens*. Die große Masse der Deutschen spart was das Zeug hält, auch wenn einem keine Zeit mehr bleiben sollte, die Ersparnisse wieder unters Volk zu bringen oder wenn man nicht wissen sollte, wer das Erbe hierfür einmal antreten soll. Beim Programm des Sparens scheint sich aber gerade durch die Verschwendungslust oder durch Fehlplanungen und -investitionen einzelner Gesellschaftsgruppen einiges zu ändern. So scheinen Jugendliche weniger dem Sparen als dem Verschwenden zugeneigt. Untersuchungen haben ergeben, daß viele junge Erwachsene bis zu 50 000 DM Schulden haben. Ein anderes typisch deutsches Programm ist das *Programm der Sicherheit*. So haben Untersuchungen gezeigt, daß ca. 70 % aller Schul- und Universitätsabsolventen an einem sicheren Arbeitsplatz, am besten mit Beamtenstatus, interessiert sind (in den USA hingegen wollen sich 70 % selbständig machen). Ein weiteres Indiz hierfür ist, daß der deutsche Versicherungsmarkt weltweit zu den begehrtesten gehört.

Erziehungsprogramme, die zwar Ordnung, Sicherheit und Orientierung ins Leben bringen, können nicht jedem Menschen gleichermaßen zugemutet oder übergestülpt werden. Und um den Balanceakt von optimaler innerer Freiheit und optimaler äußerer Gemeinschaft zu bewältigen, sind wir aufgerufen, auch unsere Erziehungsprogramme zu hinterfragen. Ohne die Analyse der eigenen Gefühlswelt, ohne das Entdecken unseres wahren Potentials, ohne eine klare Entscheidung, ohne konstruktive Unterstützung von anderen, aber auch ohne das Nachdenken darüber, welche Erziehungsprogramme mich einschränken und verhindern, daß ich zum Beispiel als Mutter meine Tochter aufsuche, mit ihr spreche, sie an meiner Traurigkeit teilhaben lasse, wird es sehr schwer, frei zu werden von Sorgen, Problemen und Ballast.

Auf unserem *Weg zur Mitte* werden wir viel über uns und unsere Verhaltensweisen erfahren und ebenso viele neue Einsichten gewinnen. Wir werden verstehen, warum es wichtig ist, die Programme unserer Gesellschaft zu hinterfragen, die sich in unserem Verhalten und in dem unserer Mitmenschen widerspiegeln. Auf dem Weg unserer Persönlichkeitsfindung werden wir irgendwann jene Freiheit erlangen, an welche die Lehren des Don Juan folgende Voraussetzungen knüpft: »Um Freiheit in unserem Handeln zu erreichen, müssen wir die Erwartungen unserer Mitmenschen aushalten. Nur dann ist es gewährleistet, daß wir nicht immer wieder in festgelegte Rollen hineinmanipuliert werden. Die Vorstellungen und Erwartungen unserer Mitmenschen sind von der Anzahl und der Qualität der Informationen abhängig, die sie von uns besitzen. Wir werden somit ›unerreichbar‹, wenn wir diese Informationen auf ein Minimum reduzieren.«[38]

Hans Christian Andersens berühmtes Märchen vom *häßlichen Entlein* vermittelt uns fundamentale Einsichten darüber, wie ein Kind (im Märchen durch das Entlein vertreten) zum Außenseiter wurde und aufgrund seines Andersseins und seiner Unangepaßtheit an gesellschaftliche Vorgaben seinen Lebensweg geht bzw. gehen muß, bis es irgendwann zu sich selbst und seiner wahren Familie findet. Andersen stellt in seinem Märchen gleichzeitig ein wesentliches Erziehungsprogramm in Frage, nämlich, daß die eigene Familie nicht immer die Familie sein muß, zu der man sich geistig und seelisch hingezogen fühlt und die die Anlagen des Kindes selbstlos und wertfrei fördert. So kann es kommen, daß man mitunter seine Familie verlassen muß, um zu seiner wahren Bestimmung und zu seinem wahren Glück zu finden.

Ich selbst konnte bislang ein paar Wahlbrüder, ein paar Wahlschwestern, einige Wahlkinder und ein paar Wahlfamilien finden, obgleich ich niemals aktiv nach ihnen gesucht habe. Dazu gab es auch keinen aktuellen Anlaß, weil ich mich in meiner biologischen Familie sehr wohl gefühlt habe. Dennoch habe ich auf meinen vielen Reisen rund um die Welt einige mir seelenverwandte Menschen finden können, die mir sehr nahestehen und bei denen ich mich sehr wohl fühle.

So habe ich auch die 8jährige Ashmika finden können, die ich während eines Aufenthaltes in Mauritius kennengelernt und in mein Herz geschlossen habe. Ich hatte mir ein Apartment in ihrem elterlichen Haus gemietet. Nach ein paar Tagen beschloß Ashmika, fortan bei mir zu wohnen. Wir verbrachten schöne Stunden miteinander. Ich genoß es in vollen Zügen, in ihrer Gegenwart zu schreiben, währenddessen sie ihre Hausaufgaben machte, meinen Walkman aufsetzte oder mir auf kreolisch etwas vorsang. Ihre Eltern hatten nichts dagegen, daß ihre Tochter viel Zeit bei mir verbrachte. Diese offene Haltung in der Erziehung gefiel mir gut, weil es eine Haltung ist, die das Interesse des anderen in den Mittelpunkt stellt und die die eigenen Besitzansprüche hintanstellen kann. Das Wirken der *rechten Gehirnhälfte*, die in bezug auf Liebe sich am Loslassen und nicht am Festhalten orientiert, kommt dadurch ziemlich stark zum Ausdruck.

Gerade in industriell nicht hochentwickelten Ländern (ich will den Begriff Entwicklungsland vermeiden) begegnete mir vielfach eine *offenere* und *liebevollere* Erziehungshaltung als in hochentwickelten Ländern. Und wenn es oft heißt, daß es die Industrienationen sind, die diesen Ländern etwas beibringen sollten, dann gibt es meines Erachtens genausoviel, was die Industrienationen von den in ihren Augen minderwertigen Nationen lernen können. Was halten Sie von einem Perspektivenwechsel in dieser Angelegenheit? Was wäre, wenn wir anfangen würden, voneinander zu lernen, unabhängig von Status, Macht und Geld, um irgendwann einmal zu einer Gesellschaft zu werden, in die viele sich einbringen können? Meinen Sie, daß dies die Balance von Gut und Böse bringen würde?

Sein Leben für andere Menschen zu öffnen, es mit ihnen zu teilen, auch wenn sie nach herkömmlicher (Ego-)Meinung »nichts mit einem zu tun haben«, schon gar nicht dann, wenn sie einem fremden Land und einer fremden Kultur angehören, ist ein Mittel gegen Frust und für Lebensfreude.
Unser Kern, der sich weder um Status, Kultur, Hautfarbe noch um Religion schert, kann sich bei dieser menschenachtenden und liebenden Haltung ungenierter entfalten und läßt uns etwas von der grenzensprengenden universellen Liebe spüren, die Menschen und Nationen miteinander verbinden kann.

Lachen

Damit wir diese Liebe auch spüren können, stattet unser Kern uns mit einem Lachen aus, das gleich einem Erdbeben Fußböden aufquellen, Wände ins Zittern, Menschen mitreißen und den eigenen Bauch wie einen Luftballon fröhlich umhertanzen lassen kann. Und doch gibt es Gesellschaften, in denen Lachkurse angeboten werden, in denen es Lachsäcke zu kaufen gibt und in denen die Menschen hilflos nach ihrem verlorenen Lachen suchen, weil sie es innerlich schmerzlichst vermissen. Es sind Gesellschaften, die überwiegend daran interessiert sind, zu raffen, zu horten und immer mehr haben zu wollen. Das Lachen scheint ihnen abhanden gekommen zu sein, was wiederum ein eindeutiges Indiz dafür ist, daß sie sehr frustriert sind. Denn Frust bereitet dem Lachen schnell und unkompliziert den Garaus.

> »Das beste Mittel«, so erzählte mir eine Kollegin, »wie ich mit meinen Konflikten und Krisen klarkomme, ist und bleibt mein Humor. Solange ich den habe, bin ich gesund und kann mein Leben mit all seinen Höhen und Tiefen besser bewältigen. Und daß mir mein Humor geblieben ist, habe ich erst neulich mal wieder erfahren können, als ich meine Zahnarztrechnung in Höhe von 8100 DM erhalten habe, die ich auch zur Gänze bezahlen durfte. Zuallererst mußte ich ausgiebig und lange darüber lachen ...«

Die Fähigkeit, mit anderen in einer geselligen Runde zu lachen, ist hoffentlich noch immer normal. Die Fähigkeit, aus vollem Hals zu lachen, ist herzerfrischend, und die Fähigkeit, in schwierigen Situationen zu lächeln und zu lachen, ist Balsam für Leib und Seele und hat die Kraft, Menschen zusammenzuführen.
Am Grab meines Vaters mußte ich plötzlich lachen, als ich mich an eine lustige Begebenheit mit ihm erinnerte. Um die um mich herumstehenden Trauergäste zu beruhigen, habe ich ihnen die Geschichte gleich erzählt: Mein Vater hatte sich als Steinbildhauer die Hüften völlig ruiniert und mußte deshalb mehrere schwere Hüftoperationen über sich ergehen lassen. Während eines Besuches im Krankenhaus

lachte er mich an und sagte: »Weißt du, Ellen, das einzige, was mir wahrscheinlich eines Tages peinlich sein wird, ist der Krach, den die schweren Eisenträger in meinen Hüftpfannen verursachen werden, wenn sie zu Boden fallen.« Ich schaute ihn fragend an, und er erklärte mir: »Nun ja, ich meine, wenn sie im Krematorium zu Boden fallen, denn dann werde ich noch mal ganz schön auffallen, was mir überhaupt nicht recht sein wird!« Mein Vater und ich bogen uns damals vor Lachen, beinahe genauso, wie ich jetzt, an seinem Grab, noch einmal mit ihm lachen konnte.

Gewinnen Sie Ihr Lachen wieder zurück! *Lachen Sie sich Ihren Frust-Topf leer!* Lachen Sie auch dann, wenn andere nichts zu lachen haben, und erst recht, wenn sich andere durch Ihr Lachen gestört fühlen sollten. Wer sein Lachen behalten will, der muß sich damit abfinden, daß er es nicht allen und jederzeit recht machen kann. Wenn Sie ehrlich daran interessiert sind, Ihrem Frust Paroli zu bieten, dann lachen Sie doch einfach einmal, wenn Ihr Auto gerade abgeschleppt werden soll! Lachen Sie auch dann, wenn Sie Ihr Nachbar mit seiner Stereoanlage ärgern will! Lachen Sie, wenn Ihnen im Straßenverkehr ein anderer den Vogel zeigt, und werfen Sie ihm/ihr statt dessen einen Handkuß zu (vorausgesetzt, Sie meinen es ehrlich). Lachen Sie einmal, wenn Ihnen ein anderer gerade den Parkplatz wegschnappt (er/sie war einfach schneller!!!), und lachen Sie auch dann, wenn Fußgänger auf Ihrem Fahrradweg gehen.

Versuchen Sie es einfach einmal, und lachen Sie in einem Konflikt, bevor Sie zur Tat schreiten. Sie werden sehen, daß Sie sich eine Menge Ärger und eine Menge zusätzlichen Frust ersparen. Ein Freund meines Bruders sagte zu mir: »Eigentlich gehe ich nur mit ihm so oft ins Kino, weil ich dann mal wieder zum Lachen komme! Denn dein Bruder schafft es immer wieder, daß sich unter uns die Bänke biegen.« Auch das ist eine Methode, das Lachen wieder zu lernen. Suchen Sie in Ihrem Freundes- und Bekanntenkreis Menschen, mit denen Sie lachen können. Falls Sie schon selbstbewußter sind, dann lachen Sie einfach mal mit den Menschen, die Ihnen auf der Straße begegnen. Wenn Sie es dann irgendwann einmal geschafft haben sollten und Sie während Ihrer Zahnbehandlung lachen können, dann sind Sie auf dem besten Wege, Ihr natürliches Lachen zurückzubekommen. Ihr Kern wird es Ihnen danken.

Anlagen, Talente, Fähigkeiten

Würden Sie nicht lieber selbst und rechtzeitig genug entscheiden wollen, was für Sie richtig ist und was falsch? Würden Sie nicht lieber wissen wollen, was Sie gerne machen und was nicht, was Sie können und was nicht, was Sie letztendlich aufbaut und was nicht? Und würden Sie nicht lieber weniger Frust und mehr Lust am Leben haben wollen? Wenn Sie auf diese Fragen überwiegend mit Ja antworten, dann haben Sie Grund genug, sich mit Ihren Anlagen, Talenten, Fähigkeiten ehrlich auseinanderzusetzen und Sie in Ihr Leben miteinzubringen.

> »Wie viele von Ihnen fühlen sich so, als ob Sie mehr oder weniger Ihre Entwicklung als Mensch abgeschlossen haben und es in Wirklichkeit nicht mehr viel für Sie zu lernen gibt?«[39]

Stuart Wilde stellt diese interessante Frage meist zu Beginn seiner Seminare, worauf etwa ein Drittel der anwesenden Teilnehmer die Hand hebt und meint, daß sie nichts mehr dazuzulernen brauchen und noch weniger können. Ich möchte dem eine weitere Erfahrung meinerseits hinzufügen, und zwar, daß wir mehr dazu tendieren, im Gegensatz zu unserer »Geldentwicklung« unsere Persönlichkeitsentwicklung für weniger wichtig zu halten, was heißt, daß es leichter ist, auf einen Menschen zu treffen, der trotz Sparbergen meint, daß er nicht genügend Geld habe, aber demgegenüber ausreichend Persönlichkeit. Es ist falsch anzunehmen, daß sich persönlicher Erfolg, der manchmal auch mit einem dickeren Bankkonto verbunden sein kann, ohne Persönlichkeitsentwicklung einstellen wird, und es ist ein Trugschluß, wenn Sie meinen, daß Sie sich, ohne sich persönlich weiterzuentwickeln, Ihres Frustes entledigen können. Frust ist nun mal eine Hauptkrankheit unseres Egos sowie unserer unbewältigten Ängste und wird uns so lange zu schaffen machen, bis wir uns auf die Entwicklung unserer Persönlichkeit (zurück-)besinnen.
Wenn Sie (auch) der Meinung sein sollten, daß Sie sich bereits genug entwickelt haben und in Ihrem Leben nichts mehr verändern können oder möchten und überhaupt viel zu alt sind (was manche schon mit

30 Jahren meinen), um noch etwas Neues, auch über sich selbst, hinzuzulernen, dann springen Sie jetzt einmal über Ihren Schatten, und lassen Sie Ihren Gedanken und Gefühlen freien Lauf, wenn Sie sich den folgenden Fragen widmen.

Erinnern Sie sich noch, wer oder was Sie als Kind waren?
Wer war Ihr liebster Spielkamerad/in und warum?
Was war Ihre Lieblingsbeschäftigung?
Welche Erlebnisse, welche Gedanken, welche Gefühle sind in Ihnen wach geblieben?
Was hat Sie am meisten geärgert?
Worüber haben Sie sich am meisten gefreut?
Wer war Ihr Lieblingslehrer und warum?

Die wichtigsten Anlagen, Talente und Fähigkeiten eines Menschen zeigen sich bereits in frühester Kindheit und bilden sich bis zum 25. Lebensjahr voll aus. Wenn Sie also heute immer noch nicht wissen sollten, was Ihr größtes Talent ist und Sie älter als 25 sind, dann können Ihnen Ihre Erinnerungen an Ihre Kindheit und Jugend zumindest in diesem Punkt weiterhelfen.
Ich erinnere mich noch ganz genau an die Tage, als sich in unserem Dorf Missionare niedergelassen haben. Mitten auf dem Dorfplatz schlugen sie ein riesiges Zelt auf und verkündeten einige Wochen lang das Wort Gottes. Ich war damals elf Jahre alt und vollkommen überwältigt von der gütigen und freundlichen Ausstrahlung der Missionsschwestern und -brüder. Ihren Geschichten aus dem fernen Afrika und Asien hörte ich stundenlang zu. Ich aß, ich betete, ich sang mit ihnen, und so wurden in diesen intensiven religiösen Studientagen ein paar Fähigkeiten und Anlagen wachgerüttelt, wie zum Beispiel meine Sehnsucht nach fernen Ländern, mein Glaube an eine höhere Macht, meine Wißbegierde für philosophische Themen.
Es traten Talente und Anlagen in mir zum Vorschein, die, so wie sich später herausstellen sollte, zu zentralen Themen meines Lebens geworden sind. Auch an den Tag, an dem ich mich entscheiden sollte, ob ich nun auf das Gymnasium gehe oder nicht, erinnere ich mich noch ganz genau. Zwei Lehrer saßen mit meinen Eltern im Wohnzimmer, um ihnen noch einmal zu verdeutlichen, daß sie mich doch auf die 15 km entfernte weiterführende Schule schicken sollten.

Mein Vater fragte, ob sie meinen, daß er mich dorthin prügeln soll? Zu dem Zeitpunkt hatte ich mich längst entschieden, nicht zu gehen, denn ich wollte weder meine Freunde aufgeben noch mir den Streß auferlegen, jeden Morgen eine Stunde früher als sonst aufzustehen (das Abitur absolvierte ich dennoch mit 19 Jahren!). Meine Entschluß- und Durchsetzungskraft wurde mir durch dieses Erlebnis mehr als deutlich, aber auch, daß mir Freunde sehr wichtig sind. Meine große Leidenschaft zum geschriebenen Wort entdeckte ich bereits sehr früh, als ich mit bereits sieben Jahren meine Eltern eindringlichst darum bat, mir einen Schreibmaschinenkurs zu bezahlen.

Wir wissen von berühmten Persönlichkeiten, daß sie ihre Talente und Fähigkeiten frühzeitig, als Kind und/oder Jugendliche entdeckt und sich ihnen mit Leib und Seele verschrieben haben. So wissen wir von Albert Einstein, daß er sich bereits als 16jähriger mit ersten Ansätzen zur Relativitätstheorie beschäftigte. Von Jung wissen wir, daß er als junger Bursche in einem Tagtraum das Baseler Münster in sich zusammenstürzen sah, worüber er ziemlich erschrak, weil diese Vision überhaupt nicht in die ihm vermittelte christliche Wertewelt paßte, in der Kirchen als heiliger Ort und als Ort Gottes gelten. Mark Twain entdeckte als 14jähriger Druckerlehrling sein Talent zur Schriftstellerei. Und der Ausnahmebergsteiger Thomas Bubendorfer hat bereits mit zwölf Jahren angefangen, ohne Sicherung zu klettern.

Nicht nur berühmten Menschen ist das Glück beschieden, ihre Talente in frühester Kindheit und Jugend zu entdecken und ihnen nachzugehen. Jeder Mensch ist für sich sein ganz persönliches Genie, weil er über Talente verfügt, die er sehr offen und unkompliziert als Kind erlebt und gelebt hat. Diese Talente sind es, die ihm den einzigartigen Auftritt in seiner Welt ermöglichen werden und die ihm auch den Weg zu einem frustfreien Leben ebnen können. Das Kind in uns zu bewahren heißt, unsere Anlagen und Fähigkeiten zu pflegen und sie unser ganzes Leben lang einfach und natürlich zu leben. Wenn Sie als Kind bereits Ihre Fingergeschicklichkeit entdeckt haben sollten, weil Sie ständig mit dem Basteln von Drachen, Unterseeboten, Flugzeugen usw. beschäftigt waren, und wenn Sie es dann noch verstanden haben, allen Erwartungen zum Trotz, aus Ihrem Talent einen Beruf oder wenigstens ein Hobby zu machen, dann werden Sie daraus sehr viel Kraft und Genugtuung schöpfen und damit Frust abbauen können.

Gerd, ein langjähriger Freund, der sich heute in Berlin als Pyrotechniker einen Namen gemacht hat, entdeckte seine erfinderischen und kreativen Talente recht früh. Mit acht Jahren zog er sich in die Einsamkeit irgendwelcher Höhlen und leerstehender Fabrikhallen zurück, um dort zu tüfteln. Sein Vater, der sich als Mediziner eine eigene Klinik aufgebaut hatte, war an der wilden, künstlerischen Laufbahn seines einzigen Sohnes, der mit fünf Schwestern aufgewachsen ist, überhaupt nicht interessiert. Im Gegenteil, Gerd wurde bereits als 11jähriger mit in den OP geschleppt, um ihm seine zukünftige berufliche Welt näherzubringen. Widerspenstig und eigenwillig, wie er war, schlugen diese massiven Erziehungsversuche jedoch fehl, was seinen Vater veranlaßte, Gerd in ein strenges Internat zu stecken, in dem ihm Zucht und Ordnung beigebracht werden sollten. Die Internatsleitung verwies ihn jedoch nach ein paar Monaten wieder der Schule, nicht besser erging es ihm bei den nächsten. Der mißratene Sohn verbrachte mal hier, mal dort seine Schulzeit. Mit 18 verließ Gerd deshalb sein Elternhaus und begann eine Ausbildung zum Bildhauer. Sein Vater enterbte und verstieß ihn. Gerd feierte einige frühe bildhauerische Erfolge, investierte viel und schuftete Tag und Nacht wie ein Tier. Über Jahre hinweg tüftelte er mehr schlecht als recht in irgendwelchen heruntergekommenen Hinterhofateliers herum. Bis ihm eines Nachts die Erfindung seines Lebens gelang: Crash-Glas, ein Stoff, der zwar wie Glas zerbricht, aber Fleisch nicht schneidet. Ein Stoff, der die Hände eines Schauspielers nicht zerkratzt, erregte in der Theater- und Filmwelt ziemlich schnell Aufsehen. So kam es, daß er es mit 35 Jahren geschafft hatte.

Es ist sehr wichtig, herauszufinden, was Sie als Kind und Jugendlicher begeisterte. Was haben Sie am liebsten gemacht? Wo und mit wem haben Sie sich am wohlsten gefühlt? Denken Sie deswegen jetzt noch einmal über meine einleitenden Fragen an das Kind in Ihnen nach. Falls Sie sich aber beim besten Willen nicht mehr erinnern können, fragen Sie Ihre Eltern, Ihre Geschwister, Ihre Sandkastenkameraden. Läßt sich aber niemand mehr aus Ihrer Kindheit und Jugend finden, dann lesen Sie unbedingt weiter, denn es gibt noch ein paar andere Möglichkeiten, wie Sie Ihre Anlagen und Fähigkeiten in Erfahrung bringen können. Zuvor sollten Sie aber wissen, daß Sie Ihre Anlagen und Fähigkeiten nicht nur im stillen Kämmerlein entdecken und nicht nur auf der Toilette eingeschlossen an ihnen arbeiten und sie aufbauen können. Wenn Sie Ihre Anlagen, Talente und Fähigkeiten entdecken wollen, dann müssen Sie die Begegnung und den gedanklichen Austausch mit anderen Menschen suchen. Nehmen Sie die Augenblicke des Lebens intensiver wahr, und entscheiden Sie sich für die Reise zu Ihrem *Kern*, mutig und kompromißlos.

Etwa die Hälfte unserer persönlichen Eigenschaften bringen wir mit unserem genetischen Plan in die Welt. Die andere Hälfte wird uns anerzogen. Ein Teil unserer Anlagen drückt sich in unserem Temperament und unserer Stimmungslage, also in unserer *persönlichen Kraft* aus. Man unterscheidet dabei zwei Kategorien von Menschen, die introvertierten und extrovertierten Persönlichkeiten, und man spricht von sensiblen und robusteren Gemütern, von kontrollierten und chaotischen, phantasievollen und konservativen Typen. Einen anderen, nicht unwesentlichen Teil unserer Anlagen erwerben wir durch unsere Einstellung zum Leben und unsere Erziehung. Dieses Spektrum umfaßt soziale und intellektuelle Fähigkeiten, Hobbys/Interessen und gewisse Verhaltensmuster. Ein großer Teil unserer Persönlichkeit, Freud schätzte diesen Teil auf ungefähr 90 %, liegt im verborgenen. Dieser unbewußte Teil unserer Persönlichkeit meldet sich in Träumen, Visionen, Intuitionen und in unserem Glauben. Je nach Veranlagung, Tiefe unseres Empfindens und unseres Entwicklungsgrads werden wir davon mehr oder weniger in Erfahrung bringen (wollen) und in unser Bewußtsein heben können.

Gerds Entwicklungsgeschichte gibt viel Aufschluß darüber, wie sich die genetisch vererbten Anlagen, in seinem Fall sein Erfindergeist und sein Eigensinn, durch einen entgegenwirkenden autoritären Erziehungsstil positiv verstärkten. Er konnte sich letztlich dem *Programm* seines Vaters widersetzen und seinen Weg gehen. Es wird hier ziemlich deutlich, daß sich auch eine offensichtlich nicht-fördernde Erziehung durchaus positiv auf die Entwicklung der individuellen Anlagen auswirken und daß *persönliche Kraft* tatsächlich auch unabhängig von Herkunft erworben werden kann. Je autoritärer der

Erziehungsstil des Vaters, desto eigensinniger (wobei sich Eigensinn ohne Motivation und/oder Kraft zum Widerspruch kaum wirklich herausbilden wird) und entschlossener wurde Gerd, der übrigens in seinem Leben sehr früh eine klare und kompromißlose Entscheidung zugunsten seiner Leidenschaften getroffen und somit das Abenteuer seines Lebens furchtlos zugelassen hat. Über viele Jahre hinweg hat er eine stabile *Innere Haltung,* die sich heute in dem Bejahen seiner Welt äußert, aufbauen können.

Ich habe bereits darauf hingewiesen, daß es auch für Menschen, die im Laufe ihrer Erziehung verlernt haben sollten, sich offen und ungehemmt mit der Welt auseinanderzusetzen und die sich nicht mehr an ihre Kindheit und Jugendzeit erinnern können und ihr wahres Talent bis heute noch nicht entdeckt haben, zahlreiche Möglichkeiten gibt, wie sie ihre Anlagen entdecken können. Eine davon ist, die eigenen Erfahrungen, die sie in ihrem Umfeld und in ihrem bisherigen Leben machen konnten, zusammenzutragen, zu ordnen, zu sichten, zu analysieren. Machen Sie also Inventur! Versuchen Sie sich Ihr bisheriges Dasein, soweit es geht, ins Gedächtnis zu rufen. Schauen Sie nach, was Sie möglicherweise unbewußt bereits umgesetzt haben und was Sie noch umsetzen wollen. Dabei ist es wichtig, den nicht-technischen und den nicht-logischen Teil in sich zu erschließen, kurzum die eigenen Gefühle kennenzulernen. Bei Ihrer Analyse können Sie sich verschiedener Methoden und Mittel bedienen. Sie können versuchen, Ihr Erinnerungs- und Reflexionsvermögen, Ihr Gehirnvolumen und Ihre Kreativität autodidaktisch zu schulen und zu trainieren. Für das Selbststudium helfen Ihnen einschlägige Bücher, aber auch Fragen, die Sie an sich und Ihre Gefühlswelt stellen. Sie können an Weiterbildungsmaßnahmen teilnehmen, Seminare, Tagungen, Trainings besuchen. Versuchen Sie dabei, ein ausgewogenes Verhältnis zwischen intellektfördernden und gefühlfördernden Themen herzustellen. In diesen Seminaren werden Sie zum Nachdenken über sich selbst angeregt, Sie bekommen neue Impulse, und vielleicht arbeiten Sie zu Hause weiter daran, entweder allein oder mit Menschen in Ihrem direkten Umfeld, also mit Ihrem Partner/Ihrer Partnerin, Ihrem/Ihrer Geliebten, Familie, Freunden, Nachbarn.

Weitere Möglichkeiten, mehr über sich zu lernen, sind: die Meditation, das Gebet, die Stille, die Natur. Lassen Sie sich einmal durch die

Hobbys und Interessen von anderen inspirieren, vielleicht lernen Sie so eine Ihrer Leidenschaften kennen. Musik ist eine Möglichkeit, das Aktionsfeld zu erweitern. Vielleicht fangen Sie sogar an, zu singen oder ein Musikinstrument zu erlernen. Schauen Sie dem Kunstmaler einmal bei seiner Arbeit zu. Besuchen Sie eine Kunstausstellung, oder fangen Sie selbst an zu malen. Sie können tanzen, joggen, fliegen, vor Ihrem Haus eine Mauer bauen oder hinter Ihrem Haus einen Brunnen graben. Schöpfen Sie aus dem reichhaltigen Angebot unserer Zeit, wenn Sie Ihre Anlagen, Fähigkeiten und Talente entdecken wollen. Achten Sie aber bitte darauf, sich bei all Ihren Anstrengungen sowenig wie möglich manipulieren zu lassen, damit Sie nicht anfangen, die Interessen anderer zu entdecken und diese zu leben. Ihre wirklichen Anlagen werden Sie daran erkennen, daß Sie Ihren Kern vergrößern, dadurch Ihre Ausstrahlung zunimmt und Sie einfach rundrum zufriedener sind mit Ihrem Leben. Sie können eine persönliche Leidenschaft auch ziemlich zufällig und unvermittelt kennenlernen. So wie es dem Vater meiner Patentochter erging. Dieser schenkte ich zu Ostern zwei kleine Häschen. Kurz darauf stellte sich heraus, daß ihr Vater an der Pflege dieser Tiere mehr Spaß und Freude hatte als seine Tochter und sich ihnen darüber hinaus mit einer Leidenschaft widmete, die alles in den Schatten stellte, was ich bislang in Sachen Hasenpflege erlebt habe.

Ferner können Sie sich pädagogischen, psychologischen und philosophischen Studien widmen. Viele meiner Anlagen konnte ich durch meine vielfältigen sozialen Aktivitäten kennenlernen, wodurch sie auch gleichzeitig eine Prüfung erfahren haben. Und jetzt sind wir bei einem Punkt, von dem ich meine, daß er sehr wichtig ist, nämlich, daß man die Anlagen, die man meint zu haben, ab und an auf ihre Echtheit untersucht und überprüft.

Eine weitere Möglichkeit, sich besser kennenzulernen, bietet Ihnen die meines Erachtens sehr interessante Typenlehre des *Enneagramms*. Das Enneagramm reduziert menschliche Verhaltensweisen auf neun verschiedene Charaktere oder Typen. Zum Vergleich: Die Astrologie beschreibt zwölf Menschentypen entsprechend dem Tierkreiszeichen, in dem sich die Sonne bei der Geburt befindet. Das Enneagramm stellt ein Modell dar, das »das Ziel hat, den Überblick über das Reich der menschlichen Seele zu erleichtern ... Es ist eine

sehr alte Landkarte … und mehr als ein unterhaltsames Selbsterfahrungsspiel.«[40] Tagelang kann mich diese Landkarte in Beschlag nehmen, die mir bereits viele neue Perspektiven und Aspekte über meine bewußte und unbewußte Persönlichkeitsstruktur eröffnet hat.
Mehr zu Ihrer Person und über Ihre Persönlichkeit können Sie auch aufgrund von diversen Tests herausfinden. Und hier gleich mein Tip: Lassen Sie irgendeinen Persönlichkeitstest zusätzlich von einem Ihrer besten Freunde/einer Ihrer besten Freundinnen, der/die Sie aufrichtig beschreiben kann, ausfüllen. Auf diesem Wege schlagen Sie gleich zwei Fliegen mit einer Klappe: Sie lernen Ihre Anlagen aus der eigenen und aus der Sicht eines anderen kennen und haben somit die Chance, den unentdeckten Teil in sich zu reduzieren. Hüten Sie sich jedoch vor Tests, die ein negatives Ergebnis über Ihre Person fördern oder automatisch zur Folge haben. Diese Tests sind hochgradig manipulativ und haben nur eines im Sinn: Man will Ihnen angst machen, um Ihnen anschließend den »Angst-weg«-Kurs zu verkaufen. Auf dem riesigen Psychomarkt tummeln sich sehr viele, denen das richtige Maß von Geben und Nehmen abhanden gekommen ist oder die es niemals hatten und mehr daran interessiert sind, Ihre eigenen materiellen Interessen zu verfolgen.
Ein weiteres, sehr effektives Kommunikationsinstrument zum besseren Kennenlernen, vorausgesetzt, man beherrscht die Spielregeln, ist *Feedback*. Durch Rückmeldung lernen wir, wie uns die Mitmenschen sehen und wie wir unsere Mitmenschen wahrnehmen. Feedback dient dazu, die Kommunikation zu verbessern. Durch Feedback erfahren wir, ob die anderen das, was wir ihnen sagen und mitteilen wollten, verstanden haben. Wir erfahren, was dazu geführt hat, daß wir nicht verstanden worden sind, und bekommen mit, an was es gelegen hat. War es ein mißverständliches Wort, ein zackiger Tonfall, ein zweideutiger Augenaufschlag, ein herabgezogener Mundwinkel, eine hochgezogene Augenbraue?
Wenn uns andere sagen, wie und ob sie uns verstanden haben, können wir über uns selbst nachdenken, über unsere Schwächen und Stärken. Am besten ist es, von verschiedenen Personen Feedback zu bekommen, da jede gewissermaßen ein anderes Raster hat, durch das sie uns wahrnimmt. Wenn wir also wirklich daran interessiert sind zu erfahren, wie andere uns sehen, dann sollten wir von mehre-

ren Personen und in verschiedenen Situationen Feedback erhalten und erbitten.

Feedback geben und erhalten ist eine große Kunst. Es wird einem leichter fallen, einem Menschen, den man liebt und schätzt, Feedback zu geben und von ihm zu empfangen, als von einem Menschen, der einen beneidet, einen schlechtmachen oder Schuld zuweisen will. In diesem Fall kann Feedback zu einer einzigen Tragödie werden, in der der Feedback-Geber sich vielleicht wünscht, einen Satz, ein Wort niemals geäußert zu haben.

Falls Sie zu den ungelernten Feedback-Gebern gehören sollten, dann empfehle ich Ihnen mit Menschen anzufangen, die Sie richtig gerne haben. Denn falls ein Mißgeschick, d. h. ein dummes Wort, ein demütigender Satz fallen sollte, dann wird Ihnen der andere schneller verzeihen. Wenn Sie Feedback geben, sollten Sie stets berücksichtigen, daß Sie nicht irgendwann einmal auspacken und Ihren Partner per Rundumschlag zur Schnecke machen, sondern daß Sie ihm rechtzeitig genug und begrenzt auf eine Verhaltensweise Rückmeldung geben. Anstelle zu sagen: »Du bist doch der Letzte« oder »Ich kann dich nicht mehr sehen«, ist es günstiger, dem anderen zu sagen: »Ich mag es nicht, wenn du mich vor deinen Freunden kritisierst, weil du mich damit bloßstellst.«

Wenn Sie Feedback geben wollen, dann sollten Sie zuerst den anderen fragen, ob er überhaupt daran interessiert ist, und Sie sollten niemals versuchen, einem anderen Menschen Ihre Meinung aufzudrängen. Achten Sie auch darauf, den anderen nicht zu verurteilen und ihn nicht in Ihre Werteschablonen hineinzudrücken. Halten Sie sich im weiteren von Interpretationen und Manipulationen fern, und ermutigen Sie zum Beispiel auch Ihren Sohn/Ihre Tochter und alle anderen, die in der Hierarchie unter Ihnen stehen, daß Sie auch an ihrem Feedback interessiert sind.

Einem Freund, der tags zuvor vom Mountainbike gestürzt ist und sich seine gesamte rechte Seite aufgeschürft hat, bin ich mit meinem Feedback zu nahe getreten. Zuvor hatte ich ihn zufällig an seiner geschädigten Schulter berührt, worauf er so laut aufschrie, daß ich selbst erschrak. Ich sagte: »Wetten, daß du beim Sturz nicht so geschrien hast wie gerade eben?« Er giftete zurück: »Du mußt auch noch lernen, für dein Verhalten Verantwortung zu übernehmen!«

Das saß, und weil ich das nicht auf mir sitzenlassen wollte, habe ich ihm am selben Abend ein Fax geschickt. Ich schrieb, daß er mich durch sein Feedback verletzt habe, weil ich mich keineswegs verantwortungslos finde, gleichzeitig habe ich mich jedoch für mein unsensibles Verhalten entschuldigt. Zwei Minuten später schickte er mir seine Fax-Antwort und schilderte mir seine Gefühle. Er erklärte mir, wie meine Abfuhr bei ihm angekommen war, nämlich: »Nun hab dich mal nicht so, denn so schlimm war es auch wieder nicht.« Das hatte ihn ziemlich geärgert, und deswegen schlug er zurück. Unser offenes und gegenseitiges Feedback hat die Luft zwischen uns sehr schnell wieder gereinigt. Er hat mir auf annehmbare Art und Weise geholfen, meine Impulsivität und meine Sensibilität zu reflektieren; ich konnte so meine Anlagen überprüfen und bestätigen.
Ein ziemlich wichtiges Feedback habe ich durch einen meiner Professoren im Anschluß an mein Referat zum Thema Aussöhnung bekommen. Hizkias Assefa, den Sie in den weiteren Kapiteln noch näher kennenlernen werden, bewegte mich nicht nur tief mit seinen Worten, sondern er ließ mich meine Talente zur Schriftstellerei und zum Erzählen wirklich *fühlen*.
Das Referat in einer fremden Sprache werde ich mein Lebtag nicht vergessen. Meine linke Gehirnhälfte hatte sich mit Charts und Grafiken darauf bestens vorbereitet. Ich hatte mir den Ablauf in meinem Kopf haargenau zurechtgelegt. Aber just in dem Moment, als ich vor der Gruppe stand, machte mir meine rechte Gehirnhälfte einen Strich durch die Rechnung. Statt Folien aufzulegen und die vorbereiteten Charts zu kommentieren und zu analysieren, habe ich mich einfach vor die Gruppe gestellt und angefangen zu erzählen. Im Saal wurde es immer stiller. Ich weiß nicht mehr, wie lange ich geredet habe. Ich weiß aber, daß mich meine Worte sehr bewegt haben. Als ich aufhörte zu erzählen, war es mucksmäuschenstill. Irgendwann ergriff Hizkias das Wort, und ich bemerkte, daß ihm Tränen in den Augen standen. Er sagte: »Ich hatte für Minuten das Gefühl, in einer anderen Welt zu sein. Deine Worte klangen so, als hättest du sie aus einem Buch vorgelesen. Du hast nicht einfach über Vergebung gesprochen, sondern du hast sie mich spüren lassen, und obwohl du selbst innerlich sehr bewegt warst, blieb die ganze Zeit ein wunderbares Lächeln in deinem Gesicht.«

Hizkias war und ist einer der bedeutendsten Lehrer in meinem Leben. Ich habe ihn während eines Sommersemesters an einer amerikanischen Universität kennengelernt. Er ist sicherlich maßgeblich an meinem neuen Lebensweg beteiligt. Können Sie sich auch an einen Lehrer oder eine Lehrerin in Ihrem Leben zurückerinnern, der oder die Ihnen geholfen hat, Ihre Anlagen, Talente und Fähigkeiten zu entdecken und zu stärken? Wenn ja, dann versuchen Sie herauszufinden, was er oder sie an Ihnen entdeckte und förderte.

Hirndominanzen

Eine herausragende, integrierende Recherche über die Gesamtheit Ihrer persönlichen Anlagen stellt das *Herrmann Hirn-Dominanz-Instrument (HDI)* dar, das nach seinem Erfinder, dem Physiker und Unternehmensberater Ned Herrmann, benannt ist. Das bildhafte Modell der Hirndominanzen ist in Hunderten von Werkstatt-Erfahrungen und in mehr als einer Million Fragebogen-Auswertungen getestet und überprüft worden. Für mich ist es ein überzeugendes und solides Persönlichkeitsinstrument. Es gibt Aufschluß über die jeweiligen individuellen Anlagen und Fähigkeiten und wie sich diese in der Zusammenarbeit und im Zusammenleben mit anderen auswirken.

Herrmann selbst äußert sich wie folgt dazu: »Meine Hoffnung ist es, daß die Ideen und Konzepte, die ich zusammengestellt habe, für Sie das tun werden, was sie für mich und Tausende andere Menschen getan haben: nämlich Ihnen zu helfen, Ihre eigenen Ziele zu treffen; und daß Sie sich in Ihrem neuen Selbstverständnis einzigartig, normal und zuversichtlich fühlen und damit Ihren Erfolg beim Lernen, der Selbstkompetenz, der Arbeit, der Kommunikation, im Handeln, der Produktivität, dem Führungsstil, der Erfüllung, der Ehe, den familiären Beziehungen und der Kreativität steigern.«[41]

Wenn ich das Herrmannsche Modell den Teilnehmern in meinen Seminaren vorstelle, ist der Run darauf kaum mehr zu stoppen. Alle wollen so schnell wie möglich wissen, wo man diesen Test machen lassen kann und wieviel er kostet. Deshalb möchte ich Sie vorab darauf aufmerksam machen, sich von diesem Test keine Wunder zu erwarten, denn auch HDI erspart Ihnen nicht die ehrliche Auseinandersetzung mit Ihrem Leben. Er bewahrt Sie zudem nicht vor Enttäuschungen, und er wird Sie nicht von heute auf morgen von Ihrem Frust befreien. Außerdem kann er die eingefahrenen und festgefügten Strukturen Ihrer Persönlichkeit, Ihres Lebens und der Gesellschaft nicht schlagartig verändern.

Mit Strukturen meine ich die Hierarchien, Traditionen, Rituale, eingefahrenen Mechanismen und Kriterien, die Sie sich genauso wie eine Gesellschaft zurechtgelegt haben, um sich zu orientieren. Solche Kriterien finden Sie überall, in Ihrer Familie, Ihrem Verein, Ihrer Firma. Sie erleichtern einem das Leben und Entscheidungen, die man zu treffen hat. Oft haben sie aber auch Alibifunktion, d. h., es ist leicht, die eigene Verantwortung auf sie abzuschieben. Stereotype und klischeebehaftete Kriterienkataloge sollten ebenso wie die eigenen Anlagen hin und wieder überprüft werden, insbesondere, wenn sie lediglich die eigenen Vorurteile, das eigene Ego bestärken sowie Schablonendenken und Faulheit fördern. Eine Eins in der Diplomarbeit, das hübsche Foto in der Bewerbungsmappe, ein Semester an der Harvard University usw. sind zwar oft ausreichend für das Zufriedenstellen des eigenen Egos, das sich am gesellschaftlichen Status orientiert. Sie geben jedoch nicht umfassend darüber Auskunft, was ein Mensch wirklich kann.

Die HDI-Selbsteinschätzung (Herrmann vermeidet den Begriff Test, weil HDI eine Verteilung von bevorzugten Denk- und Verhaltensweisen vorsieht, die den Menschen nicht schablonisieren, sondern ihm ein Selbst-Bild vermitteln soll, aufgrund dessen er sein Leben erfolgreicher gestalten kann) motiviert das eigene Nachdenken, das Bewußtwerden von Anlagen. HDI stärkt das Selbstbewußtsein, spornt das *Sich-selbst-Leben* an. Je ehrlicher Sie damit umgehen, desto größer wird Ihr Nutzen sein.

HDI findet großen Zuspruch bei Firmen, die wissen, daß sich immer weniger Menschen in ein autoritär geführtes Unternehmen einbinden und sich vorschreiben lassen, was sie zu tun und was sie zu lassen haben, und die darüber hinaus ihre Mitarbeiter fördern wollen. HDI unterstützt deshalb konstruktiv die firmeneigene Personalarbeit.

Es kann, wie alle potential- und menschenfördernden Strategien und Konzepte, die umfassende Entwicklung einer Person, einer Gruppe und einer Gesellschaft unterstützen. Solcherart regt HDI die Selbstreflexion an. Infolgedessen kann dieser Test einen Beitrag zum Energieaufbau bei Menschen leisten, vor allen Dingen bei jenen, die bewußter leben wollen und anfangen, ihr Lebenssystem mitzugestalten und zu verändern. Für die praktische Umsetzung des hohen Anspruches von *Total Quality* und *Total Profit*, der von Menschen an Menschen sowohl in beruflicher wie auch in persönlicher Hinsicht gestellt wird, wird viel menschliche, positive Energie benötigt, die sich am stärksten und mächtigsten entfalten wird, wenn wir die Entwicklung unserer inneren Qualitäten vorangetrieben und zugelassen haben.

Das Herrmannsche Modell teilt den »Hirnkuchen« in vier Teile auf. Einen linken, einen rechten, einen oberen und einen unteren Teil. Mit dem linken Teil ist die linke Hirnhemisphäre, mit rechts die rechte Hemisphäre, mit oben der zerebrale Bereich (dieser umfaßt alles, was mit der Hauptmasse des Gehirns zusammenhängt), mit unten der limbische Bereich (das Gefühlsareal) gemeint. Das Modell viertelt den »Kuchen« Hirn. So entstehen vier Quadranten (= Teile), die in A-, B-, C- und D-Bereiche eingeteilt und denen bestimmte Eigenschaften und Merkmale zugeordnet werden.

Herrmann hat ein Instrument entwickelt, das die Komplexität unseres Gehirns, das in weiten Teilen unerforscht ist, ziemlich vereinfacht und schematisiert. Sein Modell ist jedoch trotz dieser Vereinfachung anerkannt, was zahlreiche Forschungsergebnisse belegen. Und so sieht sein Modell aus:

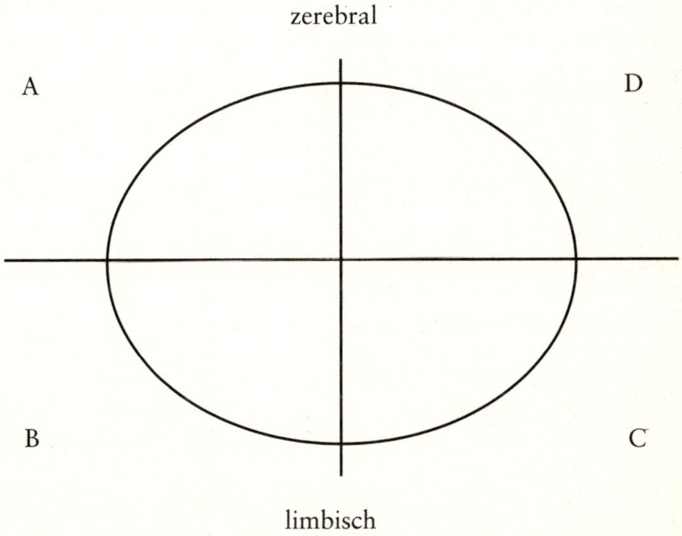

Abb. 8 Das Hirndominanz-Modell nach Herrmann

Den vier Quadranten werden entsprechend den neuesten Ergebnissen der Gehirnforschung folgende Eigenschaften zugeordnet, die wertfrei betrachtet, d. h. nicht in gute oder schlechte Eigenschaften aufgeteilt werden:

A-Teil: analytisch, logisch, mathematisch, rational, kritisch, zählend, faktisch.

B-Teil: konservativ, kontrolliert, sequentiell (ein Schritt nach dem anderen), detailliert, dominierend, verbal (= spricht gern und viel). Leser.

C-Teil: Leser, verbal, intuitiv, symbolisch, spirituell, musikalisch, emotional.

D-Teil: Räumlich, simultan (d. h., man kann gleichzeitig an mehreren Projekten arbeiten), aufbauend, ganzheitlich, intuitiv, künstlerisch, kreativ.

Wenn Sie sich nun darüber Gedanken machen sollten, welchen Beruf Sie aufgrund Ihrer Eigenschaften erlernen sollen, dann könnte Ihnen das Hirndominanz-Modell dabei helfen, denn es ordnet diesen Eigenschaften Fähigkeiten zu, über die Sie und Ihr Arbeitgeber Bescheid wissen sollten, wie zum Beispiel:

A-Teil: technische und finanzielle Aspekte berücksichtigend, Probleme analysieren und Lösungen anbieten können.
Diese Fähigkeiten sind gute Grundlagen für Berufe wie Techniker, Handwerker, Ingenieur, Steuerberater, Rechtsanwalt.

B-Teil: organisieren, planen, Administration, implementieren, d. h. ein Konzept, eine Idee umsetzen können.
Das sind Grundlagen für kaufmännische und handwerkliche Berufe sowie für alle Arten von Beamtenlaufbahnen.

C-Teil: unterrichten, schreiben, Ideen ausdrücken, zwischenmenschliche Aspekte wahrnehmen und berücksichtigen können.
Diese Fähigkeiten sind für soziale und lehrende Berufe wichtig, wie zum Beispiel Lehrer/in, Sozialarbeiter/in, Arzt/Ärztin.

D-Teil: integrieren, konzipieren, kreative und innovative Anlagen.
Das sind Fähigkeiten, die ein Unternehmer genauso braucht wie (Lebens-)Künstler und alle herausragenden Geister wie zum Beispiel Albert Einstein, dessen Hirn-Profil eine starke Ausprägung im A- und D-Teil aufwies.

Der reine A-Teil ist sehr effizient, er erschließt sich neue Ziele, ist flexibel und kopfgesteuert, er strebt aktive Veränderung an. Hier regieren Vernunft und Logik im Hier und Jetzt. Er bietet eine unglaubliche intellektuelle Vielschichtigkeit. Seine Schwäche ist, daß er Gefühle nur schwer gelten lassen kann und sie daher meist übersieht.
Der reine B-Teil, oder auch der Vetter von rein A, setzt auf die Vergangenheit, denn das, was damals funktioniert hat, wird heute wohl auch noch gehen. Er ist an Antworten interessiert; Fragen sollen die anderen stellen. Er kann sich auf eine Sache konzentrieren, ist hartnäckig und beharrlich. Seine Aufgaben bewältigt er linear und leidet darunter, wenn er die Kontrolle und somit seine Sicherheit verlieren könnte. Er bringt Stabilität in die moderne Welt, ordnet Chaos. Er kann jedoch alternative Lösungen übersehen, verliert bei neuen Ideen leicht den Überblick und hält an alten Arbeits- und Denkgewohnheiten fest.
Die Teile A und B gehören der linken Gehirnhälfte an und sind im Wesen eher männlich, deshalb gebrauche ich für diese Teile ausschließlich die männliche Anrede. Die weibliche Anrede werde ich für die Teile C und D benutzen, da sie der rechten und somit der Gehirnhälfte angehören, die eher weibliche Eigenschaften verkörpert. Damit ist aber nicht gemeint, daß die Beschreibungen »männlich« und »weiblich« eins zu eins auf das Bild vom typischen Mann und/oder von der typischen Frau übertragbar sind, d. h., es ist nicht automatisch so, daß Frauen C- und D-Typen, Männer hingegen A- und B-Typen sind. Weibliche und männliche Teile sind vielmehr in jedem Mann und in jeder Frau enthalten. Inwieweit jedoch die gegengeschlechtlichen Anteile in der eigenen Persönlichkeit gelebt werden können, hängt sowohl von dem Entwicklungsgrad des einzelnen ab als auch vom Entwicklungsgrad einer Gesellschaft.
Die Vertreterin von rein C ist äußerst sensibel und empfänglich. Sie

saugt Erfahrungen, Stimmungen, Atmosphären, Haltungen wie ein Schwamm auf. Sie ist daran interessiert, was in Menschen vorgeht, ahnt Geschehnisse im voraus und kann meist beruhigend und vermittelnd reagieren. Sie ist emotional und spirituell gesteuert und weigert sich, sich mit Fakten, Zielen, Zeit und Geld zu befassen. Ihre Gedanken kann sie manchmal nur schwer in Worte fassen. Was Sie übersehen kann, sind Fakten und das Planen und Organisieren von Dingen.

Die Vertreterin von rein D ist die Cousine von rein C. Sie spricht in Bildern. Sie liebt und lebt von der Aufregung neuer Ideen und Konzepte. Ihr gehört die Welt der Visionen und die Welt der Zukunft. Sie betrachtet das Leben als grenzüberschreitendes Abenteuer und ist ausschließlich am Expandieren interessiert. Details und ihre praktische Durchführbarkeit sind ihr zuwider.

Wir haben alle Neigungen, Vorlieben (= Präferenzen), auf die wir hoffentlich dann zurückgreifen (denn: Unsere Talente machen uns stark!), wenn wir vor einem Problem stehen und es zu lösen beabsichtigen, vorausgesetzt, wir sind im vollen Besitz unserer geistigen Kräfte und unser Neokortex ist gerade nicht aufgrund der Aktivitäten unseres Reptiliengehirns psychologisch vernebelt. Ein weiteres, effektives Anti-Frust-Mittel ist es, aus der eigenen Welt heraus Probleme anzupacken.

Die Künstlerin Alexandrova faßte kürzlich ihr liebstes Anti-Frust-Mittel wie folgt zusammen: »Ich bin heute enttäuscht von meinem Leben (sie verdrängt ihren Frust nicht!), und deshalb unternehme ich etwas (sie läßt sich aber auch nicht hängen). Ich gehe einfach raus aus meiner Wohnung und treffe Menschen, mit denen ich sprechen und lachen kann. Es gibt immer jemanden, mit dem man sprechen kann, so wie ich es mit dir gerne tue.« Dem Künstler-Typen werden u. a. die Eigenschaften menschenorientiert, emotional, unternehmerisch, phantasievoll zugeordnet, auf die Ludmilla Alexandrova zurückgegriffen hat. Sie hat ihren Frust somit auf ihre Art bewältigt.

Ich pflege meine Probleme und Konflikte vorzugsweise mit neuen Ideen und kreativen Konzepten für meine Zukunft zu lösen. So habe ich mich dazu entschlossen, die Gründung einer Firma voranzutreiben, die mich und möglicherweise auch andere Menschen aus Abhängigkeitsverhältnissen und Existenzängsten befreien kann. Ich bewältige meine Ängste auch meist damit, daß ich größere Risiken auf mich nehme. Ich verkrieche mich nicht. Wenn mich Frust in einer Partnerbeziehung belästigt oder schmerzt, in die ich, nach meinem subjektiven Empfinden, sehr viel Zeit und Energie gesteckt habe, ich mich womöglich darüber ärgere, daß all meine Briefe nutz- und wertlos waren, dann versuche ich sofort neue Ideen und Konzepte in meinem Leben umzusetzen. So kam mir die Idee, daß ich die von mir im Computer gespeicherten Briefe an einen bestimmten Liebhaber einfach weiterverwende, und beim nächsten Mann nur die Anrede ändere. Dadurch gehen wichtige Informationen, die ein neuer Liebhaber von mir wissen sollte, nicht verloren – und ich erspare mir viel Arbeit. Wissen Sie nun, mit welchem Hirnviertel ich mit Vorliebe meinen Frust abbaue?

Es ist sehr selten, daß es Menschen gibt, die einfach dominant sind, d. h., sie leben ausschließlich die Eigenschaften eines Teils (entweder A, B, C oder D), sich nach diesem Strickmuster ausdrücken, lernen und verstehen. Laut Herrmann machen diese Menschen nur etwa 7 % der Weltbevölkerung aus. Der Rest ist zwei-, drei- und vierfach dominant, wobei allerdings in bestimmten Kulturen, laut Herrmann, manche Neigungen, Vorlieben (= Präferenzen) gesamtgesellschaftlich häufiger auftreten: »In Kalifornien sind mehr C- und D-dominante Menschen, in Ohio mehr A- und B-dominante zu finden. In Deutschland finden wir mehr A- und B-dominante und in Indien mehr C- und D-dominante Personen.«[42] Präferenzen werden demnach aufgrund von Lebensweisen und Einstellungen, die in einer Kultur vorherrschen, mitgeprägt und bestimmen das Klima, das in einer Gesellschaft vorherrscht, und auch die Meinung, die man sich über ein Land, eine Gesellschaft bildet.

Meine zweifache C-D-Dominanz, d. h. meine Vorlieben und Talente lassen sich in den Bereichen C und D finden, eröffnet mir viele Aha-Erlebnisse, und ich kann dadurch auch nachvollziehen, warum ich mich in Kalifornien und seinem Way of Life so wohl fühle, aber auch, was ich an Deutschland, wo ich wohne, schätzengelernt habe. Wenn ich mir nun die Frage stelle, welches der beiden Länder für mich der bessere Ehepartner wäre, dann muß ich abwägen, was für mich und meine Persönlichkeitsentwicklung wohl besser wäre. Vielleicht muß ich auch zugeben, daß mir beide liegen würden, und das

Programm »Für jede Frau nur einen Mann« ablegen. Sie sehen also, es ist gar nicht so einfach, und das Leben macht es einem überhaupt nicht leicht, sich zu entscheiden. Denn sobald ich mich entscheide, kann ich auch Fehler machen und werde dann mit einem anderen Programm konfrontiert, nämlich dem, daß wir keine Fehler zu machen haben, und wenn wir doch einen gemacht haben, dann gilt es, diesen nicht zu wiederholen. Spätestens jetzt zeigt es sich, wie mutig wir sind, auch hinsichtlich unserer Programme, die wir ablegen und uns damit womöglich eine Zeitlang unbeliebt machen.

Grundsätzliche Partnerschaftsfragen jedoch wie »Passen wir zusammen oder nicht?«, »Sind wir ein Traumpaar oder nicht?« würde ich also nicht anhand eines HDI-Profils erörtern und schon gar nicht deuten wollen, genausowenig, wie ich sie von einem astrologischen Partnerschaftsvergleich abhängig machen würde.

Achten Sie im weiteren darauf, daß Sie sich aufgrund Ihres HDI-Ergebnisses auch nicht schablonisieren lassen. Ich als C-D-Dominante sehe mich nämlich durchaus in der Lage, zu organisieren und buchhalterische Vorgänge zu bearbeiten, also etwas zu tun, was dem B-Dominanten viel Spaß bereitet, das heißt, wir sind selbstverständlich in der Lage, Kompetenzen in anderen Bereichen aufzubauen. Werden uns gewisse Fähigkeiten abverlangt, damit wir vorwärtskommen, dann verstehen wir auch diese zu entwickeln, was nicht gleichzeitig bedeutet, daß wir diese Fähigkeiten besonders schätzen und wir bei ihrer Ausübung große Freude und Erregung verspüren. Wir müssen uns alle gewissermaßen arrangieren, was auf keinen Fall bedeutet, daß man keine Chance auf Verwirklichung seiner tatsächlichen Anlagen hat.

Dominanz steht für den Lieblings- und wahren Kompetenzbereich, in den Sie sich so nach und nach hineinentwickeln sollten, um zu einem glücklicheren und zufriedeneren Leben zu kommen. Auch dafür brauchen Sie Ihre *Innere Haltung*, die es Ihnen ermöglicht, die richtigen Entscheidungen zu treffen.

Wäre ich beruflich im kaufmännischen Bereich geblieben, würde ich mich heute nicht sehr wohl in meiner Haut fühlen. Meine *Innere Haltung* hat mich gerettet. Sie hat stets dazu beigetragen, daß ich Entscheidungen zugunsten meiner Gefühle und meiner wahren Talente und Vorlieben getroffen habe.

Viele Teilnehmer meiner Kurse fragen mich, ob es denn nicht möglich sei, nach Lust und Laune seine Stärken einzusetzen oder zwischen den verschiedenen Typen hin und her zu schwingen. Das bezweifele ich stark. Obwohl man sich bis zu einem gewissen Grad verschiedene Eigenschaften antrainieren kann, kann man sich aber auch Eigenschaften vormachen und einbilden. Jeder kann sich zum Beispiel das Malen beibringen oder beibringen lassen, weil er die Bildungsmöglichkeiten unserer Gesellschaft nutzt, aber nicht jeder hat das wirkliche Talent, ein erfolgreicher Maler zu werden. Ich staune immer wieder, wie viele Menschen meinen, die Bilder eines professionellen und herausragenden Malers nachmalen zu können. Derartige Fehleinschätzungen gehören nun mal, wie wir wissen, in das menschliche Verhaltensrepertoire, und gerade deswegen müssen wir darauf achten, ein gewisses Maß an Realitätsbewußtsein zu entwikkeln, um nicht einen Traum zu leben, der unser wahres Können überschattet und unterdrückt. Das Hin-und-her-Wandeln auf solchen Traumpfaden endet nicht selten im sorgenvollen Frust.
Multitalente zählen nach Herrmann zu den ausgeglichensten Menschen. Es sind die Vierfach-Dominanten, die vieles können, jedoch keine herausragenden Leistungen erbringen und kaum Geniales schöpfen werden. Bei ihnen kann, im Unterschied zu Dreifach- und Zweifach-Dominanten, keine überdurchschnittliche Ausprägung in einem Bereich vorliegen, insofern auch kein überragendes Talent, und vielleicht gehören sie gerade deswegen zu den ausgeglichensten Menschen.
Im Gegensatz zu Herrmann hat die kanadische Professorin Patricia Pitcher eine *Drei-Typen-Lehre* entwickelt, nachdem sie das Auf und Ab einer weltweit operierenden Firma analysiert hatte. In ihren Typen-Studien, die sie in drei Hauptkategorien der *Künstler*, der *Handwerker*, der *Technokraten* aufteilte, gewann auch sie die Einsicht, daß es nicht möglich ist, mal Künstler, mal Handwerker, mal Technokrat zu sein. Ich vermisse allerdings in ihrer Lehre einen wesentlichen Typus, nämlich den C-Dominanten, den ich den *Sozialen* nennen möchte. Sie bezeichnet sich selbst als einen Menschen, der über viele technokratische Anteile (also A-Anteile) verfügt, und vielleicht ist ihr gerade aus diesem Grund das Gefühl für das Soziale etwas fern, was, wie wir wissen, nach dem Herrmannschen Modell ja die große

Schwäche eines A-Typen ist. Nun wie dem auch sei, sie meint, daß wir alle bestenfalls Mixturen aus zwei Typen sind, wobei ein Typus meist vorherrscht, und hier bestätigt sie meine Beobachtungen. In ihrem spannenden Buch *Führungsdrama* weist sie auf die Gefahren hin, wenn sich kühle und detailorientierte Technokraten (im HDI-Modell wäre dies der Typ A) an die Spitze von Unternehmen stellen, denn sie werden letztendlich dafür sorgen, daß das Unternehmen zugrunde geht. Sie seien zwar brillant (so wie ich denke, daß es jeder in seiner Welt ist), jedoch als kompromißlose und kopfgesteuerte Menschen an der Spitze von Unternehmen fehl am Platze. Hier müßten sich die Künstlertypen mit ihren Visionen befinden, unter oder neben denen dann Technokraten und Handwerker agieren.
Wenn es uns gelingen sollte, die Vorzüge der einzelnen Typen vorurteilslos in einem Team und für ein Projekt zusammenzuführen, ganz egal, ob an der Arbeit, in der Schule, in der Familie, dann könnten wir Phänomenales zustande bringen, weil sich die größtmögliche Vielfalt unterschiedlichster Blickwinkel, Erfahrungen, Interessen, Talente in diesen Projekten finden lassen würde. Darüber hinaus wäre dies eine Art Garantie für die effektive Umsetzung eines zukunftsorientierten und damit erfolgversprechenden Konzeptes. Im einzelnen würde das heißen, den zukunftsweisenden Ideen, Vorstellungen und Visionen der Künstlertypen (= mit Präferenz im D-Viertel) zu folgen, sie von Technokraten (= Vorzug A-Viertel) analysieren, strategisch planen und auf ihre Umsetzbarkeit hin überprüfen zu lassen. Die Handwerker (= die besten Eigenschaften liegen im B-Viertel) sorgen mit ihrer Hartnäckig- und Beharrlichkeit für die solide Umsetzung und den Erhalt in der Praxis, und der Soziale kümmert sich für ein harmonisches Zusammenarbeiten der am Projekt beteiligten Menschen, vermittelt in schwierigen Konflikten, arbeitet hierarchienübergreifend, spricht unterschwellige Sorgen und Probleme an, stellt eine transparente Kommunikation her.
Um diesen Traum zu verwirklichen, kommen wir um unseren persönlichen Individuationsprozeß nicht herum. Aber auch nicht um Toleranz und mehr noch, um Liberalität. Die anderen Menschen so zu lassen, zu schätzen, zu lieben, wie sie sind, ihre Vorzüge zu sehen, ist für viele, und man mag es ihnen in Kenntnis ihrer Profile auch nicht länger verübeln, ein sehr schwieriges Unterfangen. Statt einen Men-

schen in seiner Eigenart zu loben und zu stärken, wird er häufig zunächst getadelt. Wie es zum Beispiel ein Vater mit seinem Sohn gemacht hat und sich obendrein bei mir beschwerte: »Ach, ich wünschte, dieser Junge wäre anders. Nie kann man sich auf ihn verlassen. Er läuft rum wie der letzte Bettler, zieht sich auf sein Zimmer zurück und hält sich eine Menge Freunde, die meistens erst nachts lebendig werden und uns um unsere Nachtruhe bringen.« Dem verzweifelten Vater versuchte ich die Vorzüge seines Sohnes zu verdeutlichen und daß er sich doch glücklich schätzen soll, ein etwas anders geartetes Familienmitglied zu haben. Schließlich bringe er Schwung in die Bude und die Routine des eingefahrenen Tagesablaufs durcheinander. Das Bemühen des Vaters, herauszufinden, welches Menschenkind er gezeugt hat, war meines Erachtens bereits ein enormer Schritt zur Konfliktlösung, und als die beiden es fertigbrachten, endlich miteinander zu sprechen, um ein paar Mißverständnisse aufzuklären, kamen sie sich von Tag zu Tag näher. Sie einigten sich auf einen 24-Stunden-Plan, der die einzelnen voneinander stark abweichenden Interessen berücksichtigt. Das Verständnis für die Eigenschaften des anderen hat sich im Laufe dieser Konfliktlösung dramatisch verbessert. Beide fingen an, die Gepflogenheiten des anderen zu tolerieren und über die unterschiedlichen Auffassungen zu verhandeln.

Nachsichtiges und weitherziges Verhalten liegt nicht jedem, und dennoch fordert es fast jede/r unbewußt und so unglaublich selbstverständlich vom anderen ein, meistens dann, wenn ein unnachsichtiges, charakterloses Verhalten entschuldigt werden muß und dadurch eine Konfliktsituation in Vergessenheit geraten soll. Mit dem bloßen Einfordern kann es jedoch niemals getan sein. Im Gegenteil, es wird bei der übermäßigen und unreflektierten Anwendung leicht zur Marotte oder zur Masche verkommen, die den anderen Menschen und *seine Welt* nicht respektiert und im hohen Maße mißachtet. Toleranz setzt Verständnis für die eigene Würde und die Würde des anderen voraus. Um verstehen zu können, müssen wir uns mit uns selbst und unseren Mitmenschen auseinandersetzen. Ist dies nicht der Fall, wird Toleranz schnell zu Ignoranz und erreicht ein Stadium, das uns praktisch gleichgültig gegenüber den Bedürfnissen anderer werden läßt. In diesem Stadium sind wir uns übrigens auch selbst schon gleichgültig geworden.

Ich hoffe, daß ich Ihnen ein breites Spektrum dessen zeigen konnte, was Sie tun können, um Ihre Anlagen, Fähigkeiten und Talente besser kennenzulernen. Wenn ich Ihnen die eine oder andere Anregung geben konnte, Sie vielleicht Appetit bekommen haben sollten, Ihren Entwicklungsprozeß voranzutreiben, dann wäre das wunderbar und für Ihr weiteres Studium mit diesem Buch von großem Nutzen. Und deshalb gleich noch ein paar weitere Fragen:

Welche Stärken haben Sie?
Auf welche Weise machen Sie momentan Fortschritte in Ihrem Leben?
Was fällt Ihnen immer wieder schwer?
Wie können Sie anderen helfen, ihre Schwierigkeiten zu bewältigen?
Wie können Sie andere um Hilfe bitten?
Wen können Sie um Hilfe bitten?

Modelle der Frustbewältigung

In einem meiner vielen Vorträge habe ich einmal gesagt, daß ich nicht davon überzeugt sei, daß die Zeit Wunden heile, vor allen Dingen dann nicht, wenn wir die Hände in den Schoß legen und alles dem lieben Gott überlassen. Wenn die Zeit unsere Wunden einfach so heilen würde, welchen Sinn hätten sie? Welchen Sinn hätte dann gar unser Leben? Und deshalb bin ich der Meinung, daß die Zeit uns eher lehrt, wie wir mit unseren Wunden umgehen können!
Wir können alles unserem Schicksal überlassen, das uns so garantiert weitere Wunden zufügen wird, oder wir können uns auf uns selbst besinnen und damit erste Schritte zur Frustbewältigung tun. Und lernen heißt, gemeinsam zu lernen und voneinander zu lernen, und zwar fair, gerecht, solidarisch, human im Denken und im Handeln. Diese Art von Lernen findet immer mehr Anhänger, und die Inhalte und Ziele könnten mit dem Schlagwort Konflikterziehung auf einen Nenner gebracht werden. Wie Sie wissen, wird mit Schlagworten in Vorträgen, Diskussionen, Reden, Gesprächen usw. viel »herumgeschlagen«. Ich habe jedoch selten den Eindruck, daß das, was die Leute darunter verstehen, verstehen sollen oder was man ihnen damit vermitteln will, auf einen gemeinsamen, allen verständlichen und nachvollziehbaren Nenner gebracht worden ist, wenn dies überhaupt möglich ist. Vielmehr kann ich mich des Eindrucks nicht erwehren, daß genau diejenigen, die häufig Schlagworte verwenden und eine Menge Lösungen anbieten, es selbst niemals gelernt haben, vor ihrer eigenen Haustür zu kehren und ihre eigenen Konflikte zu lösen.
Das Wort Konflikterziehung möchte ich deshalb gern in *Persönlichkeitsentwicklung* oder *Persönlichkeitsveränderung* umbenennen. Es ist also eine Erziehung, die entwickelt und die Veränderung initiiert und die uns bis zu unserem letzten Atemzug möglich sein wird. Eine Persönlichkeitsveränderung verlangt die mutige Reise in alle Schichten unserer Persönlichkeit und somit in die Welt unseres Egos, unserer Abwehr, unseres Ärgers und unserer Angst. Je näher wir uns kommen und je tiefer wir kommen, desto mehr lernen wir die Bedeu-

tung von Selbstrespekt, Vertrauen, Offenheit, Ehrlichkeit und Glück kennen.

Als ich 21 war, war ich zugegen, als ein Onkel seinem 16jährigen Neffen Stephen vom tödlichen Autounfall seiner Eltern und Geschwister erzählen mußte. Mit einem Schlag wurde Stephen zum Vollwaisen. Bereits am Anfang seines Lebens wurde ihm das Zentrum dieses Lebens genommen. In seiner Verzweiflung rannte er zum nahe gelegenen Bahngleis. Er wollte sich umbringen. Sein Onkel und ein herbeigeeilter Nachbar hatten alle Hände voll zu tun, um ihn von diesem Vorhaben abzubringen. Es folgten schlaflose Nächte, unzählige psychologische Sitzungen, Trost vom Gemeindepfarrer, und trotzdem hatte ich vielfach das Gefühl, daß niemand so richtig helfen konnte. Stephen war allein mit dieser Einsamkeit, und nur er wußte, wie sich diese Einsamkeit in ihm anfühlt. Heute ist er 35 Jahre alt, ein hochgewachsener, sehr attraktiver Mann und Besitzer einiger Restaurants. Er ist nicht gebunden. Zu einer festen Beziehung fehle ihm der Mut, so Stephen. Die tief in ihm sitzende Angst, daß er auch die Familie, die er gründen könnte, wieder verlieren könne, hat er nicht überwunden. Stephen konnte damals zwar überleben, auch dank seines Egos, seiner Abwehr und dank seiner Wahlfamilie, doch seine Angst ist ihm geblieben, und es bleibt nur zu hoffen, daß er diese eines Tages überwinden und anfangen kann, ein erfülltes Leben zu führen.

Die Reise in alle Schichten unserer Persönlichkeit auf der Basis solcher Geschehnisse in der Kindheit und/oder Jugend ist ein unglaubliches Wagnis, das ich Ihnen anhand einer anderen Geschichte noch eindringlicher vermitteln möchte. Zunächst einmal aber zur Konflikterziehung selbst. Ich möchte Ihnen zwei Modelle für die Frustbewältigung vorstellen, die Sie als eine Art (Reflexions-)Gerüst für kleine und große Konflikte und Krisen gebrauchen können. Beide Modelle sind generelle Instrumente der Konfliktlösung, anhand deren Sie sich orientieren und, wenn Sie wollen, weiterentwickeln können. Ich habe diese Modelle während eines Sommersemesters an der Eastern Mennonite University in Harrisonburg, Virginia, kennengelernt und sie erweitert und neu strukturiert.

Die **Modelle I und II**, in denen ich versucht habe, die einzelnen Konfliktlösungsschritte nachzuvollziehen und zu ordnen, lassen sich so linear wohl kaum in die Praxis übertragen. Dennoch bieten sie uns eine grobe Vorstellung von dem, was passiert, wenn Konflikte und Krisen ausgebrochen sind und wie diese in der Regel bewältigt werden beziehungsweise bewältigt werden können. Konkret heißt das, daß sich die Aussöhnungsphasen mitunter durch alle Phasen der Konfliktbewältigung hindurchziehen können, genauso wie Konflikte und Krisen in Phasen der gelungenen Verhandlung und der hoffnungsvollen Versöhnung jederzeit wieder neu ausbrechen können, was vielfach an den hochkomplexen und schwer zu durchschauenden Konflikt- und Krisenstrukturen liegt, aber auch an so manchen zwielichtigen Entscheidungen, die getroffen, widerrufen, neu formuliert usw. werden. Betrachten Sie die Anordnung der einzelnen Schritte deshalb als Hilfe, die Ihnen den Weg einer Konfliktlösung zunächst einmal theoretisch verdeutlicht, jedoch nicht in Stein gemeißelt werden sollte.

Modell I: Klassische Konfliktbewältigung

Modell I verdeutlicht Maßnahmen, die zum Einsatz kommen, wenn Konflikte und Krisen ausgebrochen und/oder eskaliert sind, so wie es bei Stephen der Fall war, nachdem er vom Tod seiner Familie erfahren hatte. Das Modell der Konfliktunterdrückung und des Konfliktmanagements setzt in Notsituationen ein, wenn reptilgesteuerte Entgleisungen, d. h. Entgleisungen, die schwer zu kontrollieren sind, wie es bei großen Schicksalsschlägen der Fall sein kann, das Leben von Menschen bedrohen. Modell I reagiert also auf Konflikte und Krisen und versucht, die Konfliktpartner zu steuern und zu bestimmen, was in der Regel *Gewinnen-Verlieren*-Lösungen zur Folge hat, denn andere entscheiden darüber, was gemacht wird und wie es weitergeht. Meist kommen diese Anweisungen von Menschen, die sich in einer höheren Machtposition befinden, oder Ländern mit größerer militärischer Macht. Dieses Modell wird von Menschen geliebt, die brillant analysieren, sezieren, zählen, manipulieren, kontrollieren, strukturieren können, aber auch Regeln und Vorschriften einhalten, die Sicherheit garantieren und sich zu weiteren tiefer gehenden Konfliktlösungen keine Gedanken mehr machen. Es sind meines Erachtens überwiegend Menschen, die A- und/oder B-Dominanzen vorweisen und die, wie wir wissen, häufig in der westlichen Welt anzutreffen sind.

Das Modell I hat, wie Sie sich vorstellen können, Vor- und Nachteile. Die Vorteile bestehen darin, daß ein/e triebgesteuerte/r Konflikt/Krise, der/die ausgebrochen ist, oder der/die sich anbahnt, autoritär, d. h. mit physischer Gewalt und Kraft unterdrückt werden muß, um größere Ausmaße des Übels, das sich unter diesen Bedingungen schnell verbreiten kann, zu verhindern. Modell I stellt somit die Sicherheit in der Familie, dem Freundeskreis, der Firma, der Gesellschaft wieder her und verhindert weitere barbarische Übergriffe. Darüber hinaus bietet das Modell Vorteile, wenn das anschließende Konfliktmanagement fähig und bemüht ist, in tiefer greifende Konfliktbewältigungsphasen überzuleiten. Modell II würde auf den Weg gebracht werden sowie eine höhere Persönlichkeitsentwicklung, was gleichzeitig eine höhere Konfliktkultur bedeuten würde, so wie es bei Stephen der Fall war, denn dank der Unterstützung seiner Wahlfamilie, dank des Zuspruches, den Gesprächen und auch dank der psychologischen Betreuung konnte er viele seiner Ängste ins Bewußtsein heben, was ein wichtiger Anfang ist, wenn man sich irgendwann von ihnen befreien möchte.

Die Nachteile von Modell I sind, wenn ich sie isoliert von Modell II betrachte, daß es a) kein Modell ist, das eine Konfliktlösung auf psychischer und seelischer Ebene unterstützt, was eine persönliche, innere Zufriedenheit nicht ermöglicht, b) die Frustrationstoleranz des einzelnen nicht erhöht, c) die Entwicklung der Persönlichkeit auf einer niedrigen Stufe hält und daß d) Frust zunehmen wird, so daß es mehr Konflikte geben wird und dem Haß-Terror-Teufelskreis nicht wirklich entronnen werden kann (siehe Tabelle S. 159).

Zur Verdeutlichung fasse ich Ihnen die einzelnen Schritte in Modell I noch einmal zusammen. Wenn schwere Konflikte ausbrechen, d. h. der Polizist zum Beispiel in seiner Wut auf die ihm in die Quere kommenden Menschen schießt, der Schüler seine Lehrerin schlägt, die Frau auf einen Mann einsticht, ein Wohnhaus in Flammen aufgeht,

Modell I: Klassische Konflikt- und Krisenbewältigung
Typ: Reagierend
Partner: Linkes Hirn
Ergebnis: Gewinnen – Verlieren

	Entladung/Ausbruch	**Schlichtung**	**Entscheidung/Verurteilung**
Art der Bewältigung:	Konfliktunterdrückung	Konfliktmanagement	Konfliktmanagement
Führung:	Diktatorisch	Repressiv/hierarchisch	Repressiv/hierarchisch/ demokratisch
Ziel:	Erhaltung von System- und Machtstrukturen	Kontrolle/Anpassung	Ordnung, Sicherheit, Vergeltung, Verwahrung
Pro:	Schutz von Menschenrechten und Systemen	Konfliktordnung	Konfrontation mit Konflikt- und Krisendetails
Contra:	Horror, Terror	Aggressionen und Depressionen	Schuldzuweisungen Übertragung von Schmerz, Aufbau von Haß
Persönliche Aktionsebene:	Ego, Angst, Ärger, Abwehr	Teufelskreis: Angst-Ärger-Abwehr	Teufelskreis: Angst-Ärger-Abwehr
Persönliche Entwicklung:	Keine	Gering	Gering
Zeitaufwand:	Gering	Begrenzt	Überschaubar
	Frust	**Frust**	**Frust**

Erkenntnis: »Ich brauche ein starkes Ego, um mein Leben zu meistern …«

Abb. 9 Modell I: Klassische Konfliktbewältigung

ein Autofahrer seinen Vordermann attackiert usw., dann müssen sie im ersten Schritt der Konfliktbearbeitung, falls es die Situation zuläßt und man dadurch keinen weiteren Schaden anrichtet, unterdrückt werden, damit Schlimmeres vermieden werden kann, was natürlich wiederum voraussetzt, daß ein Mensch oder eine Nation den Mut aufbringt, sich einzumischen. Neben den nach außen auftretenden offenen Kämpfen gibt es eine ganze Reihe von sogenannten inneren Kämpfen, die einen Menschen in große Ängste und Depressionen versetzen können. Die Konfliktunterdrückung übernehmen in diesem Fall die hauseigenen Bodyguards (= psychische Abwehr), damit wir nach außen sorgenfrei und zufrieden wirken können (vgl. das Kapitel »Abwehr«). Es gibt gewiß eine große Anzahl von Menschen, die in innerer und stiller Verzweiflung leben und sich und ihre Umwelt über viele Jahre hinweg täuschen.
Zurück zum offenen Kampf, der für den Unterdrücker nicht ohne Risiko ist, denn niemand wird vorab die Garantie erhalten, heil und ohne persönlichen Schaden zu nehmen aus dem Konflikt wieder herauszukommen. Das mag auch mit ein Grund dafür sein, warum sich die meisten beim Ausbruch eines Konflikts auf und davon machen. Im Gegensatz zu den vielen, die auf der Zuschauertribüne Platz nehmen und ihrer Neugier freien Lauf lassen. Gerne überlassen wir in solchen Situationen den Institutionen des Staates die Verantwortung, und gerne lassen wir uns auch hinterher grobschlächtig über das Für und Wider aus, was nicht unbedingt dazu führt, daß bei einer anderen Möglichkeit zur Konfliktunterdrückung plötzlich mehr freiwillige Helfer zu finden sind. Wenn sich der Mensch schon nicht einmischt, d. h. wenn er mit seinem Auto an dem Mädchen vorbeifährt, das gerade von ihrem Freund auf der Straße niedergeschlagen wird, dann ist wohl kaum zu erwarten, daß er es tut, wenn sich Menschen in großer psychischer Not, also in innerer Verzweiflung, befinden. Denn um das herauszukriegen, braucht man neben Mut auch Einfühlungsvermögen. Von Respekt und Verantwortung gegenüber den Mitmenschen kann bei solchen Verhaltensweisen kaum die Rede sein, und somit ist es auch schwierig, höhere Entwicklungsstufen zu erreichen. Sorry, aber Sie werden weiterhin trieb- und egogesteuert durch die Welt marschieren und darauf hoffen, daß mutige Menschen in brisanten Situationen auch für Sie zur Stelle sind.

Versuchen Sie deshalb mal auf Menschen zuzugehen, die in offensichtlicher Not sind, dann werden Sie sehen, wie schnell sich Ihre Ängste vor dem Unbekannten verflüchtigen und wie Ihr eigener Mut wächst. Es müssen ja nicht gleich Penner unter der Brücke, Kids beim Kiffen, Bankangestellte und Gewalttäter beim Banküberfall sein, und Sie müssen auch nicht gleich einem fremden Menschen Ihre Niere spenden oder ein notleidendes Kind adoptieren. Es reicht, wenn Sie einfach mal auf die Menschen in Ihrer persönlichen Umgebung zugehen. Fragen Sie Ihre Frau, warum Sie seit Tagen so still ist. Fragen Sie Ihren Freund, wie er denn so lebt, nachdem ihn seine langjährige Freundin verlassen hat. Menschen in Not gibt es zuhauf, und wahrscheinlich befinden sie sich in Ihrem unmittelbaren Umfeld, vielleicht gehören Sie gar selbst dazu. Fangen Sie bei sich an, und entwickeln Sie in Ihrem Umfeld *soziale Kompetenz,* damit Sie sich und Ihre inneren Werte weiterentwickeln können. Anonyme Spenden bringen Sie nicht weiter. Damit beruhigen Sie in erster Linie Ihr Gewissen. Damit will ich jetzt nicht sagen, daß Sie aufhören sollten zu spenden, sondern ich will vielmehr zum Ausdruck bringen, daß Sie auch über Ihr soziales Engagement nachdenken müssen. Weiterentwicklung heißt, jede Gewohnheit, jedes Klischee, jede antrainierte und übernommene Verhaltensweise zu hinterfragen und zu erkunden, warum Sie etwas tun. Machen Sie es, weil es Ihnen Ansehen bringt oder weil Sie dadurch ein persönliches Defizit überdekken wollen, oder machen Sie es aus tiefstem Herzen und aus tiefster Überzeugung und sind deswegen von der Meinung, die andere von Ihnen haben, unabhängig?

Verstehen Sie, warum der Weg zur Mitte, zu Ihrer Mitte, so unglaublich schwer ist?

Sich entsprechend seinem ureigenen Potential einzubringen, darum geht es, wenn Sie frustfreier werden möchten. Und deswegen geht es auch um den Weg in die Mitte, auf dem Sie sich und Ihre eigenen Widersprüche von Gut und Böse, von Nehmen und Geben in Balance bringen können. Dazu gehört die Pflege der eigenen Stärken, Talente, Bedürfnisse, und wenn Sie unpopuläre Bedürfnisse und Talente haben, die nicht dem Trend der Zeit entsprechen, wie zum Beispiel Ihr Geld in Casinos zu vermehren statt es in soziale Projekte zu stecken, dann müssen Sie das tun. Sie müssen nur auf Ihre Gier ach-

ten, die sich im Casino leichter ausprägen läßt als in der Stille eines Klosters, denn die wird Ihnen die Freude am Spielen ziemlich schnell nehmen.
Ich versuche, meine Triebe mit meinen Talenten, Fähigkeiten und Anlagen auszugleichen, manchmal bewußt, manchmal instinktgetrieben. Meine Neugier trieb mich neulich dazu, eine Straßenschlacht, in der sich Jugendliche einen Kampf lieferten, zu beobachten. Meine Anlage, auf Menschen positiv zuzugehen und mein Interesse an einer kreativen Konfliktbewältigung, veranlaßten mich aber, auf das Opfer zuzugehen, nachdem der Konflikt von der Polizei entschärft, d. h. unterdrückt worden war. Ich sprach mit dem Opfer, um herauszufinden, wie es zu diesem Kampf kam, und um ihm zuzuhören. In dieser Situation kam plötzlich eine Frau der Gegnerseite auf uns zu, um dem Opfer zu sagen, daß sie nichts gegen Ausländer hätte. Ihren Freunden seien wohl die Nerven durchgegangen, und sie möchte sich jetzt in ihrem Namen bei ihm entschuldigen.
Im Rahmen eines Anti-Aggressions-Seminars mit ziemlich wilden Jugendlichen im Alter von 14–18 Jahren kam es zu einem unvorhersehbaren, offenen Schlagabtausch zwischen drei Jugendlichen. Die Jungs lagen sich von einer Sekunde zur anderen in den Haaren. Ich hatte die Kursleitung, und mir blieb nichts anderes übrig, als mich quasi mit aller Gewalt dazwischenzuwerfen, um eine noch schlimmere Eskalation zu verhindern. Trotz meiner physischen Kraft war ich anschließend total außer Atem. Das Gefährliche an dieser Geschichte war nicht, daß den drei Jungs das Temperament durchgegangen ist, sondern, daß sich die restlichen zwanzig kaum mehr auf den Stühlen halten konnten.
Nach der Konfliktunterdrückung folgt das Konfliktmanagement, also das Schlichten und Entscheiden über die Art und Weise, wie mit den Beteiligten weiter verfahren wird. Es werden Anzeigen aufgenommen, Berichte, Protokolle erstellt, Analysen und Diagnosen angefertigt, Therapien verordnet, Gerichtsverhandlungen festgesetzt und verurteilt, falls die Täter geschnappt worden sind. Erhofftes Fazit dieses Procedere ist, daß die Opfer entschädigt, die Täter hinter Schloß und Riegel und die Sicherheit und Ordnung der Gesellschaft wiederhergestellt sind, was oberflächlich sicherlich zutreffen mag. Modell I tendiert jedoch leider dazu, Menschen in zwei Kategorien

zu teilen, in die Kategorie der Guten und in die Kategorie der Bösen, und es geht davon aus, daß das Böse, wenn man es ausgrenzt und isoliert, vernichtet werden kann.
Das Böse, das in jedem von uns steckt, kann so niemals vernichtet werden. Im Gegenteil, es wird dunkler und mächtiger, weil es zum Beispiel das Gute in den Herzen von Millionen von verurteilten, verschmähten, geächteten Menschen auf dieser Welt verdrängt, in denen das Böse walten und sich frei entwickeln kann. Menschen schließen sich dann eher einer Todesschwadron an und werden zu grausamen Bestien. Der Ausnahmezustand für eine Gesellschaft, den ich während meiner zahlreichen Besuche in verschiedenen amerikanischen Gefängnissen und Schulen erlebt habe, ist unter diesen Bedingungen nicht weit weg und wird zur Folge haben, daß es demokratische Strukturen immer schwerer haben zu überleben. Ein schleichender und deswegen um so gefährlicherer Prozeß. Ich stelle mir oft die Frage, wieso wir es uns nach wie vor leisten, auf das gute Potential in den zu Außenseitern und Verbrechern abgestempelten Menschen zu verzichten, und warum wir so sicher sind, daß die von ihr für gut befundenen, angepaßten Menschen immer gut sind und nichts anderes als Gutes tun? Haben Sie darauf eine Antwort?
Daß das Modell I niemandem den Frust nehmen kann, sondern ihn langfristig aufbaut, haben Sie vielleicht schon selbst am eigenen Leibe erfahren. Kein Mensch kann sich wohl fühlen, wenn ein Konflikt oder eine Krise nicht vollständig bewältigt wurde und einem statt dessen ständig vorgeschrieben wird, was man zu tun und zu lassen hat. An der Verwirklichung von Modell II sollten wir deshalb ein wahres und ernsthaftes Interesse haben.

Modell II: Grundlegende Konflikt- und Krisenbewältigung

Wenn Sie Modell II eine Chance geben, dann geben Sie Ihrer rechten Hirnhemisphäre eine Chance und ersparen sich langfristig eine Menge Ärger und Konflikte. Modell II reagiert einerseits auf Modell I und wird die dort begonnene Konfliktbewältigung tiefer und gründlicher weiterführen. Andererseits kann es auch für die präventive Konfliktbewältigung herangezogen werden. Es kann sowohl in kleinen als auch in größeren Konflikt- und Krisensituationen zur Anwendung kommen. Mit ihm kann dem Übel und dem Elend, das durch die Explosion von Konflikten und Krisen entsteht, vorgebeugt werden. In der Prävention können wir üben, uns und unsere Triebwelt zu steuern und zu kontrollieren, und das können wir oft auch ohne fremde und fachliche Hilfe tun.

Es ist nicht einfach, die linke Gehirnhemisphäre zu überzeugen, die rechte ins Spiel kommen zu lassen, weil ihr diese Hälfte schlichtweg zu lahm und zu ineffizient erscheint. Man weiß nie, woran man mit der rechten Gehirnhälfte ist. Sie kann immer neue Gesichtspunkte zum Beispiel in eine Verhandlung mit einbringen, die das Interesse der linken Gehirnhälfte an schnellen Ergebnissen nicht beachtet. Auf dem Fußballfeld würde sie sich oft im Schatten liegend ausruhen und sich über das Hin-und-her-Geflitze köstlich amüsieren. Seien Sie ehrlich, welche Gesellschaft will das schon? Mir wäre das wohl auch zu langweilig, denn gegen einen sportlichen Schlagabtausch habe ich überhaupt nichts einzuwenden, was wiederum heißt, daß die beiden Hälften, die in der Regel hervorragend miteinander koordiniert sind, auch lernen sollten, sich auf die jeweilige Situation abzustimmen und miteinander zu kooperieren. Auf dem Fußballfeld hieße das, daß sich die rechte darum kümmert, den Überblick zu bewahren, damit der Kampfgeist der linken auf effektive Weise genutzt werden kann (siehe auch Tabelle S. 165).

Modell II teilt sich in drei große Bereiche auf. In den Bereich Kommunikation, Mediation und in den Bereich Vergebung und Versöhnung. Bevor ich mich den einzelnen Bereichen widme, möchte ich Ihnen den Begriff Gewinnen-Gewinnen erläutern, den ich bereits mehrfach erwähnte, und der einen wichtigen Teil in der Kommunikation und Verhandlung darstellt. Manche werden sich darunter etwas vorstellen können, manche wiederum auch nicht. Andere haben sich vielleicht etwas anderes darunter vorgestellt als das, was sie jetzt zu lesen bekommen, und wiederum andere praktizieren diese mitmenschliche Verhandlungshaltung, ohne genau zu wissen, daß sie es tun.

Modell II: Grundlegende Konflikt- und Krisenbewältigung
Typen: a) präventiv/agierend b) reagierend im Anschluß an Modell I
Partner: das ganze Hirn mit Seele
Weg: Gewinnen – Gewinnen

	Kommunikation ↔	**Mediation** ↔	**Vergebung und Versöhnung**
Art der Bewältigung:	Konflikt- und Krisenverhandlung	Umfassende Konflikt- und Krisenanalyse, Vereinbarung/Vertrag	Tiefe Konflikt- und Krisenbewältigung
Führung:	demokratisch/konkurrierend	Empowerment/Potentialstärkend: kooperativ/analytisch/emphathisch	Potentialfolgend: liberal/visionär/kreativ
Weg:	Konflikterziehung	Hohe Konfliktkultur Flexible Strukturen	Wahrheit, Transformation Neue Strukturen
Pro:	Interesse für Mitmenschen Interesse für eigene Entwicklung Aufbau von sozialen Kompetenzen	Tiefes Verstehen (Selbst)-Reflexion (Selbst)-Bestimmung	Geläuterte Persönlichkeit Angstfrei Innere Freiheit und inneren Frieden
Contra:	Rückfall und/oder Rückzug in alte und primitive Verhaltens- und Kommunikationsmuster	Konfrontation mit persönlichen Schwächen Ehrliche Selbsteinschätzung	Unbequeme Wahrheiten. Leidvolle persönliche Konsequenzen
Persönliche Aktionsebene:	Auf allen Persönlichkeitsebenen agierend	Kernorientiert	Mächtiger Kern
Persönliche Entwicklung	gering bis gut	gut bis sehr gut	grenzenüberschreitend
Zeitaufwand:	intensiv	groß/Hoch	oft lebenslang
	Frustauf- und Frustabbau	**Frustabbau**	**Frustfreiheit**

Erkenntnis: »Ich bin ein wertvoller Mensch! Ich bin mir der Begrenztheit meines Lebens bewußt. Ich werde mich und meine Mitmenschen glücklich machen.«

Abb. 10 Modell II: Grundlegende Konflikt- und Krisenbewältigung

Gewinnen-Gewinnen

Der Begriff Gewinnen-Gewinnen ist in den letzten Jahren modern geworden. Aus diesem Grunde sind zu diesem Thema auch viele Bücher erschienen. Ich persönlich stütze mich in meinen Ausführungen auf die Studien der Harvard-Professoren Roger Fisher und William Ury, die über viele Jahre hinweg Verhandlungsstrategien und -mechanismen untersucht und dabei verschiedene Möglichkeiten von konstruktiven Verhandlungsformen erforscht und erarbeitet haben.

Eine gute Verhandlung setzt eine gute Kommunikation voraus, und eine effektive, konstruktive Kommunikation wird zu einem guten Verhandlungsergebnis führen. Die erste große Hürde, die dafür zu nehmen ist, heißt Zeit; genau die Zeit, die in unserer Gesellschaft eigentlich keiner mehr hat. Fisher und Ury konzentrieren sich in ihren Ausführungen auf zwei Hauptverhandlungstypen: den a) sanften Diplomaten, der auf der Beziehungsebene verhandelt und konsensorientiert ist. Er fordert das Gespräch in der Regel mit Sätzen wie »Ich muß mit dir reden«, »Ich bestehe auf einem Gespräch!«, »Laß uns Frieden schließen« ein. Der Kontrasttyp hierzu ist der b) starke Diplomat, der hierarchisch-sachlich und verbal-gewaltig verhandelt. Die wahren Interessen seiner Verhandlungspartner sind für ihn von nebensächlicher Natur. Häufig verspürt er keinen Verhandlungsbedarf, und wenn es doch sein muß, dann will er gewinnen. Schnell bezieht er eine klare Position und sagt meistens den anderen, wo's langgeht. Beide Typen werden keine Gewinnen-Gewinnen-Verhandlungsergebnisse zustande bringen, weil der Sanfte dazu tendiert, sich dem Starken unterzuordnen und der Starke den Sanften in Grund und Boden redet. Auch hier gilt es, die Mitte zu finden, in der sich beide Partner treffen können, und mit diesem Vorsatz wird es ihnen auch gelingen, so ihr Potential miteinzubringen, daß ein tragbares Fundament für eine Gewinnen-Gewinnen-Lösung geschaffen werden kann. Wenn man Gewinnen-Gewinnen-Ergebnisse will, wird man sich zwangsläufig fortbewegen und weiterentwickeln müssen.

Gewinnen-Gewinnen-Verhandlungen fordern von ihren Partnern, daß sie:

- sich gegenseitig vertrauen
- sich aufeinander verlassen können
- sich gegenseitig respektieren und tolerieren
- sich über ihre Beziehungen zueinander im klaren sind
- wissen, was sie wollen
- ihre verschiedenen Standpunkte und Meinungen klären
- Alternativvorschläge offen und respektvoll diskutieren
- einander zuhören können
- fähig sind, eingefahrene Standpunkte zu verlassen
- fähig sind, Verantwortung für ihre Denk- und Handlungsweisen zu übernehmen
- sich mit der Gefühlswelt ihrer Partner auseinanderzusetzen.

Gewinnen-Gewinnen-Verhandlungen bedeuten nicht, sich selbst, seine Bedürfnisse, Wünsche, Hoffnungen aufzugeben und seine Ängste, seinen Ärger zu unterdrücken, sondern darüber nachzudenken, wie diese Gefühle dem anderen gewinnbringend und positiv mitgeteilt werden können. Gewinnen-Gewinnen-Verhandlungen können nur Menschen führen, die sich weiterentwickeln und ihre Stärken und Schwächen kennenlernen wollen; sie sind ehrlich darum bemüht, die unterschiedlichsten Blickwinkel eines Problems zu betrachten und zuzulassen. Unter diesen Bedingungen kann ein für alle sympathisches und tragbares Verhandlungsergebnis erreicht werden. Gewinnen-Gewinnen-Verhandlungen werden nach dem Motto geführt: Du könntest niemals mit einem Ergebnis zufrieden sein, wenn es mir dadurch schlechter gehen würde.
In unseren privaten Beziehungen lassen sich häufig die primitivsten und destruktivsten Hardliner-Verhandlungen beobachten. Eine Freundin erzählte mir, daß ihr Ehemann, der bereits zwei Kinder in die Ehe miteingebracht hat, auf ihren Wunsch, den jüngsten Sohn von der Mutter erziehen zu lassen, weil sie für seine Erziehung keine Nerven hat, nicht eine einzige Sekunde lang auf sie und ihre Wünsche eingehen kann oder gar mit ihr darüber zu verhandeln beginnt. Dies ein gutes Beispiel dafür, wie es in der partnerschaftlichen Verhandlungspraxis zugeht. Obwohl mit der Vermeidungstaktik des Ehemanns die häusliche Ruhe zunächst wieder einkehrt und alles

nach Plan weiterläuft, kann seine Haltung langfristig nicht erfolgreich sein, sowenig wie die Ehe selbst, vorausgesetzt, die Ehefrau will sich nicht »garen« lassen.
Im folgenden Partnergespräch kommt eine ähnliche Hardliner-Taktik eines starken Diplomaten zum Ausdruck:

Mike: »Ich würde am kommenden Wochenende mit dir gern eine Segeltour machen!«
Claudia: »Ich aber nicht!«
Mike: »Die Antwort hätte ich voraussehen können.«
Claudia: »Na ja, vielleicht ist die Idee aber auch gar nicht so schlecht, denn ich habe eigentlich nichts zu verlieren.«
Mike: »Zu verlieren?«
Claudia: »Wenn es ein schönes Wochenende werden sollte, dann hätte ich zugegebenermaßen Spaß. Falls nicht, dann könnte ich es dir wenigstens monatelang nachtragen!«
Mike (enttäuscht): »Manche Menschen würden deine Überlegungen als eine Gewinnen-Verlieren-Strategie bezeichnen.«

Ich hoffe nicht, daß Sie mit Ihrem Ehepartner, Ihrem Freund, Ihrem Kollegen oder Ihrer Kollegin so umgehen, und wenn doch, dann bleibt zu hoffen, daß diese Menschen Sie darauf aufmerksam machen und Ihnen verzeihen können. Ansonsten wird Ihnen Ihr Herz eines Tages sehr schwer werden mit all dem Frust, den Sie in diesen Momenten unbewußt aufladen. Gandhi äußerte sich zu Gewinnen-Verlieren und Gewinnen-Gewinnen wie folgt: »Die Grundannahme ist die, daß eine Seite Erfolg nur auf Kosten der anderen haben kann. Erfolg mag durch Überzeugung oder Verführung, durch Drohung oder Erpressung oder durch Zwang erreicht werden, in jedem Fall bleibt die Voraussetzung dieselbe: Es muß einen Sieger und einen Verlierer geben ... Satyagraha (das ist eine Methode, Konflikte zu lösen, die m. E. dem Gewinnen-Gewinnen-Prinzip entspricht) sieht in dem Gegenspieler nicht den Feind, der überwunden werden muß, sondern einen Mitwirkenden bei der Suche nach einer wahren Lösung des Konflikts.«[43]
Sie erinnern sich vielleicht noch an meinen Frust mit meinem derzeitigen Partner, der keine Perspektive in unserer Beziehung sieht und obendrein eine Beziehung zu einer Frau in seinem Heimatland unter-

hält. Sie erinnern sich vielleicht auch daran, daß er mich in einem denkbar ungünstigen Augenblick davon in Kenntnis setzte. Vielleicht wollen Sie wissen, wie ich mit diesem Konflikt, der meinen Frust-Topf ziemlich schnell füllte, umgegangen bin.

Angesichts meiner Überzeugung, daß Gewinnen-Gewinnen-Strategien die erfolgreicheren sind, und meinem inneren Gefühl folgend, daß sich in diesem Beziehungskonflikt alle Beteiligten in einem Gewinnen-Verlieren-Spiel befinden, habe ich versucht, mich trotzdem so authentisch wie möglich zu zeigen. Im ersten Schritt habe ich ihn meinen Schmerz fühlen lassen, d. h., ich habe meine Tränen und meine Traurigkeit vor ihm nicht versteckt. Im zweiten Schritt habe ich angefangen, mit ihm darüber zu sprechen, dabei habe ich versucht, ihm meinen Standpunkt positiv zu vermitteln, und ihm offen und ehrlich meine innere Einstellung zu unserer Beziehung gesagt. Das Wiederverhandeln über unsere Beziehung ließ uns erkennen, daß es uns nicht gutgeht, wenn einer unglücklich ist, was eine wichtige Grundlage für eine Gewinnen-Gewinnen-Lösung ist. Diese Einsicht gewann ich durch den Schmerz, der mich zudem meine Eifersucht und meine Besitzansprüche entdecken ließ. Seine Eröffnung verletzte mich sehr, aber durch sie war es mir möglich, neue Seiten an mir kennenzulernen, was mich, nachdem der Schmerz überwunden war, selbstbewußter und freier werden ließ. Wie es in unserer Beziehung nun weitergeht, das weiß ich nicht. Ich weiß aber, daß wir beide die Verantwortung für ein besseres und respektvolleres Umgehen miteinander übernommen haben – und das ist schon ziemlich viel. Auf diese Weise komme ich möglicherweise dem Mysterium der Liebe auf die Spur oder der Wahrheit in der Liebe. Eine Wahrheit, die mich auch lehrt, zu verzichten, und eine Liebe, die mich lehrt, daß ich mich dabei wohl fühlen kann.

Wenn Sie Gewinnen-Gewinnen-Lösungen anstreben, dann werden Sie wirkliches Interesse an Ihren Mitmenschen entwickeln und Ihnen aufrichtig begegnen wollen. Dafür brauchen Sie Zeit und je nach Komplexität des Konflikts viel Geduld. Die Wahrheit zu erfahren, ist brutal, weil sie keine Schatten und keine Spielchen duldet, und doch ist sie die Kraft, die uns wirklich frei machen kann.

Jetzt sind wir bereits mittendrin im großen Kapitel der Kommunikation. Je besser Sie zu kommunizieren verstehen, desto weniger

Konflikte werden Sie unterdrücken, desto weniger Krisen werden ausbrechen und, natürlich, desto weniger Frust werden Sie aufbauen.

Kommunikation

Setzen Sie einmal Ihre Neugier um des eigenen persönlichen Fortschrittes willen ein, und hören sie anderen Menschen zu, wie sie miteinander kommunizieren, was sie sich zu sagen haben, welche Themen ihre Kommunikation beherrschen und wie sie gefühlsmäßig miteinander umgehen. Ehen und andere partnerschaftliche Gemeinschaften eignen sich vorzüglich für derartige Kommunikationsstudien.

Es ist schon lange bekannt, daß sich die Mehrzahl der Partner ab einer gewissen Anzahl von gemeinsam verbrachten Jahren kaum noch etwas zu sagen haben und sich schon gar nicht über ihre Gefühle unterhalten, über die es sowieso schwer ist, sich auszutauschen. Auf solchen Kommunikationsfriedhöfen, auf denen sich das meiste um die Aufrechterhaltung der Tagesroutine dreht: »Bringst du den Abfall raus? Hast du mein Hemd gebügelt? Den Rasen könntest du auch mal wieder mähen! Was willst du morgen zum Essen? Ich brauche Geld für den Frisör!« vergeht ein Jahr um das andere. Die Abende werden vor der Glotze verbracht. Von einer lebendigen Kommunikation kann keine Rede mehr sein.

Ein ehemaliger Chef fragte mich eines Tages, ob ich wüßte, was er seiner Frau zum Geburtstag schenken sollte? Zu diesem Zeitpunkt war er seit 20 Jahren verheiratet. Eine andere Ehefrau erzählte mir, daß sie ihre Enttäuschung darüber, daß sie von ihrem Ehemann zum letzten Weihnachtsfest einen Klodeckel geschenkt bekommen hätte, lange Zeit nicht überwinden konnte. Fauxpas dieser Art sind relativ natürlich und wohl kaum aus der Welt zu schaffen. Versuchen Sie aber trotzdem, konstruktiv zu kommunizieren, damit Sie besser mit anderen kommunizieren können. Was ist aber unter »besser kommunizieren« zu verstehen?

Neulich erzählte mir der 11jährige Nedim, der jüngste Sohn einer Flüchtlingsfamilie aus Bosnien, daß sein Vater und seine Brüder sehr viel Geld gespart hätten, um ihrer Mutter zum 40. Geburtstag die seit Jahren ersehnte Goldkette zu schenken. Seine Augen leuchteten vor Freude, als er mir diese kleine Geschichte erzählte, die mich rührte und worauf ich mir die Frage stellte: Kann sich ein derart herzlicher Umgang auch wieder in unserer Konsumgesellschaft entwickeln?

Das größte Problem, das Sie wahrscheinlich auch in Ihrer Kommunikation zu überwinden haben, ist das richtige Verstehen dessen, was der Kommunikationspartner Ihnen sagt bzw. sagen wollte. Denn das, was man sagen will, de facto aber sagt, sind meist zwei grundsätzlich verschiedene Paar Schuhe. Gerade in den gegensätzlichen und unterschiedlichen Kommunikationswelten zwischen Mann und Frau, Elternteil und Kind, Schüler und Lehrer und zwischen den einzelnen Kulturen kann dies zu einem Problem werden und zu sowohl unangenehmen als auch angenehmen und lustigen Kommunikationspannen kommen. Wobei ich mich gegen stereotype Aussagen, wie Männer kommunizieren ausschließlich trieborientiert, d.h. mit Ego- und Revieransprüchen, und Frauen können kein sachliches Gespräch führen, vehement wehre. Denn dadurch setzt man sich nicht mehr mit der Vielfalt eines Menschen auseinander, sondern übernimmt einfach Vorurteile, also starre Einstellungen, die auch bei Erhalt neuer Informationen über den betreffenden Menschen aufrechterhalten werden. Mißverständnisse betreffen uns alle, können uns überall treffen und sie treten genauso stark gleichgeschlechtlich wie gegengeschlechtlich auf. Wenn ein deutscher Manager zum Beipiel lernt, daß er mit seinem japanischen Kollegen geduldig umzugehen hat und nicht gleich zum Kern eines Themas vorpreschen soll, und der Japaner gelernt hat, sich mit Ungeduld in das Gespräch mit dem Deutschen zu stürzen, dann wird es zwangsläufig zu wechselseitigen Mißverständnissen zwischen den beiden kommen.

Klarheit in der Kommunikation ist eine große Voraussetzung für eine gute Kommunikation, denn Mißverständnisse verkürzen, d.h. sie verfälschen den Sachverhalt und die Beziehung der Menschen zueinander, was ich mit dem folgenden Beispiel veranschaulichen möchte:

Ein Mann, der seine Frau zum wiederholten Male fragte, warum sie denn die Enden des Rinderbratens immer abschneide, bekam zum wiederholten Male die Antwort, der Braten würde dadurch saftiger werden, und überhaupt, ihre Mutter hätte es genauso gemacht. Mit diesen Erklärungen gab sich der Mann nicht zufrieden und fragte eines Tages seine Schwiegermutter, warum sie denn die Enden des Rinderbratens abschneide. Er bekam die Antwort, weil der Braten dadurch saftiger würde und weil es meine Mutter genauso machte. Nun wurde es dem Mann zu dumm. Er ging zur Großmutter, die glücklicherweise noch lebte, und hoffte, daß sie das Geheimnis endlich lüftet. Sie lachte und erklärte ihm: »Ganz einfach, weil der Braten so besser in meinen Topf paßt!«

Eine mit Mißverständnissen und Unklarheiten vollgepackte Kommunikation ist eine Pseudokommunikation, und wie Sie am oben beschriebenen Beispiel sehen, kann sich ein Mißverständnis über Generationen hinweg aufrechterhalten. In diesem Fall ist das Mißverständnis leicht zu verkraften, aber stellen Sie sich vor, Sie verlieben sich in Ihren Traummann, weil er exakt Ihrer Vorstellung entspricht, d. h. gut aussieht, viel Geld hat und von hohem gesellschaftlichem Ansehen ist. Sie hatten vor der Ehe keinen Sex mit ihm, weil er mit den alten Traditionen, wahrscheinlich ein B-dominanter Mensch, verwoben ist. In der Hochzeitsnacht kommt dann die folgenschwere Überraschung. Er eröffnet Ihnen, daß er Sie zwar von ganzem Herzen liebe, jedoch als Folge eines Autounfalls impotent sei. In Ihrer Verzweiflung beginnen Sie zahlreiche Affären und werden eines Tages schwanger. Freudestrahlend überbringen Sie Ihrem Mann diese gute Nachricht, denn Sie wollten, so dachten Sie, ihm seinen Kummer um die Erbnachfolge nehmen. Ihr Mann gerät außer sich und erschießt sie in einem Anfall von Wut. Klingt wie aus einem schlechten Film, oder? Ist es aber nicht. Leider!
Karl Jaspers kommentiert das Kommunikationsdesaster unserer Zeit so: »In einer Welt, in der alles durcheinander ist wie nie zuvor und die durch Kampf und Streit zerrissen ist wie nie zuvor, ist der absolute Wille zur Kommunikation, der eine vornehme und geduldige Behandlung selbst der schärfsten Gegensätze einschließt, zu einer Frage auf Leben und Tod geworden.«[44] Er bezeichnet unser gegen-

wärtiges Kommunikationsverhalten als pseudokommunikativ, weil es die echte Kommunikation durch Geschwätz, List, Lüge, Manipulation, Machtstreben, Ego-Bezogenheit usw. verzerrt. Dostojewski vergleicht diesen Zustand mit der Hölle, der für ihn eine Verdammung zur Lieblosigkeit ist. Der Himmel, so Jaspers weiter, ist hingegen der Zustand gnadenvoller Kommunikation. Die Himmelsboten, also unsere Schutzengel, sind mal wieder gefragt. Ob sie uns jedoch all unsere Aufgaben und Pflichten abnehmen können, bezweifle ich, und noch mehr zweifle ich daran, daß sie uns vor unserem Lebensschicksal bewahren können.

Ich bin davon überzeugt, daß uns unser Schicksal, wie wir fälschlicherweise auch Situationen bezeichnen, in die wir aufgrund unseres unreflektierten Verhaltens geraten sind, die Rechnung präsentieren wird, wenn wir überwiegend habenorientiert in Angst, Abwehr und Ärger leben, wir lügen und manipulieren und in welchen unser Kampf-Flucht-Mechanismus die einzige Konfliktlösungsart darstellt. Ob wir so unser Lebensschicksal, das für mich unsere Lebensbestimmung ist, erreichen und erfüllen werden, steht auf einem anderen Blatt.

(Schicksals-)Schläge haben viele Gesichter und verbergen komplizierte Hintergründe, die ich grob in zwei Kategorien einteile. 1. Es sind Inszenierungen eines habenorientierten Egos, die im Vorfeld kontrollier- und steuerbar sind. 2. Es sind Schläge, die uns früher oder später auf unseren Schicksalsweg bringen und uns Chancen offerieren, eine andere Gangart in unserem Leben einzuschlagen. Beide Kategorien sind herausfordernd, können aber äußerst dramatisch sein. Das Schicksal selbst in die Hand zu nehmen heißt sich selbst zu bestimmen und am Entstehen unseres mächtigen Kerns aktiv beteiligt zu sein, damit die Schicksalsschläge der Kategorie eins uns nicht aus den Händen gleiten.

Eine Chance, das Schicksal selbst in die Hand zu nehmen, bietet sich uns in vorbeugenden Maßnahmen zur Konfliktlösung, also zunächst einmal eine bewußte, positive und konstruktive Gesprächs- und Verhandlungskommunikation, in der Sie sich genauso schwach wie stark geben, in der Sie lachen und weinen, sich aber auch trösten lassen können. Eine liebevolle Kommunikation, nach dem Motto: *Sie für sich* und *Sie für andere* und *andere für Sie*, macht Sie glücklich und stark. Selbst in Momenten von persönlichen Weltuntergangsstimmungen, in Momenten also, in denen Sie zum Beispiel erfahren haben, daß Sie nicht mehr lange zu leben haben, stützt Sie eine liebevolle Kommunikation und hilft Ihnen, über Phasen schwerer Depression hinwegzukommen.

Kommunikation zieht sich mit unterschiedlichen Auswirkungen auf den Menschen und seine Frustbewältigung durch die Modelle I und II hindurch. In Modell I überwiegen die problematischen Seiten der Kommunikation wie Manipulation, Machtstreben, Aggressivität, Feindseligkeit und damit Gewinnen-Verlieren-Konfliktlösungen. Modell II fördert die liebevolle, die positive und konstruktive Kommunikation, auf die ich mich in meinen weiteren Ausführungen konzentrieren werde.

Kommunikation ist das alles umfassende Thema unseres Lebens, so wie es auch das allumfassende Thema dieses Buches ist. Naturgemäß ist dazu viel geschrieben, gesagt und gesprochen worden. Ich habe nun nicht den Anspruch, Ihnen weitere theoretische Erkenntnisse und Rezepte zu vermitteln, sondern möchte Sie vielmehr Kommunikation spüren und erleben lassen. Auf den folgenden Seiten möchte ich Ihnen daher ein paar Hinweise geben, wie Sie mit Mißverständnissen umgehen können und wie Sie anfangen können, klarer, offener und frustfreier zu kommunizieren. Wenn Sie sich für das Thema Kommunikation eingehender interessieren sollten, dann empfehle ich Ihnen die Lektüre der Bücher des Kommunikationsexperten Paul Watzlawik, die Sie in meiner Literaturliste finden können.

Um zu überleben, müssen wir mit anderen kommunizieren, d.h. denken, sprechen, spielen, handeln, signalisieren, zuhören ... Wir kommunizieren über Tatsachen und Gefühle gleichermaßen, wobei sich ein sachlich orientiertes Gespräch leichter führen läßt als ein Gespräch über Gefühle, in dem man oft wegen seiner Gefühle verunsichert und deshalb ziemlich kraftlos sein kann. Es ist zudem nicht immer leicht, Tatsachen von Gefühlen zu trennen, weil meistens Gefühle, sobald Menschen aufeinandertreffen, vorhanden sind. So kommt es, daß viele Kommunikationsprozesse gestört und verkürzt sind (siehe Rinderbraten-Drama), wenn darüber nicht offen und ehrlich gesprochen wird. Die Folgen daraus sind uns mittlerweile allen klar, sie lauten Frust, Frust, Frust und nochmals Frust.

Für eine konstruktive und positive Kommunikation ist es wichtig, anzusprechen, auszudiskutieren, zu verändern, zu bejahen. Je wahrhaftiger und mutiger Sie dabei sind, desto selbständiger werden Sie denken können und Ihre gewonnenen Einsichten und Erkenntnisse in Ihr Leben übertragen. Versuchen Sie es, und

1. Fragen Sie!

Fragen zu stellen mit Respekt und ohne Angst, um einen Sachverhalt und / oder eine Beziehung zu erfragen, zu klären, zu hinterfragen, ist eine Kunst, weil das Fragenstellen nicht jedem Menschen gleichermaßen liegt. Sie können z. B. lange warten, bis Ihnen A- und B-dominante Persönlichkeiten, die es vorziehen zu antworten und zu referieren, Fragen stellen, und wenn Sie ihn oder sie dazu zwingen, wird es mit dem Fragen nicht besser. Warum? Weil es nicht bloß darum gehen kann, irgendwelche Fragen zu stellen, sondern darum, sie mit Interesse für die eigene Person, den anderen Menschen, den Sachverhalt, für eine gute Kommunikationsatmosphäre und für den Fortschritt einer Verhandlung zu stellen.

Fragende haben allerdings auch Hindernisse zu überwinden, die talentierte Fragesteller ungleich besser zu überwinden verstehen. Es sind Hindernisse, wie sie durch private, berufliche, gesellschaftliche Machtverhältnisse entstehen können, durch welche sich Angst- und Ärgergefühle aufbauen lassen. In Zeiten des Gefühlsüberschwangs, wie es zum Beispiel bei großer Verliebtheit der Fall ist, ist es sehr schwer, die richtigen Fragen zu stellen, um vielleicht mehr über die Beziehung und die dahintersteckenden Motive in Erfahrung zu bringen. In diesem Stadium dominiert oft Angst, nämlich die Angst, den anderen wieder verlieren zu können, was einem in diesem Moment unerträglich scheint, zumal man gerade dabei ist, sein Herz zu öffnen und sich zu binden. Nur, was bringt es Ihnen, wenn sich die Wahrheit nach der Hochzeit herausstellen sollte? Den Menschen, der nicht zu Ihnen paßt, werden Sie früher oder später sowieso verlieren, unabhängig davon, ob Sie versuchen, diesen Menschen mit allen Mitteln an sich zu binden. Wenn es Ihnen schwerfallen sollte, in gewissen Situationen Fragen zu stellen, dann bitten Sie jemanden um Hilfe. Schwächen zuzugeben und sich ihrer nicht zu schämen zeugt von einer hohen Lern- und Kooperationsbereitschaft.

Es gibt viele Arten von Fragen. Mit Fragen konfrontieren, dirigieren, bewerten, kommentieren, klären, ordnen wir. Wir wehren damit ab: »Willst du heute abend denn wirklich noch zu mir nach Hause kommen?« Wir lösen damit Angst aus: »Hast du dir schon einmal überlegt, was du in einem Jahr machst, wenn du in Rente bist?« oder »Hast du seine Akten gestohlen?« Mit Fragen initiieren wir Kummer und Probleme: »Hast du schon einmal darüber nachgedacht, deinen Mann zu verlassen?« »Was sagt eigentlich deine Ehefrau zu deinem Liebesverhältnis?« Wir machen anderen Druck: »Wann sind Sie mit der Arbeit fertig?« Je mächtiger Ihr Kern wird, desto weniger werden Sie sich vor Fragen ängstigen, desto weniger bewerten, verurteilen Sie und desto besser wird es Ihnen gelingen, direkte, offene und förderliche Fragen zu stellen. Vielleicht beginnen Sie zu fragen, ohne daß Sie wissen, daß Sie fragen, weil sich Ihr Interesse für Ihre Mitmenschen verstärkt hat. Hinterfragen Sie sich und fragen Sie auch einmal: Warum stelle ich Fragen? Was bezwecke ich damit? Frage ich, um Unruhe oder um Ruhe zu stiften? Oder: Warum frage ich nicht? Mein Vater fragte mich einmal: »Wie sage ich deiner Mutter danke für 40 Jahre Liebe?« Und wir wußten beide sogleich, daß es dafür keine bessere Antwort gibt als die Frage selbst! Fragen können uns gleichzeitig antworten. Manche nennen dies auch rhetorische Fragen. Ich bezeichne sie als die Ich-über-mich-Fragen!

Um Gefühle beherrschen zu lernen, muß man mehr über sie wissen und herausfinden. Denken Sie deshalb einmal über eine Situation, eine Beziehung, einen Moment in Ihrem Leben nach, die oder der Sie belastet, Sie quält, Sie ärgert, Ihnen angst macht und Sie frustet, und stellen Sie an sich ein paar Fragen, die Ihnen helfen können, die Gefühle, die sich mit diesem Moment verbinden, zu verstehen.

a) Fragen Sie, um die Situation zu klären:
Weswegen fühle ich mich schlecht?
Was hat dazu geführt?
Wie fühlt sich dieses Gefühl an?
Was meine ich genau?
Habe ich ein konkretes Beispiel, anhand dessen ich das Gefühl beschreiben kann?

Warum bin ich in dieser Situation?
Was macht mich unglücklich?
Was geht mir gerade im Kopf herum?
Wenn ich darüber nicht unglücklich wäre, was wäre dann?

b) Fragen Sie, um die Situation zu hinterfragen:
Warum bin ich davon überzeugt?
Warum glaube ich meinen Ausführungen?
Kann ich das konkretisieren?
Wenn ich das nicht glauben würde, was befürchte ich, was passieren könnte?

c) Fragen Sie, um die Situation zu lösen:
Wie kann ich das Problem lösen?
Kenne ich ein ähnliches Problem?
Habe ich dieses Problem gelöst?
Wie habe ich es gelöst?
Wer kann mir dabei helfen?

2. Hören Sie zu!
Konstruktiv zu kommunizieren heißt auch, gut zuzuhören. Falls Sie nicht zuhören können oder wollen, dann leihen Sie sich vorübergehend die Ohren anderer, und fragen Sie diese Menschen, was sie gehört und verstanden haben. Falls Sie jedoch beginnen wollen, Ihr Hörvermögen zu schulen, dann hören Sie einfach weiter zu. Viele Menschen schenken dem Zuhören kaum Beachtung, noch weniger Bedeutung und schätzen seine Wirkung darüber hinaus falsch ein. Oft meint man, daß man sprechen muß, wenn man zuhören will. Was nicht ausschließt, daß man gleichzeitig sprechen und zuhören kann, etwas, was ich mit Italienern ständig praktiziere.
In der Tat, unsere Welt ist geschwätzig, und Sprechen ist überdies auf einen hohen Sockel gehoben worden, vor allem wie wir sprechen, mit wem wir sprechen und über was wir sprechen. Die Sprechenden führen, dominieren und erklären vieles, vorzugsweise mit dem verbal-starken linken Hirn, perfekt, vordergründig und in einem hohen Tempo. Ein Vollblutsprecher liebt es, zu antworten, ich erinnere an das HDI-Modell, und auf alles eine Antwort zu haben.

Zuhören ist eine Spezialität der rechten Hirnhälfte. Leider ist sie auf den letzten Platz verwiesen worden, was wiederum ein Beweis dafür ist, daß es die linke Gehirnhälfte ist, die in unserer Gesellschaft den Ton angibt, denn sie spricht und spricht, vornehmlich um die rechte und ihre Neigung zu zweifeln in Grund und Boden zu reden.
Das Zuhören und damit meine ich, das passive und aktive Zuhören, d. h. man hat verstanden, was der andere gesagt hat und begriffen, was er eigentlich sagen wollte, ist ein ebenso wichtiger und gewichtiger Teil unserer Kommunikation wie das Sprechen. Denn wie sollen Sie sich jemals Ihres Frustes entledigen können, wenn Sie ihn nicht verstanden haben und nicht wissen, warum Sie sich ihn aufgeladen haben? Sich selbst zuzuhören und »In-sich-hinein«-Hören ist eine wichtige Anlage, die Sie auf Ihrem Weg in die Mitte gut gebrauchen können.
Von aktivem Zuhören kann keine Rede sein, wenn Sie während eines Gespräches einfach stillsitzen, kein Wort sagen, vielleicht zum Fenster hinausschauen und an Ihre nächste Verabredung denken. Diese Art des Zuhörens ist respektlos und wirkt sehr störend und irritierend auf Ihre Gesprächspartner. Für Irritation kann schlechtes Zuhören bereits zu Beginn eines Gespräches sorgen wie zum Beispiel in dem Telefonat, das ich mal führte. Ich sagte: »Guten Tag, Frau Leitner!« und diese antwortete: »Guten Tag!« Ich fragte: »Kann ich bitte Herrn Richter sprechen?« und sie antwortete mit: »Danke gut!« Was ist passiert? Die Zuhörende ist über ihre eigene Gesprächsroutine gestolpert, die sie wie viele andere tagein, tagaus wie einen vollautomatischen Waschgang einschaltet. Sie mögen jetzt vielleicht sagen: »Was soll's, denn wem schadet das schon?« Augenblicklich natürlich keinem. Was sich aufgrund von kleinen Zuhörfehlern aber auch entwickeln kann, möchte ich Ihnen anhand des folgenden Beispiels aufzeigen. Man stelle sich vor, was passiert, wenn ein Pilot den unvorhergesehenen Tausch der Verantwortlichkeiten mit seinem Co-Piloten und trotz dessen Aufforderung: »Würdest du bitte heute ausnahmsweise die Tankfüllung überprüfen?« diese einfach überhören würde und anstelle dessen routinemäßig seinen Co-Piloten nach dem Start fragt: »Hast du die Tankfüllung überprüft?« Dieser kleine Zuhörfehler, der sich aufgrund einer eingefahrenen Routine jederzeit und überall ereignen kann, hätte in diesem Fall womöglich schlimme Folgen.

Die Kommunikationsexperten Edelmann und Crain befinden zu diesem Thema: »Um richtig zuzuhören, muß man die mitschwingenden Untertöne der einzelnen Worte hören. Sie können nur beobachten, wenn der Geist sehr ruhig ist, wie Sie auch einem anderen Menschen nur zuhören können, wenn der Geist nicht mit sich selbst schwatzt, wenn er über seine persönlichen Probleme und Sorgen keine Zwiegespräche führt.«[45]

Wenn Sie Zuhören üben wollen, dann beginnen Sie mit dem passiven Zuhören, d. h. mit dem Zuhören, ohne zu unterbrechen, zu interpretieren, zu urteilen oder herumzualbern. Das hört sich sehr simpel an, ist für viele jedoch bereits ein großes Problem, vor allen Dingen dann, wenn sie länger als zwei Minuten zuhören sollen und sie mit einem Thema konfrontiert werden, das sie überhaupt nicht interessiert. In so einem Fall können zwei Minuten zur absoluten Qual werden. Diese Art der »Folter« nutze ich auch gern in meinen Seminaren, um den Vielschwätzern zu zeigen, was sie anderen mit ihren Monologen antun können. Wichtig bleibt allerdings, daß das passive Zuhören, in erträglichen Zeitdosen, ein wunderbares Anti-Frust-Mittel ist. Ein Mensch, dem man seinen Kummer und seinen Schmerz anvertrauen kann, wirkt Wunder. Wie man dieses Kommunikationsmittel im persönlichen Leben kreativ und positv einsetzen kann, habe ich in USA erfahren, genauer gesagt, dort habe ich die Methode *Co-Counseling* zum erstenmal kennengelernt. Beim *Co-Counseling* finden sich zwei Partner (meist Freunde) zusammen, die sich regelmäßig (und das ist sehr wichtig!) einmal die Woche bewußt und intensiv zuhören, entweder telefonisch oder persönlich. Gesprochen wird über das, was einem die Woche so gebracht hat. Man spricht über Schmerzen, Sorgen, Probleme, aber auch über neue Begegnungen, Entdeckungen, Pläne u.v.m. Die Partner erzählen sich abwechselnd (unter Einbezug der *Ich-Sätze*, siehe Seite 185ff.) in einem fünfminütigen Rhythmus allerhand Geschehnisse. Das ganze Gespräch dauert meistens nicht länger als 30 Minuten. Mit *Co-Counseling* redet man sich also seinen Frust von der Seele und sorgt dafür, daß man ihn nicht mit ins Wochenende oder gar mit in die nächste Woche nimmt. Diese Methode schult darüber hinaus das passive sowie das aktive Zuhören, auf das ich jetzt eingehen möchte.

Wenn Sie Ihr Zuhörvermögen intensiv schulen möchten, dann sollten Sie das aktive Zuhören lernen. Aktives Zuhören fordert den Zuhörer auf, das Gehörte zu paraphrasieren, d. h. mit eigenen Worten den Inhalt des Gesprächs, der Mitteilung zu wiederholen, ihn zu umschreiben und ihn zu beschreiben. Der Sprecher hat somit die Möglichkeit, zu korrigieren, das Gesagte richtigzustellen und Mißverständnisse aufzuklären, die so ziemlich schnell und witzig ans Tageslicht gebracht werden können, wie das folgende Gespräch zeigt, das ich mit einer Dame führte, die sich in einem Café zu mir an den Tisch setzte.

A (= fremde Dame): »Mein Max macht gerade eine Wurmkur!«
B (ich): »Wie bitte! Können Sie das noch einmal wiederholen?«
A: »Max macht eine Wurmkur!«
B: »Davon habe ich noch nie etwas gehört. Seit wann gibt es denn diese Kurart?«
A: »Ach, seit ich denken kann!«
B: »Sie meinen also, daß es sich um eine gängige Kurart handelt?«
A: »Ja, und die ist zudem sehr gesund! Sie sollte häufiger angewendet werden!«
B: »Gibt es in Deutschland dafür spezielle Kurzentren?«
A: »Wieso denn Kurzentren?«
B: »Na ja, gekurt wird in Deutschland doch meist in Kurzentren!«
A: »In dem Fall jedoch bei mir zu Hause im Stall!«
B: »Habe ich Sie richtig verstanden, Max macht eine Kur im Stall?«
A: »Ja, warum denn nicht?«
B: »Meinen Sie damit, daß Ihr Mann auch im Stall übernachtet?«
A: »Wieso denn mein Mann?«
B: »Sagten Sie nicht, Ihr Mann Max mache gerade eine Wurmkur?«
A: »Ja, aber mit Max habe ich mein Pferd gemeint!«

Aktives Zuhören kann die Absicht, die Intention, des Sprechers klären, denn diese gilt es herauszufinden, wenn man die wahren Beweggründe, die zu einem Gespräch geführt haben, erfahren möchte. Es hilft, Mißverständnisse aufzuklären, die, so Watzlawick, stets auf dieselbe Grundursache zurückzuführen sind, nämlich darauf, daß der Mensch sich einbildet, er wisse genau, was der andere denkt und fühlt. Diese Annahme zählt zu den schlimmsten Grundübeln menschlicher Denk- und Verhaltensmuster überhaupt. Früher ärgerte ich mich, heute schmunzle ich darüber, wenn andere Menschen meinen, ganz genau zu wissen, wer ich bin. Es ist ein langer (Leidens-)Weg, das begrenzte Wissen, das man über sich selbst und andere in Erfahrung bringen kann, richtig einzuschätzen und zu verstehen.

Aktives Zuhören fordert deshalb einen hohen Grad an persönlicher Reife, Verständnis, Toleranz und Geduld, einen Menschen, der weiß, daß er im Grunde nichts weiß und daß er sich täglich dem Abenteuer Leben genauso neu zu stellen hat wie den Menschen, denen er begegnet. Der Mensch, der aktiv zuhört, läßt sich auf den Sprechenden und seine Welt ein. Dabei entwickelt er die Fähigkeit, sich seinem Partner unvoreingenommen zuzuwenden. Mit dem Zuhören, wie ich es bereits erwähnt habe, wird es immer dann schwierig, wenn der/die Gesprächspartner/in nicht aufhören kann zu sprechen und obendrein noch Gefahr läuft, sich in sein/ihr eigenes Sprechen zu verlieben. Jeder Mensch kann sich nur für eine bestimmte Zeit auf den anderen konzentrieren, und das gilt es zu respektieren. Wenn dieser Respekt nicht aufgebracht werden kann, dann muß der Zuhörer den anderen irgendwie zum Aufhören bringen. Am besten mit einem klaren, direkten und freundlichen Appell: »Könnten Sie bitte zum Schluß Ihrer Ausführungen kommen!« – oder »Ich würde Ihnen ja noch gerne weiter zuhören, kann dies allerdings heute zeitlich nicht schaffen. Können Sie mir da helfen?« Sollte ihr Gesprächspartner diese Aufforderung immer noch überhören, können Sie in Ihrer Not eine Schweigeminute empfehlen, um zu neuen Kräften zu kommen.

Bei all Ihren Appellen, die übrigens Mut verlangen, sollten Sie jedoch darauf bedacht sein, den richtigen Ton anzuschlagen und die richtigen Worte zu verwenden, d. h., es kommt bei Ihnen auch darauf an, daß sie vorbeugend und nicht in letzter Minute ausgeprochen werden. Wenn Sie jemanden zum Stillsein mit Sätzen wie: »Halt die Schnauze!« auffordern und das vielleicht mehrfach und hintereinan-

der tun, dann werden Sie todsicher und wahrscheinlich früher, als Sie denken, eine Retourkutsche bekommen, was ich Ihnen im Kapitel »Übernehmen Sie Verantwortung!« zeigen möchte.
Der Zuhörer wird es mit dem Zuhören auch dann schwer haben, wenn Sie holprig, schwer verständlich und mit Fremdwörtern gespickt reden. Er wird sich zudem schwer tun, wenn Sie ihn mit langen und nicht zusammenhängenden Sätzen und Gesprächen, in denen ihnen längst der rote Faden abhanden gekommen ist, knechten.
Und jetzt ein paar Tips für das gute Zuhören: Sie können sich das Zuhören erleichtern, indem Sie Ihre Gedanken und Ihre Ideen ordnen und sich zum Beispiel vor dem Zuhören auf einem Blatt Papier die Dinge aufschreiben, die Ihren Geist beschäftigen. Sie sollten auch bemüht sein, sich eigenverantwortlich in ein Gespräch einzubringen, und offen mitteilen, warum es Ihnen schwerfällt zuzuhören. Das Zugeben von Schwächen kann ziemlich entwaffnend sein und sich auf den weiteren Gesprächsverlauf sehr positiv auswirken. Kommunikation findet in der Regel zwischen Menschen, wenn ich von Selbstgesprächen und von Gesprächen mit unseren Schutzengeln absehe, und nicht zwischen Maschinen statt, selbst wenn manche diese Erwartung haben sollten. Schwächen, auch Konzentrationsschwächen, sind insofern ganz natürlich, und wenn man die Stärke besitzt, darüber zu sprechen, dann werden die Gespräche lockerer und die Gesprächspartner freier. Die Verhandlung wird dadurch menschlicher und eine Gewinnen-Gewinnen-Lösung wahrscheinlicher.
An dieser Stelle möchte ich ein paar Appelle an Führungskräfte und an alle Personen, die sich in hierarchisch höheren Positionen befinden, somit auch an alle Eltern und Lehrer, richten. Da Sie im Besitz von Macht sind, können auch nur Sie die Macht wieder loslassen. Damit meine ich, Sie haben die Macht, Kommunikationssituationen aufzulockern und aufzuheitern. Es liegt in Ihrer Macht, anderen Mut zu machen, und offen und frei mit Ihnen zu kommunizieren. Vor allen Dingen aber haben Sie die Macht, damit einen Anfang zu machen und für eine bessere Gesprächsatmosphäre zu sorgen. Warum tun Sie es nicht?
Für das gute Gelingen der Kommunikation ist es auch wichtig ein-

zusehen, daß uninteressante und langweilige Themen die Zuhörer eher einschläfern als aufmuntern. Seien Sie ehrlich, wie viele Male sind Sie bei einem Vortrag schon eingeschlafen? Wie fühlen Sie sich, wenn Sie gezwungen werden, an einem Vortrag teilzunehmen, der Sie nicht interessiert? Wie würden Sie sich fühlen, wenn Sie dem Vortragenden über viele Stunden zuhören müßten? Ich frage deshalb so penetrant, weil ich meine, daß sich Eltern oft ungerecht ihren Kindern gegenüber verhalten, wenn sich diese über den langweiligen und öden Schulunterricht beschweren. Wenn ein Lehrer es nicht schafft, seine Klasse für einen Stoff zu begeistern, und er sich keine Mühe gibt, den Stoff interessant zu vermitteln, dann werden sich seine Schüler wenig bemühen, diesen auch tatsächlich zu verstehen. Ich erinnere mich noch genau an meine Schulzeit und an manche Lehrer. Häufig hatte ich das Gefühl, nicht für mich, sondern für den Lehrer zu lernen, der mich begeistern konnte. In den naturwissenschaftlichen Fächern muß ich wohl Spitzenlehrer gehabt haben, denn ich hatte stets Spitzennoten. Obwohl ich keine Physikerin oder Mathematikerin geworden bin, faszinierten mich diese Fächer ungemein, was natürlich nicht bloß auf die Lehrer zurückzuführen ist. Interesse entwickeln wir an einem Stoff und an einer Information, wenn er unsere Gefühlswelt aufwühlt und wir richtig neugierig werden. Dann können wir über Stunden zuhören. Genauso gut hören wir zu, wenn wir eine gute Nachricht erhalten wie z. B. eine Gehaltserhöhung, ein Lob, eine Liebeserklärung. Aber auch in Situationen, in denen wir schlechte Nachrichten erhalten, sind wir gezwungen gut zuzuhören

Als Herr W. kurz nach Arbeitsbeginn seine Mailbox öffnete, erschrak er: »Sehr geehrter Herr W., so langsam wird es ernst. Wir sollten einen Umzugstermin miteinander vereinbaren. Umzugspersonal habe ich an folgenden Tagen im Haus ... Es wäre schön, wenn Ihnen einer davon passen würde!« Herr W., der daraufhin beinahe die Fassung verlor, weil er sich nicht vorstellen konnte, sein altes Büro zu verlassen, schrieb mutig zurück. »Sehr geehrter Herr B., die einzige Konstante in dieser Firma ist der Wechsel. Also, ich bleibe hier in meinem Zimmer. Am besten, Sie sprechen Herrn S. auf seine Umzugswünsche an!« Der klare und selbstbewußte Appell von Herrn W. hat ihm übrigens geholfen, in seinem heißgeliebten Zimmer zu bleiben. Dies konnte er jedoch nicht vorhersehen, denn das klare und unmißverständliche Ausdrücken von Wünschen kann auch zum Nein führen. Davor scheinen sich viele Menschen wohl unbewußt zu fürchten und ziehen es deshalb vor, im Wischiwaschibereich zu kommunizieren und zu verhandeln. Doch so kann man sich nicht weiterentwickeln, und deshalb nehme ich persönlich das Risiko der Verantwortung für mein Wünschen und Tun auf mich.

3. Übernehmen Sie Verantwortung!

Edelmann und Crain empfehlen: »Im Umgang mit anderen sei freundlich und gütig, in der Rede wahr, in Geschäften tüchtig, auf den richtigen Zeitpunkt achte im Handeln. Kein Kampf: keine Schuld.«[46]

Verantwortungsbewußt zu kommunizieren heißt eigenverantwortlich und mit wachem Verstand zu kommunizieren, aber auch, sich seiner Kommunikationsmaschen zu entledigen. Kommunikationsmaschen sind allerlei Tricks, die Sie sich antrainiert haben oder antrainieren ließen, um zu gewinnen. Recycelbarer Kommunikations- oder Wortabfall also. Recycelbar, also wiederverwertbar deswegen, weil Sie versuchen sollten, ähnlich dem Umgang mit Ihrem Hausmüll, Ihren Wortabfall zu trennen, d. h. konstruktives von aggressivem, beleidigendes von aufbauendem usw.; aber auch hierbei sollten Sie genau abwägen, was Sie an Negativem wiederverwerten können. Da unsere gegenwärtige Kommunikation ein großes Problem der Mist- und Abfallbeseitigung hat, bleibt uns eigentlich gar nichts anderes mehr übrig, als mühsam herauszufischen, was wiederverwertbar ist.

Im Grunde meines Herzens glaube ich daran, daß wir durchaus in der Lage sind, uns miteinander wohlwollend zu verbinden, uns gegenseitig zu respektieren und *leben* zu *lassen*. Deshalb ist es auch für jeden einzelnen möglich, Verantwortung zu übernehmen und mit Herz und Verstand zu kommunizieren.

Unter diesem Gesichtspunkt sollten wir auch unsere Kommunikationselastizität überprüfen. Je stärker diese entwickelt ist, desto besser werden wir uns Leuten zuwenden, mit denen wir eigentlich nicht können und nicht wollen und mit denen wir nicht auf einer Wellenlänge sind. Dann wird es sich erst so richtig herausstellen, inwieweit wir fähig sind, über unseren Schatten zu springen, um das *Anziehende* im Unsympathischen zu entdecken, das uns dazu führen kann, daß wir uns mit uns selbst und unseren Schwächen kennenlernen wollen. Auftanken können wir ja wieder an unserer Haustankstelle, da wo wir uns wohl und sicher fühlen, so lange, bis wir sie nicht mehr brauchen und merken, daß es für uns noch andere Tankstellen gibt, die wir bislang mißachtet haben. Das ist der Zeitpunkt, zu dem wir uns von alten Gewohnheiten und Abhängigkeiten befreien können, um neue anzunehmen, die wir vielleicht irgendwann wieder ablegen. Wenn Sie diesem natürlichen Lauf Ihres Lebens zustimmen und sich ihm hingeben können, werden Sie lernen, Verantwortung zu übernehmen und sich flexibel auf Veränderungen einzustellen.

Ich-Sätze (in der Kommunikationsforschung als *Ich-Botschaften* bekannt) können helfen, verantwortungsbewußt zu kommunizieren. Sie helfen, konstruktiv Feedback zu geben und zu empfangen, und zwar so, daß es uns und unserem Selbstwertgefühl hinterher besser geht als zuvor. Wir werden Frust los und gewinnen neue Einsichten.

Wenn es *Ich-Sätze* gibt, dann wird es wohl auch *Du-Sätze* geben. Richtig, die gibt es, und wenn sie verletzend sind, in welcher Form auch immer, dann sollten sie auf ihre Wiederverwertbarkeit hin untersucht werden. Gewisse Arten von *Du-Sätzen* können uns unser Leben schwermachen und rufen häufig heftige Abwehrreaktionen hervor.

Es gibt viele verschiedene Varianten des Du-Satzes. Sie tauchen auf in *Form von Befehlen und Anordnungen:* »Sie hören jetzt sofort damit auf und kommen zu mir ins Büro!« »Du gehst sofort auf dein Zimmer und bleibst da so lange, bis ich dich wieder rufe!« »Wenn du weiter so herumnuschelst, dann lege ich auf!« *Es gibt sie in Form von verletzenden Aussagen*: »Du benimmst dich wie ein Idiot!« »Mit deiner ständigen Nörgelei machst du mich verrückt!« »Dein Mundgeruch macht mich krank!« *Belehrungen sind eine weitere Variante wie:* »Du vergißt diese Idee besser. Sie bringt nur unseren Laden durcheinander!« »Dein Fahrstil ist mal wieder katastrophal, man könnte den Eindruck gewinnen, daß du deinen Führerschein im Lotto gewonnen hast!« Es gibt Du-Sätze in Form von *Drohungen:* »Wenn du jetzt nicht sofort den Mund hältst, dann werde ich ihn dir stopfen!« »Wenn du nicht gleich nach Hause kommst, dann wird dir dein Vater heute abend ein Liedchen singen!« Im Gegensatz zu offenen, direkten Du-Sätzen gibt es die undurchschaubarere Variante *von versteckten Du-Sätzen:* »Willst du ein Pfefferminz, es erfrischt den Atem!« »Mein Vater hätte mir ein paar Ohrfeigen verpaßt, wenn ich es mir erlaubt hätte, ihm zu widersprechen!« »Es steht schon in der Bibel geschrieben, daß du Vater und Mutter ehren sollst!« ...

Du-Sätze beinhalten eine Menge Konfliktstoff, der ein Gespräch zum Eskalieren bringen kann. Ich-Sätze beugen demgegenüber einem möglichen Konflikt vor und können so verhindern, daß sich eine Krise, ein Unwetter aufbaut. Wenn Sie von Ich-Sätzen Gebrauch machen, dann werden Sie eine höhere Sprach- und Konfliktkultur entwickeln, was bedeutet, daß Sie Verantwortung übernehmen, die Wünsche und Bedürfnisse des anderen respektieren, wodurch Sie selbst genügend Respekt ernten werden. Ich-Sätze eignen sich vorzüglich dafür, ein stabiles Fundament für Vertrauen und Ehrlichkeit innerhalb einer Beziehung aufzubauen. Mit Ich-Sätzen können Sie dem anderen alles sagen, was Ihnen nicht behagt, worunter Sie leiden, was Sie stört. Sie können damit auch Positives zum Ausdruck bringen, was jedoch auch in Du-Satz-Manier gesagt werden kann, denn: »Du, ich liebe dich!« »Du siehst heute mal wieder phantastisch aus!« wird wohl jedem Menschen runtergehen wie Öl. Je verlegener z. B. ein Mensch ist, desto größer ist sein Bedarf an positiven Bestätigungen.

Aufbauende Du-Sätze sind in unserer Kommunikation leider Mangelware. Denn hartnäckig hält sich das Vorurteil, daß wenn ich einem Menschen einmal etwas Positives sage, könnte er sich womöglich noch etwas darauf einbilden, was mir nicht recht wäre oder wodurch dieser sich bestärkt fühlt, überzogene Forderungen zu stellen oder sich bei der Arbeit nicht mehr anzustrengen.

Häufiger positiv bestätigt und gestärkt komme ich aus Amerika zurück. Amerikanische Professoren verstehen es, ihre Studenten aufzubauen und ihre Talente in ihren Beurteilungen, was kleine Geschichten über Anlagen und Fähigkeiten sind, neidlos anzuerkennen, wodurch sie natürlich in mir mehr Lernbegeisterung hervorgerufen haben. Fangen Sie also an, und loben Sie auch einmal andere Menschen, oder fordern Sie das Lob und die Beurteilung Ihrer Talente ein. Dasselbe gilt natürlich auch für Schüler. Fordere Lob von deinen Lehrern ein, bzw. gib ihnen Feedback, wenn du dich falsch verstanden oder nicht beachtet fühlst. Natürlich sind auch Lehrer aufgerufen, bei Ärgernissen mit ihren Schülern respektvoll darüber zu sprechen.

Ein Ich-Satz besteht aus drei Teilen. Teil 1 beschreibt, wie Sie sich fühlen (= mich hat es sehr getroffen, ich bin enttäuscht). Teil 2 beschreibt das Verhalten des Gesprächspartners (= daß Sie mein Aquarell nicht weiter betrachten), Teil 3 die Auswirkung des Verhaltens des Gesprächpartners auf mich und meine Situation (= weil Sie mich und meine Arbeit nicht beachteten). Anfängern empfehle ich, Ich-Sätze im entspannten Zustand einzustudieren, damit sie im Ernstfall auch sitzen, und damit sie sitzen, benötigen Sie wenigstens 20–40 Wiederholungen, wenn Sie traditionell, d. h. linksorientiert lernen. Falls Sie ein Problem mit einem Menschen haben sollten und Sie wissen nicht, wie Sie es ihm vermitteln können, dann versuchen Sie, dieses Problem in Ich-Sätzen aufzuschreiben. Lernen Sie dieses Ich-Gespräch auswendig (damit tranieren Sie gleichzeitig Ihr Gedächtnis), und sprechen Sie das Problem bei nächster Gelegenheit an. Es ist nicht leicht, Ich-Sätze in einem emotional erregten Zustand zu formulieren, und wenn sie Ihnen nicht vertraut sind, dann werden sich wahrscheinlich eine Menge verletzender Du-Sätze mit einschleichen, die das Reptiliengehirn wach werden lassen, und so weiteren Frust aufbauen.

Formulieren Sie deshalb einen Ich-Satz sofort, nachdem Sie sich über etwas zum erstenmal geärgert haben, also wenn es Ihnen zum Beispiel nicht paßt, daß Sie zuerst die Kleider Ihrer Kinder im Badezimmer aufräumen müssen, bevor Sie in die Wanne steigen können. Der Ich-Satz für Ihre Kinder könnte lauten: »Ich bin wütend, wenn ihr eure Kleider im Bad herumliegen laßt, weil ich diese zuerst aufräumen muß, bevor ich das Bad benutzen kann!« Sie werden Ihre Ich-Sätze bald lieben lernen, weil Sie sich dadurch in Ärger-Situationen frühzeitig Luft verschaffen. Den anderen gewähren Sie überdies Freiraum, sich mit Ihnen konstruktiv auseinanderzusetzen. Sie werden erstaunt sein, welch konstruktives Kommunikationsfeld sich Ihnen plötzlich eröffnet, denn mit Ich-Sätzen erweitern Sie das Kommunikationsvolumen, statt es einzuschränken, was Sie ja eigentlich auch nicht wollen, es aber dennoch ständig tun. Ich-Sätze sind ein wahrhaftig goldenes Mittel, Ihre Ängste und Ihren Ärger angemessen zu äußern, und indem Sie das tun, entwickeln Sie mehr Gespür für Ihre wahren Bedürfnisse und auch dafür, was Sie wollen und was nicht. Das können Sie übrigens auch mit der folgenden Fähigkeit lernen.

4. Mischen Sie sich ein!

Mobbing ist ein modernes Wort, das zwar viele benutzen, jedoch nur wenige können damit konkret etwas anfangen, es sei denn, sie haben Mobbing erfahren und wissen, wie sich das anfühlt. Für mich ist Mobbing der Sammelbegriff für das, was Menschen Menschen antun können, wenn sie triebgesteuert und egoorientiert durch ihr Leben gehen.

Mobbing ist eine schleichende, oft sehr subtile Methode, einen anderen Menschen psychisch zu zerstören. Wobei die Beteiligten oft selbst nicht wissen, daß sie wie die Frösche in ein und demselben Glas sitzen und dabei sind, langsam »verkocht« zu werden, so ganz unbemerkt.

Das Mobbing-Geschäft blüht vornehmlich in hierarchischen, starren Machtstrukturen und hat überall dort Chancen, wo Menschen anderen gern Schuld in die Schuhe schieben, große Ängste mit sich herumschleppen, ihren Ärger primitiv abreagieren und klatschen, wenn es anderen schlechtgeht. Wir haben es also mal wieder mit konsumorientierten, linkslastigen Gesellschaftsmanieren zu tun. Gemobbte und Mobber können beruflich wie privat aufeinandertreffen.

Je starrer die (Firmen-)Strukturen sind, desto stärker wird etwaiges Mobbing totgeschwiegen, weil sich meist die Führungsetagen selbst daran beteiligen, wie neuere Untersuchungen gezeigt haben. Mobbing ist eine den anderen zerstörende Psycho-Methode, die, ähnlich den physischen Eskalationen von Aggressionen und Feindseligkeiten, zunächst einmal unterdrückt werden muß, wenn ein Konflikt zwischen den Beteiligten offen ausgebrochen ist. Diese Unterdrükkung führt in Firmen nicht selten zur räumlichen Trennung der Kontrahenten, und oft bemüht man sich nicht weiter um eine tiefere Konfliktbewältigung.

Wenn wir uns einmischen, dann sollten wir das positiv und konstruktiv tun, damit wir nicht eines Tages gezwungen werden, unsere negativen Worte und Taten wiederzukäuen. Sich positiv einmischen bedeutet, Feigheit und Ängste zu überwinden wie zum Beispiel die Angst vor dem Vorgesetzten, dem strengen Vater, die Angst vor dem Verlust des Partners. Wenn wir uns einmischen, dann haben wir den Mut anzusprechen und über das zu sprechen, was uns Unbehagen bereitet. Wir nehmen aber auch das Risiko auf uns, möglicherweise verletzt zu werden. Ich erinnere an meine Ausführungen zu Beginn dieses Buches, wo ich versucht habe aufzuzeigen, daß je mehr Frust wir aufstauen, desto mehr werden wir eines Tages abladen müssen und desto größere Schäden können wir anrichten.

Unter Einmischen verstehe ich, einen Entwicklungsprozeß bei sich selbst und deshalb auch bei anderen in Gang zu bringen, in welchem wir uns mit unangenehmen Dingen auseinandersetzen, damit neue, höhere Formen des Zusammenseins wachsen können. Denn nur wenn Sie sich konstruktiv einmischen, werden Sie etwas verändern können. Mobbing hat also nichts mit sich einmischen zu tun!

In den Bergen von Mallorca bin ich einer Großmutter (ich nehme einmal an, daß sie die Großmutter war) gerade in dem Moment begegnet, als sie ihre circa 10 Jahre alte Enkelin laut anschrie. Das Mädchen wollte unbedingt den Pfad zum Gipfel des Berges weiter hinaufsteigen. Ihre Oma hatte dazu jedoch keine Lust und beendete die Quengelei ihrer Enkelin abrupt mit den Worten: »Wenn du jetzt nicht sofort damit aufhörst, dann schmeiß ich dich den Berg runter, damit deine endlose Fragerei ein Ende hat und ich meine Ruhe wiederhabe!« Das Mädchen wurde kreidebleich, und ich konnte mich nicht mehr zurückhalten. Ich ging auf die Frau zu und sagte: »Da ich Ihr Schreien nicht überhören konnte, konnte ich auch nicht überhören, was Sie soeben zu Ihrer Enkelin gesagt haben. Ihre Worte haben mich ziemlich erschreckt, und ich frage mich deshalb, wie tief der Schrecken bei diesem kleinen Mädchen erst sitzen muß. Vielleicht schauen Sie sie mal an, dann sehen Sie, was Sie angerichtet haben!« Ich beendete mein Statement mit der Frage: »Wissen Sie überhaupt, was Sie einem Kind mit solchen negativen Verhaltensweisen antun können?« Da ich selbst ziemlich aufgebracht war, hat das mit den Ich-Sätzen nicht vorbildlich funktioniert. Eine Abfuhr ihrerseits mußte ich also in Kauf nehmen. Als ich meinen Weg fortsetzte, hörte

ich allerdings, wie sie sich bei ihrer Enkelin entschuldigte. Ich drehte mich um und sah, wie die beiden sich umarmten.
Wenn Sie sich nicht einmischen, dann bewegen Sie nichts. Wenn Sie nichts bewegen, dann sind Sie nicht umstritten. Einmischen hat also Folgen! Und wenn Sie Angst davor haben sollten, dann versuchen Sie diese Angst zu bewältigen. Setzen Sie sich zu diesem Zweck eine Ihrer vielen Masken auf, damit Sie Ihre Gefühle ungeschminkter zum Ausdruck bringen können. Machen Sie einen Anfang. Der erste Schritt ist niemals leicht, doch der zweite wird leichter, und plötzlich gehen Sie souverän und maskenloser Ihren Weg, und plötzlich werden Sie sich auch einmischen können, um anderen Menschen zu helfen und um sie zu bestätigen.

5. Kooperieren Sie!
Erinnern Sie sich an die einzelnen Entwicklungsstufen? Dort habe ich geschrieben, daß Sie ein höheres, persönliches Entwicklungsstadium erreicht haben und damit auch eine höhere Frustrationstoleranz, wenn Sie ein wahres, kreatives Interesse an Kooperation zeigen. Kooperationsversuche, die nicht auf dieser Entwicklungsstufe unternommen werden und den Kooperationspartner zu hintergehen versuchen, werden menschlich scheitern, weil die an der Kooperation Beteiligten sich kaum langfristig begeistern lassen und eine gemeinsame konstruktive *Innere Haltung* kaum aufzubauen ist. Darüber hinaus sind solche Partnerschaften gefährdet, in alte, autoritäre und niedrigere Entwicklungsstufen zurückzufallen. Ein echtes Interesse haben Sie, wenn Sie ernsthafte und ehrliche Anstrengungen unternehmen, ein Konzept, einen Plan gemeinsam zu erarbeiten und die Ergebnisse gemeinsam zu realisieren. Aber auch, wenn Sie versuchen mit anderen Menschen belastende und schwere Gefühle, mit denen Sie alleine nicht zurechtkommen, zu verarbeiten. Das kann zum Beispiel Trauer sein, die Sie übermannt, wenn Sie den Verlust eines Ihnen nahestehenden Menschen zu verschmerzen haben. Für Ihre eigene Trauerarbeit kann es sehr hilfreich sein, wenn Sie sich Menschen zuwenden, also mit Ihnen kooperieren, die sich in ähnlichen Situationen befinden. In der Gemeinschaft mit anderen können Sie erfahren, wie unterschiedlich Menschen mit der Bewältigung von Schmerz und Einsamkeit umgehen, woraus Sie Kraft, Hoffnung

und Inspiration für Ihren eigenen Trauerprozeß schöpfen können. Überlassen Sie übrigens die Bewältigung von Gefühlen wie Trauer und Einsamkeit nicht zu lange Ihren Bodyguards. Das Verdrängen, Vermeiden, Rationalisieren usw. bringt Sie in diesen Fragen genausowenig weiter wie die gutgemeinten Ratschläge Ihrer Nachbarn: »Da mußt du durch, und, ach ja, hast du schon gehört, der/die ist auch gestorben!« Ich weiß nicht, wie oft ich diese Mitteilungen vernommen habe, als man meiner Mutter bei der Beerdigung meines Vaters kondolierte und sie damit immer mitten ins Herz traf. Als eine Freundin ihr einmal, ein paar Wochen nach dem Tod meines Vaters, erzählte, wie sie mit dem Tod ihres Mannes umgegangen ist, hatte ich zum erstenmal das Gefühl, daß meine Mutter wahrhaftig Trost erfahren hat.

Wenn Sie sich zudem in diesen lebenseinschneidenden Momenten den Kopf darüber zerbrechen sollten, welchen Sinn Ihr Leben hat bzw. was für einen Sinn Sie Ihrem Leben bis dato gegeben haben, und Sie vielleicht anfangen, sich mit Ihrem eigenen Tod zu beschäftigen, womöglich darüber intensiv ins Grübeln kommen, dann haben Sie einen weiteren hoffnungsvollen Ansatz zur Bewältigung Ihrer Trauer gefunden.

Eine gewinnbringende und gute Kooperation, egal, ob sich ein Team im privaten oder beruflichen Bereich zusammenfindet, setzt die Bereitschaft voraus, daß sich die einzelnen Partner mit ihren Schwächen und Stärken intensiver auseinandersetzen und ihre Handlungen mit Herz, Seele und Verstand reflektieren. Und daß der Verstand, die Gefühle und die Seele, d.h., daß Sie die bewußte, unbewußte und *außerhalb der Welt liegende* Welt in Ihren Reflexionsprozeß miteinschalten müssen, zeigen viele Fallstudien aus der psychotherapeutischen Praxis. So beschreibt der Wiener Psychiater Viktor E. Frankl den Fall eines Geigers: »... der (Geiger) versuchte, möglichst bewußt zu spielen: vom Zurechtrücken der Geige angefangen bis zum geringsten Detail der Spieltechnik wollte er alles bewußt machen, alles in Selbstreflexion vornehmen. Dies konnte nur zum völligen künstlerischen Versagen führen ... denn das Gefühl kann viel feinfühliger sein als der Verstand scharfsinnig.«[47]

Wenn Sie auf dieser Ebene kooperieren wollen, dann müssen Sie sehr mutig sein. Jetzt sind Sie nämlich aufgefordert im Sinne von: »Was ich denke, das muß ich auch sagen und was ich sage, das muß ich auch sein« zu verhandeln. Dazu benötigen Sie einen gewissen Grad an innerer Freiheit, der es Ihnen ermöglicht, Hilfe und Rat bei anderen zu erbitten und sie in Anspruch zu nehmen, denn auf dieser höheren Ebene Ihrer Entwicklung wissen Sie ganz genau, daß Sie nicht alles wissen und schon gar nicht, daß Sie alles alleine durchziehen können. Ihre natürliche Fähigkeit, tief zu vertrauen, wächst genauso wie der Respekt vor anderen Menschen und demzufolge vor sich selbst. Sie haben jetzt die Einsicht gewonnen, daß es ohne das Engagement, die Meinung, das Temperament, den Stil, sprich ohne die Talente und Fähigkeiten der anderen keine wahre und tiefe Lösung eines Problems, Konflikts und/oder Krise geben kann. Die Erfahrung, daß Frust auch gemeinsam mit anderen abzubauen ist, werden Sie jetzt kennen- und schätzenlernen.

Pawlow hat vier Grundtemperamente des Menschen festgestellt. 1) *den stark erregbaren, unbeherrschten Typ,* 2) *den lebhaften, beweglichen Typ,* 3) *den ruhigen, schwerfälligen Typ,* 4) *den schwachen Hemmungstyp.*[48] Demzufolge muß ich mein lebhaftes und bewegliches Temperament oft selbst austricksen, besonders dann, wenn ich meine Aufmerksamkeit auf eine uninteressante Besprechung richten, oder in Welten eintauchen muß, die mich langweilen. Schließlich kann ich nicht von jeder Sekunde des Lebens verlangen, daß sie mich inspiriert. Unabhängig davon, daß ich mir derartige Situationen so gut wie möglich erspare, bin ich doch ab und an gezwungen, sie anzunehmen. Haben Sie gelernt, Ihr Temperament dem »Geist« des jeweiligen Teams anzupassen und andere Temperamente gelten zu lassen, dann sind Sie fähig, gut zu kooperieren.

Wenn eine Kooperation erfolgreich sein soll, d. h. Sie einen maximalen Output von unterschiedlichen Denk- und Handlungsweisen haben wollen, dann sind gewisse Grundbedingungen erforderlich:

1. Es sollten Menschen mit unterschiedlichen Hirnprofilen, d. h. Fähigkeiten, Talenten, Anlagen zusammenkommen bzw. zusammengebracht werden. Warum? Stellen Sie sich vor, Sie kooperieren mit ähnlich veranlagten Menschen, wie zum Bespiel nur mit »Buchhalter«-Typen, und jetzt beschreibe ich Typen in ihrer *reinen* Form, die Sie in der Wirklichkeit so nicht finden werden, die

ständig zu ordnen versuchen und deswegen immerzu mit dem Ordnen des bereits Geordneten beschäftigt sind. Eine Runde nur mit Analytikern, die Ergebnisse wollen, ist ebenso problematisch, weil sie zwar ständig neue Ergebnisse präsentieren, jedoch nicht wissen, auf welche visionäre, philosophische Grundlage oder auf welche übergeordneten Gedanken und Ideen diese Ergebnisse zurückzuführen sind. Chaotisch wird es, wenn ausschließlich Künstler-Typen miteinander zu kooperieren versuchen. Im Verschmelzen von Visionen und Träumen schmelzen auch Strukturen und Ordnungen, die Halt geben. Eine reine Ansammlung von sozialen Typen ist ebensowenig effektiv, denn das ständige Trösten und Helfenwollen wird jeden konstruktiven Entwicklungsprozeß lähmen.

Aufgrund einer wie immer gelagerten einseitigen Besetzung eines Teams kann eine Firma, eine Familie, ein Verein oder eine Institution schnell Richtung und Schwung verlieren. Die Vielfalt ist das Interessante, denn in der Vielfalt steckt die Kraft für Gemeinschaft und Individualität, und damit diese Kraft entstehen kann, sollten wir

2. eine/n Vermittler/in oder ein Vermittlungsteam einschalten (vorzugsweise mit C-Anlagen oder C-Dominanzen), der/die oder das eine Kooperation begleitet und dafür sorgt, daß nichts, vor allen Dingen keine Gefühle, übersehen werden.

3. Einen offenen Kooperationsrahmen schaffen, in welchem festgefahrene Strukturen und Meinungen flexibel und kreativ gehandhabt und diskutiert werden können. Auf eine angstfreie Atmosphäre ist ebenso zu achten, und der/die Moderator/in des Gesprächs, der Sitzung, der Besprechung sollte darauf achten, daß Macht und Verantwortung an die in der Hierarchie niedriger gestellten Teilnehmer abgegeben (= Empowerment) werden, damit alle anwesenden Talente gefördert, ermutigt und motiviert werden.

4. Ein liberaler Konsens ist dem autoritären Konsens, der die anderen zur Übereinstimmung zwingt, vorzuziehen. Widerspruch

ist Raum zu gewähren wie auch der »Let's agree to differ«-Entscheidung, d. h., wir stimmen überein, daß wir nicht übereinstimmen, damit Vertrauen und Gemeinschaftsgefühl wachsen können.

Der Aufbau einer Kooperations- und Konfliktkultur, wie ich sie soeben beschrieben habe, erfordert eine Menge Zeit, und das ist ein großes Hindernis, wenn nicht das größte überhaupt. Menschen, die in Leistungsgesellschaften leben, nehmen sich leider keine Zeit mehr. Sie haben keine Zeit für das mitmenschliche Gespräch, keine Zeit für einen unvorhergesehenen Gast, keine Zeit für das Nachgehen einer plötzlichen, ausgefallenen Idee, sie haben keine Zeit, weil sie sich in einem Strom befinden, der sich keine Zeit mehr nimmt, da ihm die Zeit davonfließt. Einbetoniert in eine starre Tages-, Wochen- und Jahresroutine, kann kein Tag beginnen, ohne daß der nächste nicht schon verplant ist, und kaum hat ein Jahr begonnen, ist es auch schon wieder vorüber. Gegenwart ist Zukunft, und Zukunft ist Vergangenheit. Im Leben, das im Hier und Jetzt stattfindet, findet kein wahres Leben mehr statt. Steigen Sie deshalb einmal aus der Hektik Ihrer eigenen Planung aus, und nehmen Sie sich Zeit für ein Gespräch mit dem Kind, das vor Ihren Augen spielt, für einen Spaziergang, ein Abendessen mit Ihrem/r Freund/in oder für den lang aufgeschobenen Besuch. Wenn Sie beginnen, Ihre Tagesroutine zu unterbrechen, schaffen Sie sich Freiraum für Ihre persönliche Entwicklung. Und weil Sie sich persönlich entwickeln, verändern Sie sich und beginnen, Ihr Leben intensiver wahrzunehmen, zu gestalten und zu nutzen.
Zeit brauchen Sie und Zeit müssen Sie sich nehmen, wenn Sie Ihren Frust wirklich bewältigen und für immer loswerden wollen. Sollten Sie sich für diesen Weg entscheiden, dann werden Sie automatisch andere Prioritäten setzen. Dadurch gewinnen Sie Zeit, vor allem jene Zeit, die Sie an Ihren Frust verschwendet haben. Herz, Verstand und Seele werden Sie auch brauchen, wenn Sie den nächsten Schritt zur grundlegenden Konflikt- und Frustbewältigung wagen.

Mediation

Der Begriff stammt aus dem Lateinischen und bedeutet soviel wie Mitte. Ein Mediator ist die Mittelsperson oder der/die Mittler/in, mittels deren Sie den Weg zur Mitte gehen. In der Mediation geht es also darum, in dem Konflikt, in der Krise die Mitte zu finden, was voraussetzt, daß jeder einzelne bereit sein muß, seinem persönlichen Entwicklungsprozeß zuzustimmen.
Mediation ist ein außergerichtliches Verfahren, das sich z.B. bei Scheidungen immer größerer Beliebtheit erfreut. Die Partner versuchen, mit Hilfe des Mediators oder des Mediationsteams, eine Gewinnen-Gewinnen-Lösung ihres Konfliktes oder ihrer Krise zu erarbeiten und sich zu einigen. Im Idealfall kommen die Streithähne zur Unterzeichnung eines Vertrages oder einer Vereinbarung, mit dem oder der sich alle einverstanden erklären und der oder die Strategien und Pläne zur Umsetzung der Konfliktlösung beinhaltet. Wenn sich die Beteiligten eine über die Vereinbarung hinausgehende Beratung von seiten der Mediatoren wünschen, wird dies neu verhandelt. Sollten sich nach Abschluß des Vertrags zu einem späteren Zeitpunkt neue Informationen zum Konflikt oder zur Krise herauskristallisieren, dann wird eine neue Phase oder eine neue Mediation notwendig.
Die Brisanz eines Mediationsverfahrens ist nicht zu unterschätzen, wie auch die (Lebens-)Gefahr nicht, in die sich Mediatoren begeben können und über die sich jeder Mediator im klaren sein muß. Wenn die Beteiligten die Lust und die Nerven an dieser mühevollen Einigungs- und Auseinandersetzungsart verlieren sollten, dann wird ein Mediationsverfahren oft wieder an den Anfang zurückgeworfen. Von dem Gedanken, alles schnell und perfekt erledigen und managen zu wollen, muß man sich, sobald man einer Mediation zustimmt, verabschieden.
Hizkias Assefa, ein Rechtsanwalt, der sich seit vielen Jahren als Mediator auf allen politischen Ebenen in verschiedenen afrikanischen ethnischen Konflikten betätigt, berichtete mir viel darüber, wie Mediationen manipuliert und Mediationsverfahren gezielt zum Scheitern gebracht werden können. So sei es einmal einem hohen französischen Politiker plötzlich eingefallen, in einer erfolgversprechenden

Mediationsphase im Hutu-Tutsie-Konflikt, die Verhandlung von heute auf morgen von Kigali nach Paris zu verlegen, worauf die Mediation abgebrochen werden mußte. Auch wenn eine Mediation abgebrochen wurde, profitieren ihre Teilnehmer von ihr, denn wenigstens für eine Weile haben sie einen bewußteren und tieferen Weg zur Konfliktlösung eingeschlagen und ein paar Anregungen und Informationen zur Verbesserung ihres alltäglichen, verworrenen Lebens mit nach Hause genommen.

Die Grundbedingung einer Mediation ist Freiwilligkeit. Wir müssen freiwillig die Lust an der eigenen Entwicklung entdecken, die nicht durch Macht und Manipulation herbeizuführen ist. Und hier beginnt die enorme Anstrengung und Herausforderung für die Mediatoren. Eine Mediation darf also niemals, wie ich bereits angeführt habe, gemanagt und darf niemals den Teilnehmern übergestülpt werden. Ideal ist es, wenn die Mediation von einem zentralen und mächtigen Konfliktpartner gefordert wird.

Ein Mediator hat die Aufgabe, sich den teilnehmenden Menschen und/oder der Gruppe vorab vorzustellen, und zwar hierarchienübergreifend, um das Verfahren und den Grund der Mediation offen und direkt mit jedem einzelnen zu besprechen. In solchen Momenten muß der/die Mediator/in bereits die Karten, warum er/sie zum Beispiel von einer Firma, einer Familie, einer Einzelperson gerufen worden ist, soweit es möglich ist, offen auf den Tisch legen können. Wenn er oder sie es nicht tut und statt dessen anfängt, zu lügen oder sich zu drücken, dann schleicht sich Unaufrichtigkeit ein, die sich im weiteren Verlauf nur noch mehr verstärken wird.

Die weitere Aufgabe eines Mediators ist, echtes Interesse bei allen Konfliktbeteiligten, auch im weiteren Umfeld des Konfliktes, zu wecken, sie für eine Mediation zu gewinnen und Vertrauen aufzubauen. Ein/e Mediator/in darf niemals Partei ergreifen. Er/sie muß sozusagen den Tätern und den Opfern, den Mitarbeitern und den Firmeninhabern, den Kindern und den Eltern gleichermaßen neutral und zuvorkommend entgegenkommen und ihre Situation aus deren Sicht verstehen und vermitteln lernen. Die eigene Meinung, die eigenen moralischen Überzeugungen und die eigenen Lebensvorstellungen muß er für die Dauer der Mediation hintanstellen.

Ein weiteres Merkmal eines guten Mediators ist seine Unbestechlichkeit. Deshalb hat er/sie sich selbst ständig genauestens zu prüfen und auf Echtheit zu untersuchen. Empathie und mitmenschliches Interesse sind wichtig, sie allein reichen jedoch nicht aus. So sollte ein Mediator nicht nur theoretisch wissen, was er kann und will, sondern sich selbst, seine Stärken und Schwächen, praktisch erprobt und erfahren haben. Mediator wird man nicht automatisch nach einer intellektuellen Schul- und Universitätsausbildung. Sie brauchen eine Menge Lebenserfahrung und müssen sich ihres eigenen Selbst sehr bewußt sein. Deshalb reflektieren sie ständig über Fragen wie: Kann ich etwas von mir selbst geben, ohne die Garantie, einen Gewinn, eine Befriedigung oder Wachstum zu erleben? Ist meine Liebe in mir tief genug, um das Böse in mir und in der Gesellschaft zu verkraften? Liebe ich mich selbst und kann ich meine Liebe mit anderen teilen? Erkenne ich meine eigene Kraft, die sich auch manchmal in Wut und Furcht ausdrücken kann? Kann ich die Gefühle in einem Konflikt wahrnehmen und verkraften? Bin ich flexibel in meinem Denken und Handeln?

Mediation habe ich vor circa 5 Jahren in den USA kennengelernt und zu diesem Thema über einige Sommersemester hinweg intensivere Studien an einer amerikanischen Universität betrieben. In der Mediation lassen sich zwei große Hauptthemen zusammenfassen: a) Konfliktanalyse und b) Transformation. Da eine (Selbst-)Konfliktanalyse, wenn sie gut, d. h. ehrlich ist, niemals ohne Konsequenzen für das persönliche Leben sein kann, bleibt die Transformation, d. h. die Umwandlung und Umformung verschiedener Persönlichkeitsaspekte oder die Wandlung der gesamten Persönlichkeit, nicht aus. Diese Transformation ist sehr fordernd und geht häufig bis an die Grenzen dessen, was man noch ertragen kann. Man wird aber mit einem hohen Grad an persönlicher Zufriedenheit und innerer Harmonie belohnt.

Mediation ist kein leichtverdaulicher Prozeß. Er berührt tiefe Bewußtseinsschichten und fordert die Teilnehmer auf, umfassend und tief zu reflektieren. Dieser Strom führt einen zu neuen Ufern und zu neuen Erkenntnissen über sich selbst und die eigenen Lebensthemen. Wenn Sie zum Beispiel die tiefe und echte Erkenntnis gewinnen sollten, Ihren Job als Topmanager aufzugeben (der Fall beruht auf Tatsachen), um in Kalkutta Sterbenden, nach dem Vorbild von Mutter

Teresa, Trost zu spenden, dann werden Sie versuchen, diesen Weg einzuschlagen. Wenn Sie eine Antwort auf die Frage, ob Sie mit Ihrem jeweiligen Partner zusammen sein wollen oder müssen, gefunden haben, dann werden Sie eine Entscheidung fällen, die wahrscheinlich für Ihre eigene Zufriedenheit und die des Partners besser ist. Als sich Richard Gere für den Buddhismus und gegen seine Ehe entschieden hat, stand die Welt kopf und konnte nicht verstehen, daß man eine Frau wie Cindy Crawford verlassen kann. Richard Gere hat sich jedoch klar und deutlich für seine Entwicklung und seinen Weg entschieden, der offensichtlich anders ist, als sich viele dies wünschen.

Mediation ist keine neue Therapie und keine neue Meditations- und Religionsform. Verwechseln Sie Mediation auch nicht mit einer Psychotherapie, die bei krankhaften und behandlungsbedürftigen Verhaltensweisen einzusetzen hat. Sie ist vielmehr ein Kommunikations- und Verhandlungsinstrument, das sich für alle Menschen eignet, die im Nebel ihrer Konflikte nicht länger blind herumstochern wollen, weil sich dieser Nebel zu negativ auf ihr eigenes Leben und das ihrer Mitmenschen auswirkt. Mediation ist für Menschen gedacht, die bereit sind, sich zu entwickeln, und sich vor den Konsequenzen auf ihrem Weg zu ihrer Mitte nicht fürchten. Diese Menschen wollen aus der Gewohnheit und Lethargie ihres Lebens heraustreten, ihren eigenen Mist aufräumen und sich davon befreien. Die Ernte, in deren Genuß Sie mit Ihrem Ja zu mehr persönlicher Entwicklung kommen werden, wird sich nicht von heute auf morgen einfahren lassen, und ich denke, daß Sie als ernsthaft Interessierter damit auch nicht rechnen, oder?

Was kann Mediation für Sie tun? Sie kann Ihre positive Einstellung zum Leben stärken. Sie verfestigt in Ihnen konstruktive Kommunikations- und Verhandlungshilfen. Sie formt Ihre Innere Haltung. Sie konfrontiert Sie mit Ihren Schwächen und Stärken, die Sie, wenn überhaupt, ja meist nur oberflächlich einschätzen können. Sie lernen sich und Ihr Leben lieben sowie die Kraft von Gemeinschaft kennen und schätzen. Sie werden Ihren Frust vollständig los. Sie stärkt in Ihnen Anlagen, die Sie für Vergebung und Versöhnung brauchen. So

zum Beispiel Ihre Tiefenempfindung, die sich individuell je nach Fähigkeit verschieden stark oder schwach ausprägen wird.
Was ich mit Tiefenempfindung meine, möchte ich Ihnen am Beispiel eines Wellenreiters verdeutlichen. Der Surfer, der in eine Welle furchtlos hineintaucht, mit ihr hinab in die Tiefe verschwindet, um an anderer Stelle gestärkt hervorzukommen, erfährt und erfühlt die Wirkung von Tiefe. Und je tiefer er in die Welle hineinzutauchen wagt, desto höher wird er hinausgleiten und desto eher wird er auf der höchsten Stelle der Schaumkrone seiner Welle reiten können. In solchen Momenten ist er eins mit dem Meer.
Tiefenempfindung brauchen Sie, wenn Sie Ihre Konflikte und Krisen vollständig bewältigen wollen. Dazu müssen Sie bereit sein, in Ihre Konflikte einzutauchen und sie anzunehmen, soweit wie Sie es verkraften können und wie es Ihre persönlichen Anlagen zulassen. In Ihrem Tiefgang sind Sie aufgefordert, sich zu hinterfragen und Ihr Leben und Ihre Verhaltensweisen zu analysieren. Dabei werden Sie mit Angst und Ärger konfrontiert und immer wieder versucht sein, abzuwehren, d. h. hinaufzutauchen, zu manipulieren, zu intrigieren. Je furchtloser Sie sich aber irgendwann Ihrer Gefühlswelt stellen können, desto freier werden Sie von Ihren Ängsten, Sorgen und damit von Ihrem Ärger. Sie werden bewußter und behutsamer abwehren, und Ihre Ausstrahlung wird zunehmen. Wenn Sie das Abenteuer eines tiefen und befreienden Wellengangs nicht alleine verkraften sollten, dann schauen Sie sich nach einem Tauchlehrer (= einem Freund, einem Lehrer, einem Analytiker, einem Mediator usw.) um.
Mediation kann bis zu einem gewissen Grad auch autodidaktisch betrieben werden. In der Selbst-Mediation vertrauen Sie auf Ihr eigenes Potential, das Sie richtig einschätzen sollten, d. h., Sie müssen wissen, was Sie sich im Alleintauchgang zumuten können, und Sie benötigen ein gewisses Maß an persönlicher Kraft, Ausdauer und Mut. Mittels Ihrer Kraft, die zum Mediator wird, können Sie Ihren Weg einer tiefen, inneren Konfliktlösung gehen. Dabei werden Sie auch lernen, daß es möglich ist, ohne »Reiseleiter zu reisen«, was Sie selbständiger und zugleich mutiger werden läßt. Jetzt fangen Sie an, Ihr Leben selbst in die Hand zu nehmen und Ihre Handlungen selbst zu verantworten.

In dem Konflikt mit meiner Mutter, die Hand an sich legte, mußte ich tief hineintauchen, damit ich mich mit ihr vollständig aussöhnen und ich sie und sie mich in Ruhe lassen konnte. Dazu benötigte ich vier Jahre. In die Analyse stieg ich sofort nach ihrer Selbsttötung intuitiv ein. Mir kam natürlich zugute, daß ich mit ihr bereits zu Lebzeiten intensiv verbunden war, und daß wir über alles gesprochen haben, sogar über Selbstmord, was ein immer wiederkehrendes Thema in ihrem Leben war. Und eins dieser Gespräche ist mir heute noch in lebhafter Erinnerung, denn ich habe ihr damals zu verstehen gegeben, nachdem sie mich fragte, ob ich ihr verzeihen würde, wenn sie sich aus dem Staub machen würde, daß mich ihre Gedanken zwar ziemlich macht- und kraftlos machen, ich aber versuchen würde, ihr zu vergeben. Dieses Gespräch führten wir sechs Monate vor ihrem Tod, wobei ich es in diesen sechs Monaten vollkommen vergaß bzw. verdrängte. Nach ihrem Tod erinnerte ich mich wieder daran, auch an meine Aussage, daß ich versuchen würde, ihr zu vergeben. Diesen Prozeß habe ich mit dem sofortigen Beginn meiner Konfliktrecherche eingeleitet. Ich schnappte mir alles, was ich zu ihrer Person im elterlichen Haus finden konnte. Darunter befanden sich Bilder, Tagebücher, Notizen, Briefe, Postkarten, zwei, drei Lieblingskleider und Schmuckstücke, ihr Lieblingsbesteck und ihre Bibel.
Ich versuchte, mich in ihre (Gemüts-)Verfassung am Tag ihrer Tat zu versetzen, und rekonstruierte jeden Schritt, den sie vor ihrem Tod unternommen hat. Ich betrat das Haus an derselben Stelle. Ich folgte ihren Schritten vom Keller in die Küche hinauf, setzte mich auf den Stuhl, den sie benutzte, um den Abschiedsbrief zu verfassen. Da verweilte ich so lange, wie ich glaubte, daß sie für das Schreiben gebraucht hatte. Ich folgte ihr ins Bad und anschließend ins Schlafzimmer, in welchem sie sich ihre eleganteste Bluse und ihren liebsten Rock angezogen hat. Ich ging mit ihr wieder in die Küche, an den Ort, wo sie ihren Schmuck ablegte, und ich ging mit ihr in den Keller und in die Garage zu der Stelle, an der sie sich erdrosselte. Ich nahm das Stück Verlängerungskabel in die Hand, das sie benutzte. Ich kniete an der Stelle nieder, an der sie starb, und ich las aus ihrer Bibel. – Eine tiefe Konfliktlösung, die Vergebung und Versöhnung anstrebt, ist kein Spaziergang, das habe ich am eigenen Leibe erfahren. – Ich studierte ihre Tagebücher und habe vieles begriffen. Was sie war und von

dem ich nichts wußte. Ich begann, an meine Mutter zu schreiben, und verfaßte für sie verschiedene Kurzgeschichten, Essays und Gedichte. Ich fragte sie, warum sie mir das angetan hatte und warum sie nicht die Mutter war, die ich haben wollte? Unzählige Male brachte ich sie in meinen Träumen um. Die Liebe, die uns verband, fesselte mich über ihren Tod hinaus. Als ich langsam angefangen habe, besser zu verstehen, wurde es mir leichter. Ich konnte sie loslassen. Heute verstehe ich, daß ich sie nicht verloren habe und daß ihre Liebe irgendwie in meinem Kern weiterlebt, eine Liebe, die reiner, tiefer, selbstloser und freier ist als jemals zuvor. Und wenn ich mich heute an meinen letzten Spaziergang bei Sonnenuntergang mit ihr zurückerinnere, bei welchem ich fühlen konnte, daß sie bereits weit weg von mir war, und ich mich dann daran erinnere, wie ich zu ihr sagte: »Ich weiß, du hast etwas vor, und ich weiß, ich kann dich nicht mehr zurückgewinnen!«, dann sehe ich ihre wasserblauen Augen, die mich anlächeln und die mich mit ihr versöhnten. Die lange, brutale, aber ehrliche Vergebungs- und Versöhnungsphase mit meiner Mutter hat mich innerlich reicher gemacht. Ich habe begriffen, daß diese Frau für mich die richtige Mutter war. Heute wirkt ihr Erbe in mir. Ein Erbe voll innerer Kraft und Tiefe. Und das ist es, was sie für mich unsterblich macht.

Lang und mühevoll ist der Weg einer tiefen Konfliktlösung, das steht außer Frage, weil Konflikte und Krisen nun mal keine stabilen und einschätzbaren Größen sind. Wenn Sie es nicht wagen sollten, Ihre Konflikte vollständig zu lösen, dann werden Sie es schwerhaben, mit dem Grundlos-glücklich-Sein, auch wenn Sie viel Geld besitzen sollten. Konflikte und Krisen haben ein starkes Eigenleben. Sie zu unterdrücken ist, als würden Sie sie in einen geschlossenen Topf sperren und im Keller abstellen. Die weitverbreitete Meinung, daß sie damit ein für allemal gelöst sind, ist fatal, weil Konflikte und Krisen eine Eigendynamik entwickeln, die Sie kontrollieren und bestimmen wird.

Wenn sich eine Firma oder eine Familie entscheidet, einen langjährigen Konflikt, der den gesamten Firmen- oder Familienbetrieb stört, zu beheben, dann kann eine *Business*- oder eine *Family-Mediation* helfen, die sich grob in folgende Schritte fassen läßt:

1. Analyse der sachlichen und emotionalen Firmen- bzw. Familienstruktur. Gespräche und Interviews mit Mitarbeitern oder Familienmitgliedern. Erstellen, Ausfüllen und Auswerten von Fragebögen.

2. Die Konfliktherde und -felder werden bewußtgemacht und diskutiert. Übergeordnete Themen für die Mediation werden formuliert und die Mediation im Betrieb oder in der Familie öffentlich vorgestellt. Auf Freiwilligkeit bei den Anmeldungen ist zu achten.

3. Das Mediationsteam stellt sich vor, das aus externen und internen Mediatoren/Mitarbeitern und aus verschiedenen Dominanztypen besteht. Es besteht aus drei bis vier Personen. Die Leitung übernimmt ein erfahrener Mediator/eine erfahrene Mediatorin.

4. In der Gesamtgruppe werden konstruktive und positive Kommunikations- und Verhandlungsinstrumente geübt.

5. Die Konfliktpartner arbeiten in Kleingruppen Problemlösungen aus, über die sie mit anderen diskutieren und verhandeln.

6. Das Mediationsteam vermittelt, klärt, stellt fest, faßt zusammen, schlichtet, beruhigt, schlägt vor.

6. Eine Konfliktvereinbarung oder ein Vertrag wird gemeinsam erarbeitet und im günstigsten Falle von allen Teilnehmern unterschrieben, die sich darum kümmern, daß die Vertragsinhalte in den Betrieb oder in die Familie implementiert werden.

In Deutschland ist Mediation weitestgehend unbekannt und wird häufig mit Schlichtung oder Beratung verwechselt. Mediation ist wie gesagt bei Scheidungen populär. Business- und Family-Mediation sind jedoch noch Neuland. Es werden aber schon eine Menge Aus- und Fortbildungen zum Mediator angeboten.

Vergebung und Versöhnung

Es gibt keine schwierigere Aufgabe als diejenige, kranke, destruktive und negative Beziehungen zwischen Menschen wiederaufzubauen und sie miteinander zu versöhnen. Um sich zu versöhnen, muß man zuerst die Kraft und die Großherzigkeit aufbringen, zu vergeben. Etwas, was Sie nur dann können, wenn Sie Ihren ganzen Verstand, Ihr Hirn, Herz und Seele miteinbringen. In der Vergebung wachsen Sie über die Grenzen Ihres eigenen Lebens, Ihrer Erwartungen, Ihrer Wünsche, sprich über die Grenzen und Begrenzungen Ihres Egos, Ihres Ärgers, Ihrer Ängste hinaus und lassen von Ihrem Besitz- und Machtstreben ab.

Auf die Fragen: Kann man oder muß man ohne Reue vergeben? Ist Reue notwendig, damit man vergeben kann? Gibt es, Sie ahnen es schon, die unterschiedlichsten religiösen und kulturellen Auffassungen. Ich werde jedoch darauf verzichten, sie alle hier aufzuführen, da dies nicht nur den Rahmen dieses Buches, sondern auch den Rahmen meines Wissens sprengen würde. Ich versuche das Thema nach meiner speziellen Manier zu fassen, d. h., mein begrenztes Wissen wird sich mit meinen gewonnenen Einsichten und Erfahrungen verbinden, und dies wird sich vielleicht mit manchen religiösen, spirituellen, psychologischen und philosophischen Ansätzen decken, die mich sicherlich inspiriert haben, meine eigenen Gedanken und Überlegungen zu entwickeln.

Deswegen kann ich gleich jetzt sagen, daß es für meine Begriffe und für die eigene Entwicklung und damit verbunden den inneren Frieden und die Leerung des Frusttopfes besser ist, zu vergeben, auch wenn der oder die andere seine/ihre Tat nicht bereuen sollte. Dazu gehört auch, sich selbst Situationen und Begegnungen zu vergeben, in denen es uns an Mut oder Durchhaltevermögen oder Kreativität mangelte und in welchen wir zum Beispiel einem Menschen nicht geholfen haben, der z. B. vor unseren Augen angegriffen wurde.

In Kürze heiratet ein guter Freund von mir, und daß er das tut, habe ich über Dritte erfahren. Wie auch immer die Motive für diese Verhaltensweise zu interpretieren sind, ich habe mich entschieden, meine anfängliche Enttäuschung über ihn mir nicht übermäßig zu

Herzen zu nehmen, damit mein Aggressionstrieb nicht das Kommando übernehmen kann. So schaffe ich mir Raum, und in diesem Raum verringert sich meine Sympathie ihm gegenüber nicht. Ich erspare mir gleichzeitig viel Frust, den ich mir mit Beleidigtsein und durch Schuldzuweisungen aufladen würde. Dieser Raum wird es mir auch ermöglichen, mit ihm darüber zu einem geeigneten Zeitpunkt zu sprechen.

Wenn ich es hin und wieder schaffe, in Distanz zu meinem eigenen Leben zu gehen, dann fällt es mir leichter, vor allem in kleinen und alltäglichen Konflikten, in Konflikten, die einem aber Magenbeschwerden verursachen können, zu vergeben. Diese Distanz läßt mich auch hoffen, daß ich in dramatischeren Auseinandersetzungen den Weg zur Vergebung finden werde. Damit ich in diese Distanz finden kann, helfen mir unter anderem Lehren wie die von Don Juan Matus, die mir die Begrenztheit meines eigenen Lebens vorführen und mir damit verdeutlichen, daß ich in meinem Leben keine einzige Sekunde an Frust verschenken sollte. Don Juan lehrt:

> »Richte deine Aufmerksamkeit auf die Verbindung zwischen dir und deinem Tod, ohne Reue, Trauer oder Sorge. Richte deine Aufmerksamkeit auf die Tatsache, daß du keine Zeit hast, und richte deine Handlungen darauf ein. Laß jede deiner Handlungen deine letzte Schlacht auf Erden sein. Nur unter diesen Bedingungen werden deine Handlungen die Kraft haben, die ihnen zusteht. Sonst werden sie, solange du lebst, die Handlungen eines verzagten Menschen sein.«[49]

Versöhnung und damit der Drahtseilakt von Reue und Vergebung, ist der tiefste Entwicklungs-(Tauch-)gang, den ich mir vorstellen kann. Er läßt sich nicht ohne Anstrengung, Ausdauer, (Selbst-)Verantwortung und (Selbst-)Bestimmung gesund überstehen. Die Freiheit, die Sie im Laufe dieses Tauchgangs gewinnen, wird Sie jedoch innerlich reicher und zufriedener machen, so daß sich Ihre Mühe lohnen wird und Sie Sinn in Ihrem Leben sehen.

Menschen, die diesen hohen Grad ihrer persönlichen Entwicklung anstreben und konsequent leben, sind Ausnahmeerscheinungen und nach meinem Dafürhalten auch ohne Seligsprechung des Papstes zu verehren. Zu diesen Menschen zähle ich Persönlichkeiten wie Pater

Christian de Chergé (auch Martin Luther King würde ich dazu zählen wie viele andere, die ich in diesem Buch zitiert habe und die keinem religiösen Orden angehören oder angehört haben), der im Mai 1996 mit sieben weiteren Mönchen des Trappistenordens von der islamistischen Befreiungsorganisation in Algerien ermordet wurde. Aus seinem Testament, das die Kölner Kirchenzeitung veröffentlichte, möchte ich zitieren: »Mein Leben hat keinen höheren Preis als irgendein anderes. Allerdings ist es auch nicht weniger wert ... Ich habe lange genug gelebt, um zu wissen, daß ich mitschuldig am Bösen bin, das in der Welt leider zu überwiegen scheint, sogar jenes Bösen, das in seiner Blindheit gerade mich treffen kann ... Ich wünsche im entscheidenden Augenblick einen klaren Verstand zu haben, damit ich um die Vergebung Gottes und meiner Brüder hier auf Erden bitten kann und um gleichzeitig von ganzem Herzen demjenigen zu vergeben, der Hand an mich gelegt hat.«[50]

Menschen, die vergeben können und die Fähigkeit besitzen, sich zu versöhnen, leben eine grenzenlose innere Freiheit, die es ihnen ermöglicht, *großherzig*, also außerhalb ihres Ego-Horror-Terror-Teufelskreises, zu vergeben. Auch wenn das Böse überwiegen sollte und sie womöglich von diesem Bösen zugrunde gerichtet werden sollten, bemerken und bekennen sie ihre Mitschuld am Bösen und bringen die Kraft auf, um Vergebung für ihre und die Sünden (= negative und feindliche Verhaltensweisen) von anderen zu bitten und zu beten.

Vergebung fordert den ganzen Menschen. Sie fordert das sukzessive Loslassen vom Haben und vom Wollen und das vollkommene Überwinden von Angst und Ärger. In der Vergebung geben wir unsere Wünsche und Rechtsansprüche auf, Unmögliches zu fordern und zu erwarten. Gleichzeitig hören wir damit auf, uns Traumwelten aufzubauen und in ihnen zu leben, und gleichzeitig beginnen wir, demütiger und bescheidener zu leben.

Versuchen Sie einmal, den Umfang der Ihnen derzeit zur Verfügung stehenden Möglichkeiten zum Vergeben einzuschätzen. Fragen Sie sich deshalb: Was bin ich in der Lage zu vergeben und was nicht? Warum? Was würde ich gerne vergeben, und warum gelingt es mir nicht? Wie fühle ich mich, auch wenn ich nicht vergebe? Fragen Sie sich weiter: Wie werde ich mit persönlichen Enttäuschungen fertig?

Gibt es etwas aus meiner Kindheit, das ich bis heute nicht verzeihen konnte oder das mir bis heute nicht verziehen wurde? Welche Erwartungen habe ich, bevor ich einem anderen vergeben kann? Kann ich den Menschen verzeihen, die ich liebe und die mich schwer enttäuscht haben? Wovor fürchte ich mich?

Falls Sie überwiegend trieborientiert und angstvoll leben, dann wird Ihnen das Vergeben schwerfallen. Es wird Ihnen viel leichter fallen, Rache- und Haßgefühle aufzubauen. Negative Verhaltensweisen also, die Sie obendrein meist unreflektiert an Ihre Kinder weitergeben. Falls Sie sich, Ihren Haß und den Teufelskreis, in den Sie sich mit ihm automatisch begeben, besser verstehen sollten, dann wird es Ihnen mehr und mehr möglich sein, sich in andere hineinzufühlen, sie zu verstehen, sie bedingungslos lieben zu lernen, ihnen zu vertrauen und zu vergeben. Ihnen wird es leichter fallen, Ihre Gedanken von Ihren Gefühlen zu trennen, in ihnen das Positive zu stärken und das Negative auszugleichen. Ihre Fähigkeit, mit leerem Kopf (d.h. ohne sich selbst und anderen Ihren emotionalen, antrainierten Stempel aufzudrücken) stark zu empfinden, wird Sie glücklich machen, weil Sie nun bereit sind, konstruktive und kreative Verhandlungsprozesse nach dem Motto zu führen: Ich mag dich, obwohl ich über das, was sich zwischen uns ereignet hat, traurig und verärgert bin. Ich möchte deshalb, daß wir den Konflikt gemeinsam bewältigen und bereinigen!

Erste Anzeichen von Reue leiten häufig unbewußt einen Vergebungsprozeß ein. Die Bandbreite von Reuemaßnahmen reicht von der schnellen (oft unreflektierten, weil bequemen) Entschuldigung bis hin zu Geldüberweisungen, sozialen Diensten, Mahnmalen. Dieser Beginn muß allerdings nicht heißen, daß wirkliche Vergebung stattfindet. Vergebung ist ein Prozeß, der über viele Jahre dauern kann. Vergebung heißt nicht, daß man ab sofort auf jegliche Bestrafung zu verzichten hat. Sie bedeutet auch nicht, aggressive, feindliche und negative Verhaltensweisen zu akzeptieren, sowenig wie Verhaltensweisen, die Schmerz, Leid und Zerstörung verursachen, unterstützt werden sollen. Wir müssen das Verhalten des anderen nicht automatisch akzeptieren, weil wir vergeben haben, was Pater Chergé in seinem Testament klarmacht: »Diesen Tod kann ich nicht wünschen, und ich halte es für wichtig, das zuzugeben.«[51]

Vergebung ist eine ganz persönliche Sache, die einerseits diejenigen betrifft, die von einer langen, tiefen, persönlichen Demütigung, Feindseligkeit, von Horror und Terror betroffen sind, andererseits betrifft sie die Menschen, die Horror und Terror ausüben und die aufgefordert sind, sich selbst zu vergeben, wenn sie in einen glaubhaften Reueprozeß treten wollen. Im Prozeß der Vergebung lernen Sie Ihre Gefühle, Ihre Ängste, Ihre Leidenschaften, Ihre Sehnsüchte, Ihre Verletzungen kennen, und im Zulassen Ihrer Gefühle und Emotionen werden Sie sich befreien und aus Ihrem ganz persönlichen Frust-Teufelskreis aussteigen können. Vergebung kann meines Erachtens nur zwischen den direkt und indirekt betroffenen Menschen, selbst über den Tod hinaus, geschehen und nicht stellvertretend durch Systeme und ihre Repräsentanten. Insofern ist und bleibt es für mich ein Rätsel, wie komplexe und undurchsichtige Krisen, wie es zum Beipiel Kriege und Diktaturen sind, vergeben werden können und wer sie wem vergeben kann, ohne daß Anstrengungen unternommen werden, die einzelnen davon betroffenen Menschen zusammenzuführen.

Hizkias Assefa erzählte mir, wie der Vergebungsprozeß zweier verfeindeter Stämme in Sierra Leone eingeleitet worden ist. Die jeweiligen Stammeshäuptlinge und ein paar Mediatoren brachten die Überlebenden der am Krieg beteiligten Stämme zusammen. Inmitten der Ruinen eines niedergebrannten Dorfes trafen eines Tages sowohl Täter als auch Opfer aufeinander. Letztere legten sich auf den rußigen und blutverschmierten Dorfboden. Die Kriegführer setzten sich zu ihnen, umfaßten sie an ihren Füßen und baten sie öffentlich um Vergebung. Mir lief es heiß und kalt den Rücken hinunter, als er mir weitere Details dieses tiefen Reue- und Vergebungsvorgangs erzählte.

Allein die Vorstellung, Sie würden mit Ihrem Nachbarn auf dem dörflichen Kirchplatz eine derartige Zeremonie abhalten, würde Ihnen wahrscheinlich in der westlichen Welt eher zehn Jahre Gesprächstherapie einbringen, als daß Sie auf Verständnis stoßen würden. Trotzdem, so meine ich, können Konsumgesellschaften viel von der Herzenswärme und Natürlichkeit sogenannter Dritte-Welt-Völker lernen.

Wir müssen uns dem Schmerz öffnen, wenn wir vergeben wollen, um zu erfahren, ob wir zum Beispiel auch stark genug sind, Kritik und Abweisung durch andere auszuhalten und uns davon freizumachen. Sich dem Schmerz zu öffnen heißt Schwächen zuzulassen, wodurch wiederum Mitgefühl (nicht Einfühlungsvermögen) und Mitmenschlichkeit gestärkt werden, was in den einzelnen Charakter- und Dominanz-Typen unterschiedlich stark zum Ausdruck kommen wird.

Wahre Vergebung, die Versöhnung einleiten kann, verpflichtet Sie, unermüdlich nach Gerechtigkeit und Wahrheit zu suchen. Gandhi beschrieb das folgendermaßen: »Nicht Gewaltfreiheit, sondern Wahrheit ist das Ziel. Die Wahrheit wuchs mir zu, aber um Gewaltfreiheit mußte ich kämpfen.«[52]

Wie schwierig es mit der Wahrheit ist, habe ich in verschiedenen Kapiteln dieses Buches angesprochen. Verweisen möchte ich in diesem Zusammenhang auf das Kapitel Persönlichkeitsmodell und das Modell Mächtiger Kern. Wahrheit finden Sie in Ihrem Kern. Hier begegnen Sie Ihren reinsten und klarsten Gefühlen, und hier sind Sie frei, sie zu äußern. Wenn Sie mit Ihrem Kern in Verbindung stehen, gar mit ihm verbunden sind, werden Sie unter anderem die Paradoxien in Ihrer Kommunikation eliminieren können, die auftreten, wenn Sie den Zugang zu Ihrem Kern mit Angst, Ärger, Abwehr und einem übertriebenen Ego verschütten.

Was ist also Wahrheit, wieviel Angst macht Wahrheit? Stimmt es, wenn wir sagen, daß je mehr wir vom anderen wissen, desto weniger werden wir uns mit ihm versöhnen können?

Jeder von uns kann von einer Sekunde zur anderen in Situationen geraten, die angst machen und in denen das Zulassen von Wahrheit wichtige Überlebensmomente darstellen kann. In solchen Momenten, so meine Meinung, ist es in jedem Fall besser, nicht davonzulaufen, sondern sich mutig und offen der Situation zu stellen. Die Hoffnung auf einen guten Ausgang sollten Sie dabei ebensowenig verlieren wie das Bemühen, Herz und Seele, sprich den Kern und die positiven Gefühle im Gegenüber anzusprechen. Ein unumstößlicher Glaube an das Gute im Menschen und eine positive (Lebens-)Einstellung (wozu Sie jetzt wieder Ihre rechte Gehirnhälfte benötigen) werden Ihnen helfen, diese Situationen heil zu überstehen. In der Psychologie gibt es den Begriff der *Selbsterfüllenden Prophezeiung.* Bei den Quäkern habe ich den Begriff *Transforming Power* (= transformierende Kraft/Energie) kennengelernt, und beide sind sich in ihren Ansätzen ähnlich. Gandhi wie auch Martin Luther King haben auf ihrem Weg zur Wahrheit an das Konzept der *Transforming Power* geglaubt, ihm absolutes Vertrauen geschenkt und daraus Stärke und Kraft bezogen. Was ist damit gemeint?

Während eines Aufenthaltes in den USA besuchte ich für ein paar Tage David, der damals im Schwarzenviertel Buffalos wohnte, auch die Hood genannt. Eines Abends fuhr ich mit meinem alten Pick-up-Truck in die Hood zurück. Zu früh bog ich an einer Verkehrsampel rechts ab und landete in einem mir völlig unbekannten Teil des Viertels. Im Schrittempo fuhr ich weiter, da ich mich anhand der Straßenschilder weiter orientieren wollte. Plötzlich kamen aus der Dunkelheit ein paar Jugendliche auf mich zu. Ruckzuck umzingelten sie meinen Wagen. Ein paar kletterten auf die offene Ladefläche, andere saßen auf der Kühlerhaube. Ich grüßte sie lautstark mit einem: *»Hello, how are you tonight?«* und teilte ihnen mit, daß ich mich total verfahren hätte. Ob sie wüßten, wo die *Purdy Street* sei? Überrascht traten meine Verhandlungspartner vom offenen Fahrerfenster zurück, tauschten für mich unverständliche Worte aus und zeigten plötzlich auf eine Querstraße, die nicht weit weg war. Ich bedankte mich und fragte sie, ob ich sie bis dorthin mitnehmen könne? Manche fuhren tatsächlich mit. David klärte mich dann später auf, daß zu dieser Zeit nur Verrückte, Drogendealer, Bandenmitglieder und Prostituierte unterwegs seien und kein Mensch auf die Idee käme, mit Jugendlichen in der Gegend herumzufahren. Ich muß den Jugendlichen wohl ein einmalig ungewohntes Bild geboten haben. Eine Ausländerin, die nachts im Pick-up-Truck durch die Slums von Buffalo fährt, ist sicherlich eine Seltenheit. Vielleicht hat das dazu beigetragen, die Situation zu entschärfen. Wahrscheinlich buchen Sie das Ganze in die Kategorie *Glück muß der Mensch haben.* Ich buche es jedenfalls in die Kategorien von *Transforming Power (TP)* und von *Selbsterfüllender Prophezeiung,* denn zu keiner Sekunde habe ich negative Gedanken und Vorstellungen zugelassen, und niemals sind in mir negative Gedanken aufgetaucht. Das gute Ende habe ich somit selbst vorausgedacht und damit in mir Raum geschaffen für außergewöhnliche Ideen und Lösungen. *Transforming Power* ist eine Kraft, die aggressive und feindliche Verhaltensweisen in konstruktive Verhaltensweisen umwandeln kann und die uns hilft, die Hürden und Blockaden auf unserem Weg zur Mitte zu bewältigen.

An *Transforming Power (TP)* muß man glauben, für sie offen sein, wenn sie in einem wirken soll. Transforming Power verlangt auch ein offenes und unschuldiges Herz, vergleichbar dem eines Kindes, hat aber nichts mit Naivität zu tun, sondern mit Respekt, der anderen Menschen, anderen Kulturen und anderen Lebensstilen und Einstellungen entgegengebracht wird. Sie wirkt um so besser, je mehr wir uns neuen Wegen öffnen und in ungewohnte Situationen tauchen. TP ist eine Kraftquelle, die für Vergebung und Versöhnung gebraucht wird.

Falls Sie sich mit Vergebung und Versöhnung noch nicht beschäftigt haben, dann sollten Sie sich nicht gleich auf die delikatesten und schwersten Konflikte Ihres Lebens stürzen und sich ab sofort zur Versöhnung zwingen. Damit will ich sagen, daß Sie sich nicht überfordern dürfen und sich auch nicht dazu zwingen sollten, sich mit Ihrem Opfer oder Täter zu verbünden.

Das Leben bietet genügend Vergebungs- und Versöhnungsstoff, wozu Ihnen sicherlich eine Menge einfällt. Fangen Sie an, sich mit Ihren kleinen und unscheinbaren Konflikten zu versöhnen, also mit jenen, die Ihren Frusttopf unmerklich anfüllen, Sie in einer gedämpften Stimmung halten und Ihnen und Ihren Mitmenschen zusetzen und sie bedrohen. Vergeben Sie zum Beispiel Ihrer Tochter, wenn sie mit einer Tätowierung nach Hause kommt, oder Ihrem Sohn, der nicht in Ihre Fußstapfen treten will. Verzeihen können Sie zwischendrin auch einmal Ihrem Kollegen, der Sie hintergangen hat, dem Spaziergänger, der an Ihren Gartenzaun pinkelt, und Ihrem Chef, der Sie entlassen will. Sollte Ihnen das Vergeben schwerfallen, dann trösten Sie sich damit, daß das Vergeben noch lange nicht heißt, daß Sie die Verhaltensweisen der anderen hinnehmen und akzeptieren müssen. Im Gegenteil, vergeben heißt auch, konstruktiv und positiv.

Sollten Sie es schaffen, zu einer Gewinnen-Gewinnen-Lösung zu gelangen, dann sind Sie auf dem besten Wege, sich zu versöhnen und sich von alten Denk- und Verhaltensmustern zu befreien.
Die Entscheidung, ob Sie vergeben wollen und wie Sie Ihre Konflikte bewältigen, nimmt Ihnen niemand ab. Die Verantwortung für Ihr Verhalten, das Sie sich wahrscheinlich in der Not zugelegt haben, tragen Sie alleine, wie auch die Konsequenzen. »Du sollst die Wahrheit erkennen, und die Wahrheit wird dich frei machen«[53], heißt es in der Bibel, und dies setzt stets Ihre Entscheidung voraus.

Wenn ein Mensch ehrlich vergeben will, dann muß er oder sie sich immer mit den Fragen auseinandersetzen: Wie kann ich das, was ich nicht akzeptieren und tolerieren kann, vergeben, und wie kann ich damit weiterleben? Wie können Holocaust-Überlebende ihren Tätern und den Mördern ihrer Familien und Verwandten vergeben? Wie und wer kann dem 78jährigen Angeklagten vergeben, der im Dritten Reich 500 Frauen und Kinder erschossen hat? Wie sieht es mit der Vergebung für die Piloten aus, die mit ihrem Jet das Tragseil einer Seilbahn durchschnitten haben und dabei 19 Menschen in den Tod rissen? Kann der Vater dem Mörder seiner Tochter vergeben? Die Tochter der Mutter, die ihr die Wahrheit über den wirklichen Tod ihres Vaters verschwieg?
Menschen, die miteinander verbunden sind oder sich miteinander verbunden fühlen, können sich leichter vergeben, denn diese Menschen sollten es eher fertigbringen, sich trotzdem oder gerade deshalb zu lieben. Menschen, die sich nicht kennen, die sich niemals gesehen, niemals miteinander gesprochen haben, fällt es schwerer zu vergeben, und zwischen Menschen, die sich abgrundtief hassen, grenzt es an ein Wunder, wenn sie sich eines Tages vergeben können.
Viele Menschen brauchen Hilfe und Beistand, wenn sie erfahren wollen, daß es wichtig ist, sich selbst und anderen zu vergeben, um glücklich zu sein. Sie müssen erfahren und vielfach leidvoll erleben, daß Rache, Zorn und Haß sie zerstören, denn das Nicht-vergeben-Können baut massiven Ärger und massiven Frust auf, und wir werden die Sklaven unserer Kampf- und Fluchtmechanismen.
Vergebung und Versöhnung sind Dinge, die man nur freiwillig tun kann, was nicht oft genug betont werden kann. Je mehr wir mit dem

anderen verbunden sind, und je mehr wir etwas füreinander und miteinander tun, desto leichter wird es für uns sein, zu vergeben und die Wahrheit zu ertragen, die wir in diesem Prozeß kennenlernen werden. Auch wenn wir uns vor der Wahrheit drücken wollen, wir bekommen sie täglich präsentiert, denn die Medienwelt scheut sich nicht, uns den Spiegel unserer Welt und unseres Bewußtseinszustands vorzuhalten. Weil wir mehr über die Weltereignisse erfahren, erfahren wir auch mehr über andere Menschen und ihre Schicksale. Damit haben wir alle eine Chance, mehr über uns selbst zu erfahren und zu begreifen, daß wir alle miteinander verbunden sind und daß wir alle mit dem anderen etwas zu tun haben, egal wo und in welcher Situation sich dieser Mensch befindet.

Im Fall Karla Tucker, die im Drogenrausch zwei Menschen erschlagen hat, zum Tode verurteilt und vor ein paar Monaten, nach 8 Jahren Todeszelle, durch die staatliche Giftspritze in Texas hingerichtet worden ist, konnte ich die Verbundenheit von Millionen von Menschen mit dem Schicksal dieser Frau fühlen. Sie hat es geschafft, die Herzen der Menschen anzusprechen, weil sie offen und frei die Welt an ihrem Vergebungs- und Versöhnungsprozeß teilhaben ließ. Die Popularität dieses Falles initiierte ein Medienspektakel sondergleichen, und Amerikas renommierteste Fernsehsender hielten sich nicht zurück, ihn weltweit zu vermarkten, was ich in diesem Fall als sehr positiv angesehen habe. Warum? Viele Menschen sahen sich dadurch mit brisanten Themen wie Gewalt, Tod, Schmerz konfrontiert und hatten die Gelegenheit, sich aktiv damit auseinanderzusetzen. Auch wenn dies über eine Dritte geschah und sich außerhalb des eigenen Betroffenseins abspielte, so sind derartige Dokumentationen für die persönliche Entwicklung sehr, sehr wichtig. Karla Tucker war eine Vorzeige-Todeskandidatin, was auch die große Anteilnahme der Welt erklärt. Sie war attraktiv, jung, gebildet und obendrein weiß. Sie war eloquent, mutig und stark. Kurz vor ihrem Tod heiratete sie einen Priester, wodurch sie in den Augen vieler zu einem besseren Menschen wurde. In mir hinterließ Karla einen tiefen Eindruck, weil ich das Gefühl hatte, daß sie den Weg einer tiefen und kompromißlosen Konfliktbewältigung gegangen ist, in der sie die brutale Wahrheit über sich und ihr Leben kennenlernte, akzeptierte und sich mit sich selbst versöhnte, und so kam es auch, wie ich vermute, daß ihr der Bruder eines ihrer Opfer öffentlich vergeben konnte. Ich hoffe, daß sie mit ihrem Mut und ihrer Kraft viele Herzen dieser Welt erreicht hat, und daß diese Herzen die Notwendigkeit von Vergebung und Versöhnung erfahren haben. In zahlreichen Interviews antwortete sie geduldig und *großherzig* auf Fragen, die wahrscheinlich vielen Menschen Schweißperlen auf die Stirn getrieben hätten, wie: »Meinen Sie, daß Sie den Tod verdient haben?« Worauf sie antwortete: »Ich habe verdient, bestraft zu werden!«

Nun möchte ich Sie fragen, liebe Leser: Meinen Sie, daß auch Sie Ihren Tod, dem Sie sich früher oder später stellen müssen, verdient haben? Vielleicht fällt Ihnen jetzt auf, wie grotesk diese Frage ist, denn ich glaube nicht, daß man in Zusammenhang mit Tod das Wort »verdienen« benutzen sollte, weil sich das Verdienen auf eine Normen- und Werteskala bezieht, die sich eine begrenzte Gesellschaftsordnung zurechtgelegt hat. Außerdem wird sich der Tod kaum darum scheren, ob Sie meinen, ihn verdient zu haben oder nicht! Viel wichtiger im Angesicht des Todes scheint mir die Frage: Ob ich meine, mein Leben nach bestem Wissen und Gewissen gelebt zu haben und es deshalb auch abschließen kann.

Karlas Schicksal machte mir noch einmal klar, daß wahre Vergebung und wahre Versöhnung nicht in ein System, schon gar nicht in ein auf Vergeltung und Verwahrung angelegtes System hineinzupressen sind. Vergebung und Versöhnung geschehen außerhalb von Raum und Zeit und außerhalb unserer Intellektualität, d. h. einer Intelligenz, die wir uns mehr aus Büchern und weniger aus unserer Fähigkeit, selbstbestimmt zu leben und weitsichtig zu hoffen, angeeignet haben. Wenn wir tief vergeben und uns mit unserem Leben und unseren Konflikten versöhnen möchten, dann müssen wir dies mit der Kraft unseres ganzen Herzens und dem Glauben an die Unsterblichkeit der Seele tun. Sich mit Herz und Seele zu versöhnen heißt, sich auch mit einer höheren Autorität auszusöhnen, die wir im Zentrum unseres Selbst erkennen und annehmen werden. Wenn wir uns wirklich versöhnen wollen, müssen wir die Kraft unseres gesamten Verstandes benutzen und eine Art emotionale wie auch spirituelle Intelligenz aufbauen. Wir müssen die Begrenztheit unseres Lebens begreifen und akzeptieren.

Versöhnung findet mit der reinen und ehrlichen Kraft statt, wie wir sie aus unserem Kern schöpfen können. In diesem Prozeß werden wir uns langsam von den Fesseln unserer begrenzten Welt befreien und eine gesunde Distanz zu unserem Leben, zu unseren egozentrierten Erwartungen und Wünschen aufbauen. Wir hören auf, einen Traum zu leben oder das Unmögliche vom Leben zu fordern.

Wahre Versöhnung ist für mich immer auch ein Stück weit Tod, weil sie ein Abschied ist von alten und niedrigeren Entwicklungsebenen. Was nicht ohne Konsequenzen für das eigene Leben bleiben kann. Falls man zum Zeitpunkt der Versöhnung weiß, daß man sein Leben gelebt hat, und sich den Tod wünschen sollte, so wie es meine Mutter wußte, oder falls eine niedrigere Autorität den Tod für einen beschlossen hat, so wie es bei Karla der Fall war, dann wird man sich nicht länger fürchten, auch nicht vor dem eigenen gewollten oder ungewollten Tod.

Im Prozeß der Versöhnung setzen Sie sich mit Ihrem gesamten Leben tief auseinander. Sie begreifen die in Ihrem Leben agierenden Mechanismen von Abwehr. Sie hören auf, anderen Schuld und Schmerz zuzuweisen. Ihre negativen Verhaltensweisen und die daraus resultierenden Schäden werden Ihnen bewußt, und deshalb sind Sie bestrebt, diese wiedergutzumachen. Sie haben also begonnen, Ihren eigenen Müll konsequent wegzuräumen.

So anstrengend der Weg einer tiefen und ehrlichen Konfliktbewältigung auch sein mag, so befreiend ist er auch. Die Auseinandersetzung mit unserer Persönlichkeit ist gefragt, wenn wir diesen Weg gehen wollen, d. h., wir müssen uns permanent hinterfragen, unser Leben gemäß unserer eigenen Urteils- und Entscheidungskraft sichten und abschütteln und verwerfen, was in unser Leben nicht paßt und überflüssig geworden ist.

Wenn wir frustfreier werden wollen, sind wir alle ständig aufgefordert, neue und ungewohnte Lösungen zu finden und ungewöhnliche Wege zu beschreiten. Wir sind aufgefordert, uns persönlich zu entwickeln. Um das zu bewerkstelligen, müssen wir aus unserem Potential schöpfen und Potentiale miteinander verbinden. Hierfür brauchen wir die individuellen Talente, Ideen, Fantasien, die herausragenden Eigenschaften zum Planen, Ordnen, Analysieren, Informieren und die Fähigkeit zur Mitmenschlichkeit, Toleranz, Empathie eines jeden.

Kreativität

Wir brauchen vor allem Kreativität, wenn wir Neues schöpfen und neue Wege gehen wollen. Wir sind kreativ, wenn wir aus uns selbst heraus und mit anderen gemeinsam schöpfen, und je kreativer wir werden, desto mehr fangen wir an, unsere Konflikte und Krisen vielschichtig, umfassend und unermüdlich aufzuarbeiten und zu bewältigen. Ich erwähnte bereits, daß es viel auszurichten gibt, gegen die zermürbenden und das Reptiliengehirn aktivierenden Alltagskonflikte, insbesondere wenn Sie versuchen, diese kreativ zu lösen. Falls Sie bereits kreativ sind oder falls Sie es bald werden wollen, dann »betrachten Sie die Situation aus den unterschiedlichsten Blickwinkeln und lassen die endgültige Definition sehr lange offen. Sie ziehen unterschiedliche Ursachen und Erklärungen in Betracht. Sie überprüfen die Hypothesen, die Sie über den Gang der Ereignisse aufstellen ... Sie probieren provisorische Lösungen aus und untersuchen die Wirkung – und Sie sind offen für eine Neuformulierung des Problems, wenn die Indizien darauf hindeuten, daß Sie sich geirrt haben ...«[54]
Die vielschichtige Auseinandersetzung mit Problemen ist nicht nur antreibend, faszinierend, sondern auch beschwingend und lustig. Dadurch erwirken Sie Ihr eigenes Denk- und Handlungsspektrum, bereichern Ihr Leben sowie das Ihrer Mitmenschen, wie es dem Vater einer Freundin gelang, der sich plötzlich einer Konfliktsituation gegenübersah, als ihm seine Tochter eines Tages ihre Lebenspartnerin vorstellte und damit in der Familie offenlegte, daß sie Lesbierin ist. Er brachte es in Sekunden fertig, die Lebenspartnerin willkommen zu heißen, indem er sagte: »Ja, Frau Barbara, wer in unsere Familie einheiraten will, muß skifahren können. Sie sind ja zweifellos sehr sportlich, aber ob Sie auch genügend Gewicht auf die Bretter mitbringen?« Seine pfiffige Antwort läßt vermuten, daß er keine unrealistischen Erwartungen an seine Tochter stellt, und der Schluß liegt nahe, daß er sich dadurch auch keinen Frust aufladen will. Wie er sich jedoch mit diesem Konflikt auszusöhnen vermag, das wird sich erst nach und nach zeigen. Trotzdem, er hat einen Anfang in Richtung positive und kreative Konfliktlösung gemacht und damit einen Anfang, aus seiner gewohnten Welt auszubrechen und so seinen eigenen Horizont zu erweitern und den seiner Familie.

Wie kann er so schnell, so unkonventionell, so kreativ reagieren? mögen Sie sich jetzt vielleicht fragen. Anlagen, Fähigkeiten, Talente spielen sicherlich eine bedeutende Rolle, aber auch die Bereitschaft, Konflikte kreativ lösen zu wollen.
Die Frage: Wie können wir unsere Kreativität entdecken? wird uns deshalb nun beschäftigen müssen.
Csikszentmihalyi, der Psychologieprofessor und Kreativitätsforscher, verwahrt sich »... gegen die Schlußfolgerung, daß Härte und Konflikte notwendige Voraussetzungen für die Entfaltung der Kreativität seien«[55].

Wie schätzen Sie Ihre Kreativität ein, bzw. wie kreativ ist Ihr Leben, und warum denken und handeln Sie kreativ?

Kreativität ist ein komplexer Begriff und kann mit schöpferischer Kraft, Schaffenskraft, Schöpferkraft, Produktivität übersetzt werden. Kreativität ist der Sammelbegriff für die Fähigkeit eines jeden Menschen, Denkprozesse hervorzubringen, die bis dato unbekannt waren. Wenn jemand kreativ ist, dann schöpft er und sie absichtlich aus dem Alten und Bekannten, um zielgerichtet etwas Neues hervorzubringen. Das, was neu geschaffen wurde, muß keinesfalls sofort praktisch anwendbar oder vollendet sein. Für Kreativität ist unsere rechte Hirnhemisphäre zuständig, die, wenn Sie sie einzusetzen imstande sind, Sie und Ihre Person weiterentwickeln oder gar neu formen kann. Kreativität ist deshalb für die Konflikt- und Frustbewältigung unverzichtbar.
Innere und äußere Einflüsse können Kreativität hemmen und sogar völlig verhindern. In einer Gesellschaft, die perfekt durchorganisiert ist, ist kreatives Verhalten nur sehr eingeschränkt möglich. Ich spreche von Gesellschaftsformen, die autoritär Menschen in Konformität hineindrücken, in denen Hast, Lärm, Zeit- und Leistungsdruck vorherrschen und die ihre Konfliktbearbeitung nach dem von mir beschriebenen klassischen Strickmuster betreiben. Die dadurch hervorgerufenen Streßkrankheiten, Mißerfolge, Frustrationen, hohe und zu hohe Erwartungshaltungen, seelischen und psychischen Belastungen, negativen Verhaltensweisen hemmen die »innere Welt« des Menschen, damit auch seine Kreativität.

Kreativität unterstützt unsere persönliche Entwicklung und bietet uns eine Menge neuer Entfaltungsmöglichkeiten, wobei der Grad unserer Entwicklung davon abhängt, inwieweit wir uns von der Routine unseres Lebens verabschieden und Freiräume schaffen können. Sich Freiräume schaffen und diese auch zu nutzen, ist zweifellos mutig, denn der Konformitätsdruck setzt meistens dann vehement ein, wenn sich Menschen Freiheiten gönnen und spontan reagieren. Diesen Druck muß man im kleinen wie im großen aushalten. Auch jetzt sollten wir richtig einschätzen können, was wir aushalten können, damit wir uns und unser Potential nicht überfordern.

Kinder, die ihre Kreativität ungehemmt voll ausleben, schaffen sich ganz natürlich und enorm differenziert Freiräume, was für ihren kreativen Prozeß wichtig ist. Sie können sensibel die Welt um sich herum wahrnehmen und empfangen auf diese Art und Weise die abenteuerlichsten Ideen, Gedankenkombinationen und Informationen.

Um die Kreativität zu schulen oder zu trainieren, ist es in erster Linie wichtig, spielerisch, neugierig und unbewußt Gedanken, Gefühle, Erinnerungen miteinander zu kombinieren, um sie im Anschluß zu analysieren und zu ordnen. Auf keinen Fall sollte diese wilde Gedankenflut unterdrückt werden, nur weil man damit nichts anzufangen weiß. Besprechungsergebnisse sollten zum Beispiel nicht bereits zu Beginn der Besprechung in eine bis ins Detail ausgefeilte Tagesordnung gegossen, sondern der offene Besprechungsablauf sollte unterstützt werden, um den Gedanken und Ideen der Teilnehmer Freiraum zu geben. Die Ergebnisse können dann hinterher geordnet werden.

In unserer sich rasant verändernden Welt kann man sich schneller und unproblematischer anpassen und seine Konflikte friedfertiger lösen, wenn man kreativ zu denken und zu handeln vermag. Den Versuch, mit Hilfe von Drogen kreativer zu werden, halte ich für sehr problematisch. Ich habe bisher keinen einzigen Menschen kennengelernt, der Drogen nimmt und dadurch schöpferischer wurde. Im Gegenteil, wenn man verfolgt, was Drogen und Alkohol langfristig aus Menschen machen, dann sollte man meines Erachtens insgesamt die Hände davon lassen.

Kreativ sein bedeutet auch, Fantasie zu haben, und jetzt sind wir bei einer wichtigen Voraussetzung für Kreativität.

Fantasie

Kreativitätsforscher sind sich darin einig, daß jeder Mensch die genetische Fähigkeit besitzt, auf bestimmten Gebieten kreativ zu sein. Individuelle Talente können wie alle anderen Anlagen in der Erziehung stabilisiert und konstruktiv trainiert werden. Eine Konsumgesellschaft hat also nicht das Problem, daß es ihr an kreativen Köpfen mangelt, sondern sie hat das Problem, daß kreative Begabungen vehement unterdrückt und aktiv gehemmt werden. Der Druck, den sie auf den einzelnen ausübt, macht es jedem schwer, zu neuen Ideen zu kommen und sie umzusetzen. Frederic F. Flach hat dafür bereits vor zwanzig Jahren sehr treffende Worte gefunden: »Kreative Leute sind schwer zu finden«, sagte ein erfahrener Unternehmer, »zuverlässige Leute sind noch schwerer zu finden, und Leute mit Energie und Durchsetzungskraft, die flexibel bleiben und darauf achten, daß die Arbeit getan wird, sind wirklich selten. Unsere Gesellschaft züchtet anscheinend nicht gerade Selbststarter, und wenn sich irgendwo Initiative zeigt, dann ist immer jemand schnell zur Hand, sie zu beschneiden.«[56]
Wenn Sie, um Ihre Fantasie anzukurbeln, sich damit verjüngen wollen, was können Sie tun?
Überfluten Sie sich mit neuen Informationen. Das heizt an! Suchen Sie die Nähe zu Menschen, die kreativ arbeiten, und tauschen Sie sich mit anderen kreativen Geistern aus. Das inspiriert!

Tagträumen Sie und lassen Sie sich überraschen, wohin Sie von Ihren Träumen geführt werden!
Meiden Sie mißgünstige und neidische Menschen, und gehen Sie zynischen, überkritischen und nörgelnden Menschen aus dem Weg! Das sind Fantasie- und Kreativitätskiller!
Verbringen Sie ein paar Stunden in einer Buchhandlung, und lassen Sie sich von dem vielseitigen Angebot, auch von meinem Buch, inspirieren! Oder verbringen Sie einmal ein paar Stunden auf einem Schrottplatz, dort treffen Sie vielleicht einen Bildhauer, der nach neuen Ideen sucht!
Besuchen Sie ein krankes Kind, oder gehen Sie mit einem alten Menschen einmal spazieren.

Vertrauen Sie Ihrem Unterbewußtsein, und erwarten Sie nicht, daß fantasievolle Gedanken logisch sind, denn je chaotischer Ihre Gedanken und Ideen sind, desto fantasievoller sind Sie ....

Wenn Sie Ihre jetzt gewonnene Fantasie zielgerichtet umsetzen und es Ihnen nichts mehr ausmachen sollte, zum Beispiel

- in Ihrem Auto nackt herumzufahren
- alleine zu sein
- auf dem Schoß des Mannes Ihrer besten Freundin zu sitzen
- um vier Uhr nachmittags zu frühstücken
- von anderen als »verrückt« oder »komisch« bezeichnet zu werden
- das zu sagen, was Sie denken und fühlen
- unerfüllte Träume zuzugeben
- Ihrem Nachbarn nachts Blumen vor seine Haustür zu stellen
- während der Nacht Saxophon zu spielen
- an sich selbst Liebesbriefe zu schreiben
- wenn Ihre Mitmenschen Ihre Lebensart mißbilligen

dann sind Sie auf dem besten Weg kreativ und kreativer zu werden, sich zu entwickeln und genügend Material zu sammeln, Ihre Konflikte und Krisen positiv zu lösen.

Schöpferische Einfälle gilt es zu loben, statt zu tadeln, und schöpferisch sind meines Erachtens auch Einfälle wie der des Jungen, der auf die Frage des Religionslehrers, wer denn nun am 24.12. geboren sei, antwortete: »Ich denke Josef!« Der Religionslehrer wollte auf den spontanen Einfall seines Schülers nicht weiter eingehen und fing statt dessen an, ihm Vorwürfe zu machen. Doch dies fördert weder Vertrauen und Kreativität noch eine partnerschaftliche Beziehung, sondern strapaziert auf beiden Seiten Nerven und Gemüt.
Kreative sind weniger angepaßt als andere, worunter oft Kinder zu leiden haben, die im Sozialisationsprozeß zurechtgestutzt werden. Schöpferische Denkansätze und schöpferische Prozesse werden in der Regel unterbewertet. Und deshalb sollten insbesondere Kinder und Jugendliche unterstützt werden, damit sie ihre Wahrnehmungen und Ideen schätzenlernen können. Alle Menschen, die mit ihnen in

Verbindung kommen, sollten sie ermutigen, diese frei im Spiel, in der Musik, im Malen, im Schreiben zu artikulieren.
Auch im Bestreben, Kinder und Jugendliche zu großen Leistungen zu trimmen, sollten Erwachsene etwas milder und toleranter sein, falls sich diese nicht nach den eigenen Erwartungen und den eigenen Vorstellungen entwickeln sollten. Denn damit kann man Kindern viel Angst vor dem Leben und vor dem Leistungsdruck nehmen.
Feste Verhaltensmuster sind im kreativen Prozeß ebenso abzulegen wie kleinkariertes Denken und einbetoniertes Dickschädel-Verhalten. Es ist schlichtweg alles abzulegen, was begrenzt. Darüber hinaus müssen Sie sich selbst und Ihrer Umwelt gestatten, sich zwischendrin einmal gehenzulassen, vielleicht angeregt durch ein Glas Wein oder ein Schäferstündchen, das, wenn man sich den Trieben genußvoll, also aus dem Herzen heraus hingeben kann, sehr inspirierend und erfrischend sein kann.
Wenn Sie wirklich kreativ sind, dann sind Sie auch tolerant oder entwickeln eine tolerantere Einstellung gegenüber neuen und anderen Ideen. Kreativität leben bedeutet, sich von bodenständigen Erwartungen, besonders von denen, die andere an Sie haben, zu befreien. Es heißt, einen gewissen Grad von Einsamkeit zu ertragen, damit man sich auf die Realisierung seiner Ideen konzentrieren kann.
Kreativität ist Fantasie, die sich auf einen Weg konzentriert, um etwas zu erreichen, was sich vorher nicht bestimmen läßt. Eine außergewöhnliche Idee zu haben heißt deswegen noch lange nicht, daß man kreativ ist. Erst die Umsetzung dieser Idee leitet den kreativen Prozeß ein, der Sie in ungeahnte Gefilde bringen wird.

Auf den Punkt gebracht!

Nach der Lektüre des Buches werden Sie sich vielleicht fragen: Wie kann ich mich nun in meinen persönlichen Kern und in meinen persönlichen Kompetenzbereich hineinentwickeln, um frustfreier, konfliktsicherer und glücklicher zu werden? Die Voraussetzungen für diesen Weg habe ich Ihnen, so hoffe ich, umfangreich, klar und nachvollziehbar geschildert, und ich hoffe weiter, daß ich Sie mit meinen Ausführungen und Betrachtungen auch ein wenig motivieren und stärken konnte, ihren eigenen Weg lustvoll zu gehen.

Wirkliche Sicherheit und Freiheit werden Sie erhalten, wenn Sie Ihr Kraft-Macht-Potential positiv und konstruktiv in Ihr Leben hineintragen und beginnen, aus Ihrer Mitte heraus zu denken und zu handeln. Damit lassen sich Ihre Ängste zunächst wunderbar kompensieren, was auch Ihrem Ärger hilft, sich in angemessener Form zum Ausdruck zu bringen. Sie werden Ihre Triebe kontrollieren können, sie aber auch schätzen und genießen lernen und damit sich und anderen Freude bereiten.

Die starken Reize Ihres Egos und das unreflektierte Ausleben all Ihrer Triebe führen Sie in große Abhängigkeiten, in ein Leben, das Ihnen langfristig Energie nimmt, statt Ihnen Energie zu geben. Sie werden beginnen, Energien von anderen zu rauben, und Sie werden beginnen, andere zu manipulieren. Das Nur-Nehmen kann nicht lange gutgehen, weil ihre innere Kraft schwindet, die Sie befähigt, mit den Hindernissen im Leben vollständig fertig zu werden. Ego-Dramen um Macht, Geld, Eifersucht, Gier, Neid nehmen zu wie auch der Grad Ihrer Lebensverzweiflung.

Denken Sie nach und fragen Sie sich immer wieder: Geht es mir wirklich gut, so wie ich mit mir und anderen Menschen derzeit lebe und zusammenlebe? Fühle ich mich bei den Menschen wohl, mit denen ich mein Leben teile? Welche Abwehrmechanismen wende ich am liebsten an? Wovor habe ich am meisten Angst? Warum? Wer war ich als Kind? Welcher Schmerz und welche Wut aus meiner Kindheit bestimmen heute mein Leben? Lernen Sie die Aspekte Ihrer

Persönlichkeit kennen und mit ihnen umgehen, um Entgleisungen Ihres Reptiliengehirns vorzubeugen. Wagen Sie den tiefen Blick in Ihr Leben und in Ihre Psyche, und kontrollieren bzw. reduzieren Sie Ihren Frust, damit er nicht anfängt, Sie zu kontrollieren. Sollten Sie damit überfordert sein, auch das ist menschlich, dann suchen Sie sich einen Menschen, dem Sie voll und ganz vertrauen können und der ein großzügiges Herz besitzt.

Benutzen Sie die Kraft Ihres ganzen Hirns. Pflegen Sie Ihren Glauben und Ihre Leichtigkeit, denn dann hören Sie nicht auf, zu hoffen und zu lieben, aber Sie hören auf, Ihre Probleme einseitig intellektuell, d. h. sachlich, analytisch, ordentlich managen und abfertigen zu wollen, und Sie hören auf, Ihre kostbare (Lebens-)Zeit zu verplanen und zu vergeuden.

Sie bleiben gesund und fühlen sich wohl, wenn Sie in Wechselwirkung zu Ihrer gesamten Welt stehen und damit vorrangig zu Ihrer Gefühlswelt, die wir alle sträflich vernachlässigen. Der Gehirnforscher Antonio R. Damasio schreibt dazu: »... wenn Sie Ihre emotionalen Zustände empfinden, das heißt, sich Ihrer Gefühle bewußt sind, so gewinnen Sie damit eine Flexibilität der Reaktionsfähigkeit, die auf der besonderen Geschichte Ihrer Interaktionen mit der Umwelt beruht.«[57]

Das konstruktive Wechselspiel von linker und rechter Gehirnhälfte, von verbaler und nonverbaler Kraft, von sachlicher (intellektueller) und emotionaler Intelligenz, von Wissen, Erfahrung und Glauben macht Sie intelligenter, stärkt Ihr Potential, läßt Sie Ihren Frust bewältigen. Und wenn Sie sich ein Mehr an Erfahrungen und Wissen zugelegt haben, werden Sie über ein umfangreicheres und ideenreicheres Verhaltensrepertoire verfügen und auf dieses in Konflikt- und Krisensituationen zurückgreifen können. Dieses Wechselspiel habe ich versucht, einfach in einer Grafik zu verdeutlichen, die ich *Konstruktives Wechselspiel von Schlag- und Friedfertigkeit im Universum Hirn* genannt habe.

Unter Schlagfertigkeit habe ich all das zusammengefaßt, was die linke Hirnhälfte auszeichnet und worin sie sich von der rechten unterscheidet, die insgesamt gesehen nach friedlichen Verhaltensweisen strebt.

Der in diesem Wechselspiel initiierte Entwicklungsprozeß wird es Ih-

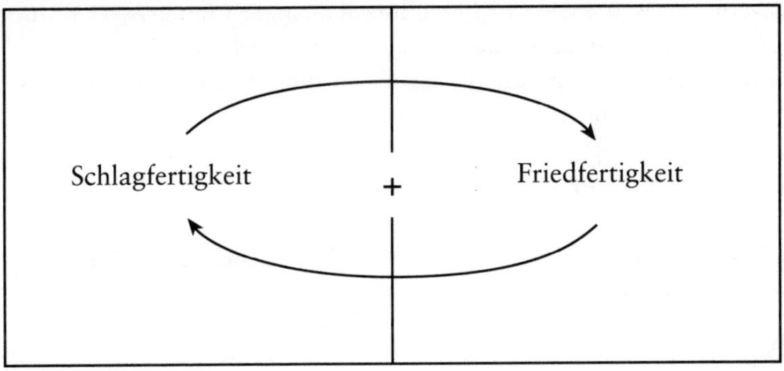

Abb. 11 Konstruktives Wechselspiel im Universum Hirn

nen ermöglichen, an die Kraft Ihres Kerns zu glauben, durch den Sie zu Ihrer inneren Balance von Gut und Böse finden werden. Sie werden verstehen lernen, daß das Selbst, das in Ihrem Kern wohnt, höher steht als alle anderen Aspekte Ihrer Persönlichkeit. In Ihrem Selbst werden Sie Ihre wahre Heimat finden, die Ihnen Kraft geben wird, Ihr Schicksal zu (er-)tragen, wofür Sie ganz alleine zuständig sind und wofür Sie die Verantwortung tragen.

Je mächtiger unser Kern wird, um so stärker wird unsere Liebe und unsere Hoffnung werden. Wir werden begreifen, daß es wichtiger ist, sich selbst richtig einzuschätzen, als andere zu verurteilen. In diesem Prozeß werden sich unsere Margen der Frustrationstoleranz erhöhen, weil wir beginnen

- uns mehr für unser eigenes Leben zu interessieren
- die Menschen fair und respektvoll zu behandeln und unsere und die Schwächen von anderen zu akzeptieren
- auch in schwierigen Situationen zu lächeln
- die vollkommene Verantwortung über unser Denken und unser Handeln zu übernehmen
- mutig auf andere zuzugehen und ihnen zu helfen
- auch in größter Not die Hoffnung nicht aufzugeben
- unserer Intuition zu folgen

- von unseren eigenen Kontrollmechanismen loszulassen und unsere Ängste anzupacken
- uns freizumachen von unseren Erwartungen und von denen unserer Mitmenschen

und weil wir beginnen

- geduldig und mutig nach Wahrheit zu suchen und keine Angst mehr vor ihr haben.

Permanentes Üben ist eine Grundvoraussetzung für jeglichen Umwandlungs- und Neuformungsprozeß unseres Lebens. Jede negative Verhaltensweise, jedes negative Denkmuster, das wir uns über viele Jahre hinweg antrainiert haben, oder das uns lange Zeit antrainiert worden ist, müssen wir uns geduldig und unter Umständen über viele Jahre hinweg abtrainieren. Wenn wir gelernt haben sollten, in unseren Mitmenschen überwiegend das Böse zu sehen, dann wird das Böse in uns überwiegen. Unter diesen Umständen gilt es, keinen einzigen guten Gedanken und kein einziges positives Gefühl zu verschwenden, damit das Gute wachsen kann. Ein langer und mühevoller Weg, der uns ständig vor neue Herausforderungen stellt, die Lust an unserer Entwicklung nicht zu verlieren. Doch dies ist der einzige Weg, der uns vor dem gefährlichen wie auch subtilen Gewöhnungsprozeß schützen kann, in dem wir lernen, den Frust zu ertragen und an ihm zu verzweifeln. Wie schwer es ist, aus der Bequemlichkeit des Daseins auszusteigen, wenn man sich darin, oberflächlich gesehen, wohl fühlt, habe ich selbst oft erfahren, weil ich mich mit den Dingen, die mich unglücklich machten, arrangiert habe und arrangieren mußte.
Eine Begegnung mit einem zu lebenslanger Haft verurteilten Menschen zerriß mir beinahe das Herz, als der Mann zu mir sagte: »Ich weiß nicht, was Liebe ist. Sollte ich? Aber ich kenne das Gegenteil. Als Kind dachte ich immer, wenn der Tod kommt, dann ist das Leben leichter!« Mir fiel nichts Besseres ein, als zu sagen: »Dies ist eine kaputte und verrückte Welt. Manche arbeiten, manche sind froh, manche trinken, manche töten, jetzt aber wünschte ich, daß ich dein Schutzengel wäre, damit ich dir viel Liebe schenken könnte, die es

auch für dich auf dieser Welt gibt.« Er bat mich, ihm diese Sätze aufzuschreiben, und er nahm diesen Zettel in seine Zelle mit. Ich habe ihn nie wieder gesehen.
Menschen haben viele Distanzen überwunden. Wir sind sehr mutig im Erbringen von extremen körperlichen und geistigen Leistungen. Warum fehlt uns aber der Mut, die Distanz zu unseren Mitmenschen zu überwinden?

Warum habe ich dieses Buch geschrieben?

Als ich am Anfang meines Buches stand, dachte ich, so jetzt schreibst du ein Buch. Toll! Aber kannst du mir sagen, warum mein Buch auch nur ein Mensch lesen soll? Während des Schreibens habe ich jegliche Angst verloren, auch die Angst vor dem Versagen, weil ich selbst sehr viel zurückbekommen und damit gewonnen habe. Ich habe neue Einsichten und neue Erkenntnisse gewonnen, ich habe mich in Widersprüche verwickelt und Klarheiten geschaffen, und ich bin gewachsen. Ich habe die große Einsicht gewonnen, daß, wenn ich ohne Erkenntnisse über mich selbst und meine Persönlichkeit bliebe und ich mich dem Wunder meines eigenen Lebens nicht zuwenden würde, ich praktisch ohne wirkliche innere Heimat wäre, und damit auch ohne wirklichen Sinn in meinem Leben.
Das mag vielleicht mit ein Grund sein, warum ich dieses Buch geschrieben habe. Ein anderer Grund liegt in meiner eigenen, bisherigen Entwicklung, in der mich Menschen stets interessierten, egal welche Hautfarbe, welches Geschlecht, welchen Status, welche Religion sie haben. Mich interessieren auch Menschen, die von der Gesellschaft, ihren Familien und Angehörigen abgeschrieben wurden, Menschen, die kaum Liebe und Glück erfahren haben, und Menschen, die es verstehen, mit ihren Konflikten und Krisen kreativ und konstruktiv umzugehen. Von diesen Menschen habe ich viel gelernt. So habe ich zum Beispiel von ihnen gelernt, Interesse für meine eigene Person und für mein eigenes Leben zu entwickeln. Darüber hinaus entdeckte ich aber auch früh meine Anlagen, Menschen immerzu Fragen zu stellen, ihnen zuzuhören, mit ihnen zu lachen und zu scherzen. Daran »schuld« war wohl auch mein Großvater, mit dem ich unter einem Dach aufgewachsen bin. Das Zusammensein mit ihm, einem verhinderten Dichter, der mit 65 Jahren erblindete, bleibt für mich unvergessen, und damit auch die vielen Stunden, die ich neben ihm sitzend auf der Holzbank vor unserem Hause verbrachte, ihm Fragen stellte und ihm zuhörte, als er mir seine Geschichten erzählte.
Schon immer suche ich den Kontakt zu Menschen. Ich besuche sie in

Altenheimen, Kinderheimen, Krankenhäusern und Gefängnissen. Vor sechs Jahren habe ich schließlich begonnen, mich in meiner Freizeit in amerikanischen Gefängnissen herumzutreiben. Dieses Abenteuer ist sehr tief, sehr fesselnd, so daß ich gar nicht anders kann, als mich mit Konflikten und Krisen näher zu beschäftigen, und dieses Abenteuer brachte mich langsam, aber sicher auf einen neuen Weg. Ich begann wieder zu studieren und merkte, wie sich die Themen in meinem Leben veränderten und an Tiefe gewannen, was nicht ohne Konsequenzen blieb, denn ich mußte mir für sie Freiraum schaffen, damit sie sich entwickeln konnten. Ich verzichtete deshalb auf weitere Karrieresprünge, damit auch auf mehr Geld, setzte und setze meine Ersparnisse ein und konzentrierte mich auf meine Ideen, Visionen, Konzepte und inneren Überzeugungen. Vor zwei Jahren stieg ich aus einem sicheren Arbeitsverhältnis schließlich ganz aus, damit ich noch freier und ungebundener meine Träume und Visionen verwirklichen kann. Für einen Außenstehenden mag das jetzt verrückt klingen, doch durch meine unpopulären Entscheidungen und Entbehrungen bin ich innerlich reicher, unabhängiger und ausgeglichener geworden.

Das Material für dieses Buch habe ich die vergangenen sechs Jahre zusammengetragen, nicht planend und nicht ahnend, daß ich eines Tages wirklich ein Buch schreiben werde. Und nun ist es passiert, und noch mehr, mein *Weg zur Mitte* ist, trotz äußeren Unsicherheiten, sicherer und kompromißloser geworden. Ich habe mich für meinen mächtigen Kern entschieden, und ich bin fähig, für ihn Opfer zu bringen.

Dieses Buch habe ich, weil ich es für Sie geschrieben habe, auch für mich geschrieben, und wenn ich Sie inspirieren und motivieren konnte, wenn ich Sie zum Lachen und zum Weinen bringen konnte, wenn ich Sie wütend und glücklich machen konnte und wenn ich Sie zum Nachdenken über Ihr Leben anregen konnte, dann habe ich viel erreicht, viel mehr, als ich jemals zu träumen gewagt hätte.

Anhang

Anmerkungen

1 Groddeck, Georg, *Das Buch vom ES*. Berlin 1994, S. 146.
2 Lütge, Lothar-Rüdiger, *Carlos Castaneda und die Lehren des Don Juan*. Freiburg 1984, S. 49.
3 Birkenbihl, Vera F., *Stroh im Kopf*. München 1992, S. 14 ff.
4 Flach, Frederic F., *Depression als Lebenschance*. Reinbek 1978, S. 121.
5 Vester, Frederic, *Phänomen Streß*. München 1976, S. 158.
6 Mann, Thomas, *Tonio Kröger / Mario und der Zauberer*. Frankfurt am Main 1997, S. 9.
7 Herrmann, Ned, *Kreativität und Kompetenz. Das einmalige Gehirn*. Fulda 1991, S. 34.
8 Neues Testament, Römer 1, 2.
9 Freud, Sigmund, *Das Unbehagen in der Kultur*. Frankfurt am Main 1994, S. 28.
10 Jaffé, Aniela, *Erinnerungen, Träume und Gedanken von C. G. Jung*. Freiburg 1971, S. 200.
11 Kübler-Ross, Elisabeth, *Über den Tod und das Leben danach*. Güllesheim 1983, S. 35 ff.
12 Jaffé, a. a. O., S. 174.
13 Lardon-Kattenbusch, Claudia, *Von Engeln begleitet*. Zürich 1994, S. 28, 30.
14 Aus der Koreanischen Schule der Kampfmeditation
15 Koreanisches Sprichwort
16 Frey, Dieter / Schulz-Hardt, Stefan, »Eine Theorie der gelernten Sorglosigkeit« in: *Bericht über den 40. Kongreß der Deutschen Gesellschaft der Psychologie*. München 1996, S. 606.
17 ebenda, S. 610.
18 ebenda, S. 604.
19 Maslow, A. H., *Motivation und Persönlichkeit*. Reinbek 1981, S. 127 ff.
20 Marie-Louise von Franz u. a., *Der Mensch und seine Symbole von C. G. Jung*. Sonderausgabe. Freiburg 1968, S. 31.
21 Schmid, Wolfgang, *Basic Instinct. Aus bloßem Verstand kommt kein Denken*. Weinheim 1994, S. 48
22 Aus den öffentlich nicht zugänglichen Lehren des Antiquus et Mysticus Ordo Rosae Crucis (A.M.O.R.C.), Großloge in Baden-Baden.
23 Feldman, Christina / Kornfield, Jack, *Das strahlende Herz der erwachten Liebe*. Freiamt 1991, S. 189.
24 Borneman, E. / Körner, H. u. a., *Eifersucht*. Fellbach 1979, S. 60.
25 Jaffé, a. a. O., S. 416.
26 Sartre, Jean-Paul, *Die Transzendenz des Ego. Philosophische Essays 1931–1939*. Reinbek 1997, S. 39.
27 Jaffé, a. a. O., S. 199.
28 Freud, a. a. O., S. 21.
29 Jaffé, a. a. O., S. 145.
30 ebenda, S. 412.

31 Wilde, Stuart, *Wind des Wandels*. Basel 1995, S. 101.
32 Jaffé, a. a. O., S. 331.
33 Moore, Thomas, *Care of the Soul*. New York 1992, S. 126 f. (Dt. Ausgabe: *Der Seele Flügel geben. Das Geheimnis von Liebe und Freundschaft*. München 1995.)
34 Eccles, John C., *Wie das Selbst sein Gehirn steuert*. München 1994, S. 40.
35 Goethe, Johann Wolfgang von, *Torquato Tasso*. I, 2 zu Leonore.
36 Kantowsky, Detlef, *Mahatma Gandhi. Gewaltfrei leben*. Zürich 1992, S. 56.
37 Lütge, a. a. O., S. 42.
38 ebenda, S. 47.
39 Wilde, a. a. O., S. 72 f.
40 Rohr, Richard, *Das Enneagramm*. München 1989, S. 18.
41 Herrmann, a. a. O., S. 3.
42 ebenda, S. 95.
43 Easwaran, Eknath, *Der Mensch Gandhi*. Freiburg 1997, S. 125 f.
44 Jaspers, Karl, *Der philosophische Glaube*. München 1962, S. 50
45 Edelman, Joel / Crain, Mary Beth, *Das Tao der Verhandlungskunst*. Hamburg 1995, S. 78 ff.
46 ebenda, S. 11.
47 Frankl, Viktor E., *Der unbewußte Gott*. München 1997, S. 27 f.
48 Löbsack, Theo, *Die manipulierte Seele*. München 1981, S. 88.
49 Lütge, a. a. O., S. 49.
50 Chergé, Pater Christian de, »Testament« in: Kirchenzeitung Nr. 29–30 (1996).
51 ebenda.
52 Kantowsky, a. a. O., S. 90.
53 Johannes, 8.
54 Csikszentmihalyi, Mihaly, *Kreativität*. Stuttgart 1996, S. 520.
55 ebenda, S. 245.
56 Flach, a. a. O., S. 120.
57 Damasio, Antonio R., *Descartes' Irrtum*. München 1994, S. 185 f.

Literaturhinweise

a) Deutsche Literatur

Birkenbihl, Vera F., *Stroh im Kopf*. Landsberg [13]1992.
Borneman, Ernest u. a., *Eifersucht*. Fellbach 1979.
Brenner, Charles, *Elemente des seelischen Konflikts*. Frankfurt am Main 1994.
Csikszentmihalyi, Mihaly, *Kreativität*. Stuttgart 1997.
Damasio, Antonio R., *Descartes' Irrtum*. München 1995.
Easwaran, Eknath, *Der Mensch Gandhi*. Freiburg 1997.
Eccles, John C., *Wie das Selbst sein Gehirn steuert*. München 1994.

Edelman, Joel/Grain, Mary Beth, *Das Tao der Verhandlungskunst*. Hamburg 1995.
Estés, Clarissa Pinkola, *Die Wolfsfrau*. München 1993.
Feldman, Christina/Kornfield, Jack, *Das strahlende Herz der erwachten Liebe*. Freiamt 1991.
Flach, Frederic F., *Depression als Lebenschance*. Reinbek 1974.
Frankl, Viktor E., *Der unbewußte Gott*. München 1992.
Franz, Marie-Louise von, u. a., *Der Mensch und seine Symbole*, Freiburg 1984.
Freud, Sigmund, *Das Unbehagen in der Kultur*. Frankfurt am Main 1994.
Gandhi, Mahatma, *Gewaltfrei leben*. Zürich 1992.
Goleman, Daniel, *Emotionale Intelligenz*. München 1996.
Groddeck, Georg, *Das Buch vom ES*. Berlin 1994.
Herrmann, Ned, *Kreativität und Kompetenz. Das einmalige Gehirn*. Fulda 1991.
Jaffé, Aviele, *Erinnerungen, Träume und Gedanken von C. G. Jung*. Freiburg 1971.
Jaspers, Karl, *Der philosophische Glaube*. München 1962.
Krech/Crutchfield, *Grundlagen der Psychologie*, Bd. 1 und 2. Weinheim 1971
Kübler-Ross, Elisabeth, *Über den Tod und das Leben danach*. Güllesheim 1984.
Lardon-Kattenbusch, Claudia, *Von Engeln begleitet*. Zürich 1994.
Linneweh, Klaus, *Streß und Streßbewältigung*. Stuttgart 1988.
Löbsack, Theo, *Die manipulierte Seele*. München 1981.
Lütge, Lothar-Rüdiger, *Carlos Castaneda und die Lehren des Don Juan*. Freiburg 1984.
Mann, Thomas, *Mario und der Zauberer*. Frankfurt am Main 1973.
Mann, Thomas, *Tonio Kröger*. Frankfurt am Main 1973.
Maron, Monika, *Animal triste*. Frankfurt am Main 1997.
Maslow, Abraham H., *Motivation und Persönlichkeit*. Reinbek 1981.
Masterson, James F., *Die Sehnsucht nach dem wahren Selbst*. Stuttgart ^{2}1994.
Murphy, Joseph, *Die Macht Ihres Unterbewußtseins*. München 1962.
Nietzsche, Friedrich, *Menschliches, Allzumenschliches*. München 1994.
Pitcher, Patricia, *Das Führungsdrama*. Stuttgart 1997.
Riemann, Fritz, *Grundformen der Angst*. München 1997.
Rohr, Richard, *Das Enneagramm*. München 1989.
Sartre, Jean-Paul, *Die Transzendenz des Ego*. Reinbek 1997.
Schmidbauer, Wolfgang, *Die Angst vor Nähe*. Reinbek 1991.
Schmidbauer, Wolfgang, *Du verstehst mich nicht! Die Semantik der Geschlechter*. Reinbek 1993.
Vester, Frederic, *Phänomen Streß*. München 1976.
Voigtmann, Martin, *Genies wie du und ich*. Heidelberg 1997.
Watzlawick, Paul, *Anleitung zum Unglücklichsein*. München 1996.
Watzlawick, Paul, *Menschliche Kommunikation. Formen, Störungen, Paradoxien*. Bern 1990.
Wilde, Stuart, *Wind des Wandels*. Basel 1995.

b) Englische Literatur

Apsey, S. Lawrence u. a., *Transforming Power for Peace*. New York 1960.
Augsburger, David, *Caring Enough to Not Forgiven*. Ventura, CA 1981.
Campbell, Joseph, *The Inner Reaches of Outer Space*. New York 1986.
Dennis, Larry W., *Empowering Leadership*. Portland, Oregon 1993.
Fisher, Roger/Ury, William, *Getting to Yes*. New York 1981.
Hay, Louise L., *You Can Heal Your Life*. Carson, CA 1984.
Heline, Corinne, *Sacred Science of Numbers*. New York.
Hizkias, Assefa, *Peace and Reconciliation as a Paradigm*. Nairobi 1993.
Kurtz, Howard, *Spin Cycle. 1991. Inside the Clinton Propaganda Machine*. New York 1998.
Moore, Thomas, *Care of the Soul*. New York 1992.
Schreiter, Robert J., *Reconciliation*. New York 1992.
Taubman, Stan, *Ending the Struggle Against Yourself*. New York 1994.
Williams, Redford/Williams, Virginia, *Anger Kills*. New York 1993.
Zehr, Howard, *Changing Lenses*. Scottdale, Pennsylvania 1990.

Regine Schneider

Krisen als Chancen

Zur Bewältigung scheinbar auswegloser Situationen

Band 14084

Das Gefühl kennen populäre Spitzensportler ebenso wie stille Angestellte, Models und Politiker ebenso wie Hausfrauen und Mütter: Die Angst, vor einer großen Leere zu stehen, vor Veränderungen, die dazu zwingen, den Lebensplan von einem Tag auf den nächsten völlig umstellen zu müssen, die Angst vor dem Leben »danach«. Der Abschied von einer Sache, mit der man sich völlig identifiziert hat, ob im Beruf oder im privaten, ist sehr schmerzhaft. Dabei geht es einer Monica Seles, die nach der Attacke eines Fanatikers zwei Jahre nicht mehr ihrem Beruf nachgehen konnte, nicht anders als dem Arbeitnehmer vor dem Ruhestand, einer prominenten Mutter wie Isabel Allende nach dem Tod ihrer Tochter nicht anders, als dem, der nach langjähriger Partnerschaft plötzlich allein ist: Was tun, wenn das alte Leben unwiderruflich vorbei ist und das neue noch nicht begonnen hat? Regine Schneider zeigt, daß die Angst vor einem Neuanfang ganz verständlich ist. Entscheidend aber ist, diese Angst anzunehmen und zu überwinden.

Fischer Taschenbuch Verlag

fi 260 / 9

Ruth Martin

Zeitraffer

Der geplünderte Mensch

Band 12950

Viele Menschen haben das Gefühl, nicht selbst zu leben, sondern gelebt zu werden. Die Hektik unserer Zeit verführt dazu, blindlings zu funktionieren. Was die meisten zu ihrer Überbetriebsamkeit antreibt, ist die Angst, sich mit sich selbst auseinanderzusetzen, die Angst vor der inneren Leere und die Angst, etwas zu versäumen. Dadurch entsteht der Prozeß der Selbstentfremdung. Das Gefühl für die eigenen Bedürfnisse geht verloren, so daß wir zu Opfern der modernen ›Zeitraffer‹ werden. Der Leistungswahn, die Jagd nach Statussymbolen, das ständige Bemühen ›in‹ zu sein, der Jugendkult und viele weitere ›Zeitraffer‹ stehlen den Menschen unersetzliche Lebenszeit. Diese Zeitverschwendung muß nicht sein!
Zielsetzung der Autorin ist es, vor der ›Plünderung des Menschen‹ durch die Ausbeutung seiner psychosozialen Ressourcen zu warnen. Sie analysiert die gesellschaftlichen Strukturen, die zu dem Teufelskreis ›Ich habe keine Zeit‹ führen und zeigt Wege auf, wie es gelingen kann, mit seinem Zeitbudget sinnvoll umzugehen.

Ratgeber für Frauen

Cor Anneese / Tino Pol
Wege aus der Phobie
Band 11883

George R. Bach/ Peter Wyden
Streiten verbindet
Band 3321

Edward W. Beal/ Gloria Hochman
Wenn Scheidungskinder erwachsen sind
Band 12271

Claudia Bepko/ Jo-Ann Krestan
Das Superfrauen-Syndrom
Band 12268

Antje Berlin-Bubla
Wie Männer sicher verhüten
Band 14196

Anja Borstelmann/ Brigitte Huber
Frauen gehen vor Gericht
Band 13465

Harriet Braiker
Giftige Beziehungen
Wenn andere uns krank machen
Band 12947

Steven Carter/ Julia Sokol
Nah und doch so fern
Bindungsangst und ihre Folgen
Band 13830

Deborah Clarke
Betrifft: Beruf
Überlebensstrategien für Frauen
Band 13201

Rebecca Cutter
Wenn Gegensätze sich anziehen
Band 14082

Elizabeth Davis
Muster der Sinnlichkeit
Die Zyklen weiblicher Sexualität
Band 13200

Ute Ehrhardt/ Wilhelm Johnen
Frauen steigen wieder ein
Band 13622

Herbert Freudenberger/Gail North
Burn-out bei Frauen
Band 12272

Martin Greenberg
Ein Vater wird geboren
Band 10840

Fischer Taschenbuch Verlag

fi 1/7a